바보야, 문제는 권력집단이야

바보야,
문제는 권력집단이야

안치용 지음

한일미디어

대통령 죽일까, 길들일까

내 첫 번째 대통령 선거는 1987년 12월 16일 13대 대선이었다. 김대중·김영삼·김종필의 3김과 민주정의당 노태우가 후보로 출마해 치열한 경합을 벌인 선거였다. 전두환을 도와 쿠데타를 일으켰고 광주학살에도 상당한 책임이 있는 노태우가 알다시피 13대 대선에서 승리했다. '학살자' 전두환의 꼬붕이 이 나라의 대통령이 된 그날, 대학생인 나는 공정선거감시단의 일원으로 서울 영등포구 어느 투표소 일원을 하루 종일 맴돌았다. 새벽같이 투표를 마친 후 활동지역으로 이동한 나는 친구들과 함께 공정선거 감시라는 거창한 행위에 가담했지만 사실 투표소 주변을 우왕좌왕한 게 활동의 전부였다. 뭐라도 하지 않으면 안 될, 민주주의에 대한 뜨거운 열망이 나 같은 청년을 현장으로 불러냈을 게다.

늦은 귀갓길, 버스 안 라디오 방송에선 선거 관련 뉴스가 흘러나왔다. 서울 구로구청에서 대학생들이 부정투표 의혹을 제기하며 농성하고 있다는 소식도 전해졌다. 구로구청으로 갈까 잠시 망설이다가 나는 그냥 귀가하고 말았다. 그리고 피곤에 지쳐 잠들었고, 다음 날 학살자의 꼬붕이 대한민국의 대통령이 됐다는 막막한 현실에 직면해야 했다. 칼 (KAL)기 폭파범 김현희가 선거일에 임박해 귀국하고 각종 불법·관권선거가 판쳤지만 패배의 주된 원인은 당연히 소위 민주세력 내부의 분열이었다. 대통령병에 걸린 양김은 끝내 각자 출마의 길을 걸었고 역사는 학살정권을 연장하는 것으로 그들을 응징했다. 개인적으로는 그날 이후 나는 한동안 투표에 참여하지 않았다. '소중한' 한 표를 행사하는 행위가 너무 무력하게 느껴졌고 어쩐지 사기당하고 있다는 느낌마저 들었다. 하지만 직업이 기자인지라, 또 투표를 민주주의의 초석으로 선전하는 공식적인 미디어에 몸담고 있는지라, 개인적인 태업을 밖으로 언급하지는 않았다.

내가 '소중한' 한 표를 다시 꺼내든 건 16대 대선일인 2002년 12월 19일이었다. 386세대 친구들의 끊임없는 투표 독려가 없었어도 그날 나는 제 발로 투표소를 찾았을 것이다. 이제와 드러내놓고 얘기하자면 그때 나는 노무현이란 정치인에게 감동하였다. 그가 TV 광고에서 눈물을 흘릴 때 나도 같이 눈물을 흘렸다. '노무현을 사랑하는 사람들의 모임'(노사모)은 아니었지만 순수하게 일개 유권자로, 또 주변 사람들에게 열정적으로 지지를 호소하지 않는 속내를 감춘 평범한 민주시민으로, 강직하게 신념을 지킨 노무현이란 '보잘 것 없는' 정치인에게 기꺼이 내 '소중한' 한 표를 던지고 싶었다. 내 '소중한' 한 표를 챙긴 그는 1987년과 달리 대통령이 되어 나를 기쁘게 했다. 하지만 정치인으로서, 그리고 한 인간으로서 나에게 감동을 준 그는 대통령으로선 국민인 나를 만족시키지 못했다.

비단 노무현만 대통령으로서 대한민국 국민인 나를 실망시켰을까. 다른 사람들의 생각은 모르겠고 내 입장만 밝히면, 대한민국이란 나라가 생긴 이래 집권한 모든 대통령이 나를 실망시켰다. 대통령이란 존재가 원래 나 같은 국민을 실망시키고 좌절시키기 위해 고안된 것이란 깨달음에 도달한 지금도 아마 어쩔 수 없이 작동하는 내 안의 국민정서 때문이겠지만, 여전히 그들로 인하여 화가 나고, 그들이 내 나라의 대통령이었다는 사실이 너무 쪽팔린다. 우리에겐 왜 자랑스러운 대통령이 한 명도 없을까. 추악하거나 너무 부끄러운 대통령들. 실망스러우면 그나마 나은 축에 속한다.

이 책은 대한민국을 '통치'한 역대 대통령들을 다룬다. 저술을 계기로 대학을 졸업하고는 사실상 처음으로 이번에 한국 현대사를 훑었다. 물론 부끄러운 장면, 안타까운 장면만 있는 게 아니라 자랑스럽고 가슴 벅찬 장면을 볼 수 있었다. 하지만 우리 대통령들에 대한 기존의 감정과 판단은 요지부동으로, 단연 부정적이었다.

이른바 '진보'적인 대통령들까지 포함해서 크게 보아 그들은 국민의 대표가 아니라 도둑들의 대표이거나 하수인이란 내 생각이 전혀 바뀌지 않았고 오히려 더 확고해졌다. 기업에서뿐 아니라 우리 국가에서도 '대리인 문제'가 심각하다는 뜻이다. 문제가 더 심각한 게 어떻게든 '대리인 문제'를 바로잡으려 해도 방법이 전혀 모색되지 않는다. '대리인 문제'가 악화할 대로 악화하여 이제 국민을 대표하려는 제대로 된 정치인들이 있다고 하여도, 국민의 선택지에서 아예 그들이 구조적으로 제외되어 있다는 게 나의 견해이다. 이 같은 선택지의 왜곡은 독재시대나 이른바 민주화시대나 동일하다. 따라서 대선이든 총선이든 선거와 무관하게 당면한 핵심 의제는 선거에서 누구를 뽑아야 하느냐가 아니라, 누구를 뽑아도 달라질 게 없는 선거 자체이다. 누구를 뽑아도 세상이 달라지지 않는다면, 세상을 통째로 갈아엎는 수밖에 다른 대안이 있을까.

대안을 본격적으로 모색하기에 앞서 나는 흥분을 가라앉히고 우리 대통령들의 맨 낯을 차분하게 들여다보았다. 대통령은 우리에게 주어진 민주주의의 핵심 축인 만큼 대통령을 버리고서 추가적인 논의를 진행하기가 어렵다는 현실론을 수용해서이다. 내가 내린 결론은 이 책의 말미에 써놓았다. 독자들이 내 의견에 동의하든 않든 선거라는 행위를, 보기로 제시된 인물들 가운데서 그저 누군가를 뽑아야 하는 민주시민의 의무로 파악하는 고정관념만은 타파했으면 하는 바람이다. 이 책은 실존한 대한민국 대통령들을 주로 권력의 파트너 측면에서 조명했다. 당초 계획은 권력의 파트너뿐 아니라 부패, 경제발전, 남북관계, 사회통합, 민주주의, 국제사회, 미래 비전, 인간 등의 다양한 관점에서 입체적으로 대통령을 그려볼 생각이었다. 함께한 리서치팀의 도움으로 당초 계획한 대로 어느 정도 준비를 갖추었으나, 그 내용이 너무 방대해 이번에는 권력의 파트너란 주제에 국한하여 저술하였다. 그렇다 해도 이 책 자체로 특정한 주제에 관해 충분히 완결적이어서 대한민국 대통령 상을 파악하는 데 어려움이 없을 것으로 예상한다. 추가 작업을 진행할 기회가 주어지길 기대해본다.

이승만부터 이명박까지 재임 순서대로 기술하였다. 인위적인 균형을 찾지 않고 이승만과 박정희 등 우리 국가의 초석이 놓이는 시기의 대통령들에게 더 많은 지면을 할애하였다. 이 책을 쓰는 시점까지 현직 대통령이었던 이명박에 대해서는 간단하게 정리하였다. 이명박은 워낙 뚜렷한 성격의 대통령이어서 간단히 정리해도 내용 전달에 전혀 어려움이 없을 것으로 보인다.

내 의견 자체가 이미 누군가와 공유하는 의견이기에 사실 순수한 내 의견, 또 순수한 사실 등이 존재하는 것은 아니지만 내 의견과 타인의 의견, 사실과 견해를 구분하기 위해 학술서가 아닌데도 굳이 주석을 달았다. 다만 참고문헌은 거추장스러워 생략하였다.

저명한 정치학자들은 정치혐오를 확산시키는 행위야말로 민주주의의 적이란 논리를 편다. 또 '민주화 이후 민주주의의 실종'에 관해 우려하면서도 민주주의를 복원하는 방법으로 기존의 '민주화' 프레임을 반복한다. 이러한 정치혐오의 극복과 정당정치의 복원이란 그럴 듯한 언술의 이면에는 현존 정치·경제 권력의 확대재생산이란 기득권 논리가 자리한다. 혐오가 존재한다면 대상의 문제이지, 혐오 자체가 문제는 아니다. 혐오스러운 것이 있다면, 만일 그 방향이 올바르다면 혐오감을 떨어내려고 애쓰기보다 제대로 혐오할 일이다. 기득권에서 배제된 우리 다수에겐 사악한 민주주의가 아니라 제대로 된 정치가 필요하다. 대한민국의 대통령들이 실제로 어떤 인물이었는지 살펴보는 것만으로도 이 같은 결론에 쉽게 도달할 수 있다. 하지만 우리에게 정치는 너무 멀고, 천박하고 억압적인 민주주의만 압도적이다. 변화가 가능할까?

2012년 11월
안치용

5장 ─ 김영삼

나라를 괴물에게 내어주다

6장 ─ 김대중

소수정권의 한계를 넘지 못하다

7장 ─ 노무현

비주류로 시작해 비주류로 끝난 비운의 대통령

8장 ─ 이명박
'고소영' '강부자' 등 연예인을 사랑한 대통령

결론을 대신하여
대통령을 거부할 권리

보론
대한민국 역대 대통령에 관한 국민·대학생 인식조사

1장

이승만

PRESIDENT

**미국의 후견 아래 친일세력을 규합해
반공 파시스트 국가를 세우다**

대통령의 권력 파트너는 대통령이 이끄는 정권의 성격을 결정한다. 18대 대선에서 이헌재 전 부총리나 윤여준 전 장관이 각각 특정 후보 진영에 가담한 것을 두고 논란이 제기된 이유는 어떤 사람들이 대통령을 보좌하느냐가 대통령의 정책 방향을 가늠하기 때문이다.

이 책에서는 대통령의 권력 파트너들을 조명함으로써 대한민국 대통령의 형상을 그려 보았는데, 이때 역대 대통령의 권력 또는 통치의 파트너들을 '정치적 지분'을 지닌 개인뿐 아니라 정치세력 등으로 조금 더 넓게 파악하여 사용하였다. 기실 대통령과 함께하는 사람보다는 집단이나 세력이 그 정권의 특성을 더 여실히 보여준다. 예를 들어 전두환 정권에서 요직을 차지한 사람이 모두 군인이었던 것에서 드러나듯 전두환의 핵심 파트너는 군부였다. 때로 어느 대통령의 파트너로 거론된 사례는 파트너라기보다는 하수인 성격을 드러내기도 한다. 한국에서는 기본적으로 거의 모든 대통령이 제왕적 대통령[1]이기에 수평적 파트너십의 형성이 어려울 수밖에 없는 현실을 반영한다.

대통령과 파트너 간의 역학관계는 시대여건과 대통령의 역량에 따라 다르게 나타났다. 조선시대에 신하들과 권력을 나누는 왕들의 방식이 시대상황과 왕의 경륜에 따라 달랐듯 파트너들과의 관계에 있어 한국 대통령들도 비슷한 양상을 보였다. 노무현의 "대통령 못해 먹겠네"라는 발언에서 짐작할 수 있듯 후대로 올수록 대통령의 권력은 제한되는 양상을 보이며 우호적인 파트너들뿐 아니라 적대적인 파트너들로부터도 많은 영향을 받는다.

남한이 반공과 친미 기조로 출범했다는 태생적 제약 탓에 한국의 모든 대통령은 국내 정치에 있어서도 북한과 미국을 핵심 파트너로 삼지 않을 수 없었다. 특히 남북은 적당히 '짜고 치는 화투'를 통해 남과 북에서 각각 권위주의 정권을 유지하는 데 서로 도움을 주었다. 북한은 파트너라기보다는 기본적인 제약 여건에 해당하지만 때로 파트너로 기능하며 남한 정치에 크게 영향을 미쳤다. 대미관계에서는, 현실을 반영한 객관적인 용어로는 '종속', 희망과 기망을 혼합한 국내 용어로는 '우호'를 기본으로 하는 가운데 박정희 정권 말기에 카터 행정부와 마찰을 일으킨 것처럼 때로 '갈등'을 빚기도 하였다. 광주민주화운동 시기에 미국은 신군부의 병력이동을 묵인해 사실상 쿠데타를 승인함으로써 박정희 정권을 대신한 새로운 군사정권 수립에 관여하였지만, 1987년 6월 민주화운동 때에는 전두환의 병력투입을 제지해 직선제로 가는 길을 열어주기도 하였다. 이 책에서는 이승만 정권 등 특별히 언급할 필요가 있을 때만 미국과 북한을 일종의 파트너 차원에서 언급하였고, 그렇지 않을 땐 별도로 살펴보지 않았다.

∷ 미국, 이승만 및 친일파와 제휴해
한반도 남쪽 점령지에 반공국가를 기획하다

일제가 패망하고 남한에서 단독정부가 수립되기까지 미군점령기를 거쳤기에 미국 또는 미군정[2]은 의도하였든 아니든 대한민국 초기 정치지형을 설계하는 역할을 수행했다고 볼 수 있다. 이승만과 한국민주당(이하 한민당)은 비판과 지지를 오갔지만(결국에는 예민한 정치적 후각에 따른 것이겠지만), 미국의 정책에 절대적인 지지를 보냈다. 우익 가운데는 이승만과 한민당에 비해 확실히 정치감각이 떨어진다고 보이는 김구가 미군정에 가장 비판적이었다. 군정시기 미국의 정책이 모든 정치세력의 이해와 배치되는 것은 아니었지만, 그렇다고 대다수의 지지를 받은 것도 아니었다. 오히려 박헌영의 조선공산당(후에 남로당)을 중심으로 한 좌익세력 등 다수와는 불편한 관계였다고 볼 수 있다.[3]

이승만의 가장 유력한 정치 파트너는 미국이었다. 그는 젊은 시절부터 주로 외국에서 활동했기에 국내 기반이 약했다. 국제정치에 민감했던 이승만은 당시 한반도에 일고 있는 미·소 냉전기류를 간파하고 반공친미 노선을 철저히 고수했다. 일제가 패망하고 미군이 한반도 남쪽을 점령하기 전까지 아주 짧은 권력의 공백기에, 자주독립국가를 향한 한반도 민중의 열망은 건준(조선건국준비위원회)과 연이은 인공(조선인민공화국) 수립으로 나타났다. 하지만 미군정은 인공을 인정하지 않고 불법화하였다. 이승만이, 좌익이 주도한 인공의 주석 추대를 거부하고 단독정부 수립을 추진한 것은 미국의 환심을 사는 결정적 계기가 되었다.[4]

이승만의 정치적 수호성인은 미국이었다. 미국이 아니었다면 그는 정권을 잡지도 지키지도 못했을 것이다.[5]

이승만이 정권을 잡는 과정을 살펴보면 미국이 이승만의 수호성인이란 표현이 과장이 아니라는 사실을 알게 된다. 한국에 진주한 미군은 곧바로 점령지 정책을 펼치는 데 도움을 받을 우호적인 한국인 집단을 발견한다. 남한의 미군정 책임자인 하지 준장의 국무부 정치고문 메릴 베닝호프가 1945년 9월 15일 워싱턴에 보낸 보고서에 "서울의 정치적 상황에서 고무적인 단 하나의 요소는 나이가 많고 교육을 잘 받은 한국인들 가운데 수백 명의 보수주의자들이 존재한다는 사실입니다. 그들 중 다수가 일본에 봉사했던 사람들이긴 하지만 그런 낙인은 결국에는 사라지게 될 것입니다"[6]라고 언급한 이들이 바로 한민당계 인사들이다.

한민당의 주된 문제는 민족문제가 두드러지게 되는 해방공간에서 그들이 민족주의자로서 내세울 것이 없었다는 점이다. 살아남기 위해선 친일을 분식할 장치가 필요하였는데, 이념적으론 같은 우익이면서 친일로부터 자유로운 김구와 이승만이 그들에게 구원자일 수 있었다. 그들은 미국에 있는 이승만과 중국의 김구가 귀국하여 남한 보수주의자들을 이끌어야 한다고 하지를 설득하는 데 성공했다. 보수주의자들의 생각은 워싱턴의 정보계통 사람들의 생각과 일치했다. 이미 이승만은 워싱턴의 전시 정보기관 사람들과 친분이 있었고 "다른 한국 지도자들보다 더 '미국적인 관점'을 지니고 있다"는 평가를 받고 있던 터라 극적인 귀국이 쉽사리 가능했다. 1945년 10월 16일 이승만이 맥아더의 전용비용기를 타고 한국에 왔다는 사실과 나흘 뒤 하지의 소개로 대중에게 강력한 반공연설을 할 수 있었다는 사실은 미국의 역할을 단적으로 보여주는 소묘이다. 공교롭게도 김일성은 비슷한 시기인 10월 14일 소련 관리들이 뒤에 서 있는 가운데 항일영웅으로 소개된다.[7] 두 사람은 곧 각각 남한과 북한의 권력자로 등극한다.

해방공간에서 권력을 잡기 위해서 미국 및 한민당과 손을 잡지만 이승만은 일단 권력을 잡은 뒤에는 자신의 위치에서 협상력을 최대한 높이면서 미국과 한민당의 관계로부터 자신에게 유리한 것을 받아내곤 하였다. 그러나 앞으로 살펴볼 한민당과의 관계에 비해 대미 관계는 이혼할 마음이 없는 상태에서 부부싸움을 벌이는 사람처럼 운신의 폭이 제한적이었고, 기본적으로 종속상태를 벗어나지 못하였다. 특히 6·25 한국전쟁은 이승만의 대미 의존도를 한껏 높여 놓았다. 미국의 군사지원과 경제원조가 없었다면 이승만은 전쟁을 감당할 수 없었다. 이승만은 국가안보를 위해서나 정권안보를 위해서나 미국을 축으로 한 지배연합을 형성할 수밖에 없었다.[8]

한국전쟁을 두고 미국과 한국의 국가안보가 엇갈리는 지점에서 이승만은 미국과 갈등하게 된다. 한국에겐 국가안보라기보다는 이승만의 정권안보라는 표현으로 정정하는 게 맞겠다. 이승만에게 전쟁의 지속 자체가 중요한 정치적 기반이었고, 북진통일론은 반대파를 제압할 수 있는 막강한 명분이었지만 미국은 그렇지 않았다. 전쟁에서 발을 빼려는 미국을 붙들어두기 위해 이승만은 자해공갈단 식으로 행동했다. 정전협정을 체결하고 한반도에서 미 지상군을 완전 철수하고자 한 미국의 마음을 돌려 이승만은 한미상호방위조약을 맺으려 하였지만 미국은 차갑게 반응했다. 이에 이승만은 한국전 개전 초기 유엔군에 이양한 한국군의 작전지휘권을 회수하여 단독으로 북진할 수밖에 없다고 미국에 통보했다. 한국군만의 단독북진은 한국군의 독자적인 전쟁수행 능력을 감안했을 때 현실적으로 전혀 가능하지 않지만, 막상 한국군이 치고 나가서 확전되면 미국으로선 전쟁에서 빠져나갈 방도가 없어진다.

또한 이승만은 휴전협정 조인을 앞둔 1953년 6월 18일 북한 송환을 거부하는 공산군 쪽 포로 2만 7000여 명을 석방하였다. 이때가 8년의 대통령 재임 기간 중 자다가 일어난 유일한 때였다는 미국 아이젠하워 대통령은 친구 대신 또 하나의 적을 얻었다고 탄식했다. 다행히 공산군 쪽은 이 문제로 휴전이란 판이 깨지는 상황을 바라지 않았고, 이승만의 몽니에도 불구하고 정전협정은 체결되었다. 이승만을 달래기 위해 미국 정부는 국무성 차관보 로버트슨을 특사로 파견하였다. 로버트슨은 한국에 19일 머물면서 이승만을 설득했다. "교활하고 임기응변의 재주가 있는 장사치 기질에 더하여, 그의 나라를 국가적 자살행위에 충분히 몰아넣을 수 있을 만큼 고도로 감정적이고 비합리적, 비논리적인 광신도"라는 게 로버트슨의 이승만 평가다. 결국 이승만은 정전협정에 서명하지 않고 미국한테서 한미상호방위조약을 얻어냈을 뿐 아니라, 한국군의 증강, 미국의 군사·경제적 원조 등을 따냈다. 이남의 어느 대통령도 미국을 상대로 이런 외교적 '성과'를 얻어낸 사람이 없었지만, 그 '성과'는 주한미군의 장기 주둔, 대미 예속의 강화, 이남의 군사주의화 등등의 저주받은 유산을 남긴 것이기도 했다.[9]

'이승만의 친구' 미국은 한국전쟁 시기와 독재기에 이승만의 후견인 겸 파트너의 역할을 참아내다가 4·19혁명이 터지자 이승만으로부터 돌아선다. 미국이 4·19혁명의 초기단계부터 이승만을 버릴 작정이었던 건 아니다. 이승만의 독재정권을 굳건히 지지했던 미국은 4·19시위가 규모나 성격에서 그 이전과는 크게 달라지자 갑자기 태도를 바꾼다. 앞서 아이젠하워 미 대통령은 3·15마산항쟁과 관련해 선거 기간 중의 모든 폭력행위에 대해 개탄한다고 말했다. 그러나 그는 개인의 투표권 침해 사례가 있었다는 소식은 접하지 못했다고 주장했다. 과거 이승만의 독재행위에 대해 사실상 눈감으며 여야 타협을 주장한 것처럼, 미국은 3·15부정선거와 마산시위에 대해서도 비슷한 행태를 보였다.

미국이 이승만을 지지하고 있다는 사실은, 동시에 한국민에게 3·15 부정선거에 승복하라고 권유하는 압박으로, 제2차 마산항쟁이 3일째 계속되고 있던 4월 14일자 조간신문에 미국 대통령이 예정대로 6월 22일 한국을 방문하겠다고 대서특필된 기사를 통해서도 확인할 수 있었다. 4월 17일에는 아이젠하워 방한 준비반이 서울에 들어왔다. 그러나 4·19시위를 목격하고 미국은 입장을 변경한다. 주한 미 대사 매카나기는 19일 정당한 불만의 해결을 희망한다는 요지의 공식성명을 발표했고, 오후 8시 경무대를 방문했다. 미 국무장관 허터는 주미 한국대사 양유찬을 불러 시위가 자유국가에 적합하지 않은 선거 행위와 탄압 수단에 대한 민중의 불만을 반영하는 것임을 지적했다. 미 대사관 등 외국 공관원은 부상당한 학생들로부터 의견을 청취하려고 병원을 드나들었다. 20일 미 국무부가 민주화를 촉구하는 성명서를 발표함으로써 이후 이승만은 빠른 시간 내 권좌에서 물러나 망명길에 오른다.[10] 독재자는 상관없지만 미국의 이익을 침해하는 독재자는 용납할 수 없었던 것이다.

미국의 이 같은 양면적 태도가 미국 입장에서는 당연한 것일 수 있다. 미국의 한반도 진주는 천사나 해방자가 되기 위한 행위가 아니라, 철저하게 미국의 이익을 지키기 위해 당시 기준으로, 또 미국의 시각으로 볼 때 '일본 영토'의 일부를 점령한 것 이상도 이하도 아니다. 애초에 한반도를 점령할 때 한국인의 입장은 배제되었고 소련과의 땅따먹기 게임의 연장에 불과하였다. 1945년 8·15 해방 며칠 전에 국무·전쟁·해군 3부 조정위원회SWNCC의 존 맥클로이는 딘 러스크와 찰스 본스틸이라는 두 젊은 대령에게 옆방에 가서 한국을 분할할 지점을 찾으라고 지시했다. 이미 일본 본토에 원자폭탄이 투하되었고 소련의 붉은 군대가 태평양전쟁에 참전하였으며, 미국의 정책입안자들이 전선의 전 지역에 걸쳐 일본의 항복을 끌어내기 위해 몰려오고 있던 8월 10일과 11일 사이의 자정 무렵이었다. 주어진 30분 안에 두 대령은 "수도를 미국 영역 안에 둘 수 있기 때문에" 38선을 선택하였다.[11]

분할 점령 후 미소의 냉전이 본격화하면서 미국의 입장에서 미국의 유일한 관심은 남한지역에 반소친미 정권을 수립하는 것일 수밖에 없다. 한국전쟁 시기에 한반도 북쪽지역에 원자폭탄을 대규모로 투하하면 아예 이 지역을 원천적인 불모지역으로 만들 수 있어 자연스럽게 소련과 중국을 막는 방벽으로 쓸 수 있다는 맥아더의 구상과 크게 다르지 않다.[12] 공식적으로 혈맹 또는 우방이라고 얘기하지만 미국의 대한정책의 핵심은 미국의 이익일 수밖에 없고, 그런 관점에서 38선을 긋고 독재정권을 후원 및 지지하고 필요하면 한국민을 학살하는 것도 모른 척할 수 있었다. 미국이 한국의 민주주의를 옹호하고 지지할 때는 역시 그게 미국의 이익에 부합할 때이겠다. 사실 국익 우선의 그런 태도는 미국뿐 아니라 세계 공통이란 점에서 우리가 미국에 배신감을 느낄 이유는 없어 보인다. 우리 또한 순전하게 대한민국의 이익이란 관점에서 다른 나라들을 생각하지 않는가. 하지만 특정한 국익추구가 다른 국익을 심각하게 훼손했을 때의 책임까지 면해주는 건 아니다. 남한의 분단과 독재에 분명히 미국은 책임을 져야 한다. 국익은 국익이고 책임은 책임이다. 문제는 미국이 국익은 철저히 챙기지만 책임은 전혀 지지 않는다는 것이다. 또 다른 문제는 한국의 권력자와 정치세력이 자신들의 이익을 지키는 데 급급해, 자신들의 이익을 미국의 이익에 일치시키느라 혈안이 되었을 뿐 한국민 전체의 이익이나 미국의 책임에는 눈을 감았다는 사실이다.

❚❚ 한민당, 이승만에게서 버림받고
한국의 정통야당으로 우뚝 서다

미국과 이승만의 관계는 이승만과 한민당의 관계와 흡사한 면이 있다. 미국이 한반도 38선 이남의 자국 점령지 처리 문제를, 분단 고착화와 남한 단독정부 수립으로 결정지으면서 이승만을 파트너로 간택했다가 4·19혁명 이후 버렸듯, 이승만도 단독정부 수립을 매개로 한민당과 손을 잡았다가 집권 후엔 야멸차게 등을 돌리게 된다.

미국의 대한정책은 소련의 남진을 저지하기 위해 얼떨결에 38도선 밑 남한지역을 점령한 뒤 군정을 실시하다 신탁통치 검토 등을 거쳐 최종적으로 남한만의 단독정부 수립으로 결정된다. 미국 점령지에서 건설되는 단독정부는 당연히 친미반소의 반공정권일 수밖에 없으며 이후 대한민국이란 신생국의 발전과정에서 드러나듯 미국식 자본주의를 받아들이게 된다. 사실상 미국이 설계한 대로 건국된 대한민국에서 이승만과 한민당이 지배세력이 될 수밖에 없었으며 이승만과 한민당은 현재까지 후계가 이어져 대한민국의 양대 주주로 자리매김한다.

이승만과 한민당은 8·15 이후 3년의 미국 점령기에 벌어진 남한 내의 치열한 권력투쟁에서 승리하기 위해 서로를 필요로 하였다. 한민당에게는 자금과 조직이, 이승만에게는 명망과 정치적 지도력이 있었다. 이들에게는 반소반공과 친미라는 공통의 요소가 있었다. 단독정부 추진과 반대에서 극적으로 드러나듯 이승만은 김구와 달리 권력의 향배에 관한 현실감각이 뛰어났고, 이 점은 한민당도 마찬가지였다. 이승만을 앞세워 한민당은 친일파라는 따가운 눈총을 피할 수 있었고, 이승만은 박헌영과 여운형에 비해 열세로 지적된 조직과 대중 동원력을 확보할 수 있게 되었다. 신탁통치 분쟁에서 반탁진영에 가세함으로써 기사회생의 기회를 잡은 한민당은 1946년 6월 3일 정읍 발언을 통해 이승만이 남한 단독정부 수립을 주장하고 나서자, 이에 적극 호응하면서 양자 간의 연합이 형성되었다.[13]

초기에 한민당은 '임정봉대론'을 펴면서 김구와도 제휴를 모색하였으나 남한 단독정부 수립에서 이승만과 이해의 일치를 발견하게 된다. 38선이 설정되지 않아 남북한을 아우르는 통일정부가 수립되었다면 그 정부가 어떠한 성격으로 귀결되든 한민당은 역사의 심판에 직면하여 어떠한 형태의 정치세력화도 감히 도모할 수 없었을 터이다. 같은 맥락에서 같은 보수진영이라 해도 평생 항일투쟁전선에 몸담은 김구는, 친일 전력의 한민당에게는 상당히 껄끄러운 상대일 수 있었다.

이승만·한민당 연합은 신탁통치 분쟁에서 미군정의 옹위 하에 좌파 세력을 제압하고, 이념전선을 더욱 첨예화해 좌우합작을 모색한 중도파를 제거한 뒤 결정적으로 남한 단독정부 수립을 계기로 김구를 배제하며 미국 점령지역에서 정권을 넘겨받는 데 성공한다.

그러나 권력장악 과정에서 양측은 갈라선다. 이승만·한민당 연합은 정부형태를 결정하는 제헌헌법 제정에서 처음 충돌한다. 한민당이 주도한 제헌의회는 권력구조를 내각제로 결정했으나, 이승만은 반대했다. 싸움은 한민당에 유리했다. 이때 헌법기초위원 30명 중 한민당 관련자가 14명이었고 10명의 전문위원에도 권승렬, 노진설, 유진오 등 3명이 포함되어 있었다. 당시 "이승만 박사는 곧 한민당의 영수이며 한민당은 곧 남한정부"라는 것이 일반적 관측이었고, 한민당은 정부수립 이후에도 이승만과 우호적 제휴관계가 지속되리라는 전망을 전제로 내각제헌법안을 마련했다.[14] 그러나 이승만은 한민당이 주도하는 제헌의회가 끝까지 내각책임제를 주장하자, "내각책임제 하의 정부에는 참여하지 않겠다"고 배수진을 쳤다. "정계를 은퇴하고 국민운동 같은 것이라도 벌이겠다"고 협박까지 했다. 그러자 한민당은 "이분이 대통령 후보를 사퇴하면 정부는 수립될 수 없을 것이고 따라서 독립도 성취될 수 없을 것"이라는 이유로 이승만의 요구에 응한다.[15] 김구, 김규식, 여운형 등에 이어 이승만까지 빠진 정부를 출범시켜서는 흥행을 장담할 수 없었기 때문이다. 동시에 이승만이 대통령제에서도 어느 정도는 권력을 한민당에게 나눠줄 것이란 기대에서 타협한 측면이 있었던 것으로 보인다.

이런 기대가 헛된 것이었음은 곧바로 증명된다. 초대 내각 구성에서 이승만은 예상과 달리 한민당을 철저히 배제했다. 국무총리로는 한민당이 기대한 김성수 대신 이범석을 지명했다. 이범석은 조선민족청년단(족청)을 기반으로 삼고 있었는데, 이범석을 이용해 한민당을 견제하겠다는 이승만의 속내를 한민당이 모를 리 없었다. 이때부터 한민당은 야당이 되었고, 이승만으로부터 정치권력을 빼앗기 위해 투쟁의 길에 나섰다.

그러나 이것은 지배세력 내부의 분열과 갈등일 뿐, 당시 한국 사회가 안고 있던 근본적인 갈등과 대립 구조를 반영한 것은 아니었다. 더 근본적인 의제인 친일파 청산, 토지개혁, 통일문제에 대해서는 이승만과 한민당의 이해관계가 일치했다. 따라서 이승만과 한민당은 정치권력을 두고는 투쟁했지만 사회의 근본 문제에 대해서는 상호 협력하는, 즉 "일면 투쟁하고 일면 협조하는 관계"였다.[16]

한민당이란 기득권과 정치권력을 분점할 마음이 전혀 없었던 이승만은 부분적 토지개혁을 통해 한민당을 압박하는 한편, 한민당을 대체할 새로운 정치 파트너를 구하게 된다. 친일파 중에서도 한민당과는 다른 분파에서 정치 파트너, 더 정확하게는 하수인을 찾으면서 한민당의 압

제1공화국 초대 내각 명단과 소속	
국무총리 이범석(국방장관 겸임, 족청)	농림장관 조봉암(무소속)
내무장관 윤치영(독촉국민회)	상공잠관 임영신(여자국민당)
외무장관 장택상(무소속)	사회장관 전진한(독촉국민회)
재무장관 김도연(한민당)	교통장관 민희식(무소속)
법무장관 이인(무소속)	체신장관 윤석구(무소속)
문교장관 안호상(무소속)	

도적인 의회권력에 맞서기 위해 독재와 파시즘으로 기울게 된다. 꼭 의회권력에 맞서려는 목적이 없었다 해도 이승만은 내밀하게는 자신을 조선왕조의 후계자로 상정하고 있었기에 어차피 그 길을 걸었을 것으로 보인다.

이승만과 결별한 한민당은 신익희의 대한국민당, 이청천의 대동청년단과 통합하여 1949년 2월 10일 민주국민당(이하 민국당)을 출범시켰다. 민국당은 한민당의 정강과 정책은 그대로 계승하였고 인적 구성에도 큰 변화는 없었다. 다만 범汎임시정부 계열인 신익희, 이청천을 수혈함으로써 친일파 정당이라는 이미지를 희석할 수 있었고, 의석이 70석으로 늘어 이승만의 전횡을 더 효과적으로 견제할 수 있게 되었다.[17]

민국당은 권력을 장악하기 위해 건국 당시에 꿈꾸었던 내각제를 들고 나왔다. 1949년 11월부터 본격적으로 개헌공작에 나서 개헌안을 기초하는 한편, 여론조성에 나섰다. 이승만의 반대에도 민국당은 끝까지 개헌안을 밀어붙여 1950년 3월 100여 명의 지지자를 확보해 국회에 내각제 개헌을 의제로 상정했다. 이승만의 대처방식은 이승만 정권 내내 공식적 정치수단으로 사용되는 대중동원과 조직적 폭압이었다.

정부는 "개헌추진자들은 정권욕에 사로잡힌 매국노들"이라고 협박하였고, 청년단과 노동조직은 연일 개헌반대 데모를 벌였다. 일부 의원들은 협박에 못 이겨 개헌서명을 취소하였고, 온갖 종류의 위협 앞에서 민국당은 당론마저 분열된 지경이었다. 1950년 3월 14일 개헌안이 표결에 부쳐졌으나 난투극이 벌어지는 가운데 부결되었다. 내각제 개헌안에 대한 찬성은 79표, 반대는 33표였고, 66표가 기권이었다. 비록 개헌안이 저지되었지만 의회에서 反이승만세력이 다수를 차지하고 있다는 사실이 입증되었다. 이승만은 자신의 말을 잘 듣지 않는 이범석을 국무총리에서 해임하고, 다시 이윤영을 국무총리로 지명했다. 그러자 국회는 의원 104명의 서명을 받아 조병옥을 국무총리로 임명하라고 맞불을 놓았다. 이승만은 다시 이를 거부하고 신성모를 서리로 임명하여 맞섰다. 결국 신성모는 전쟁이 일어나기 전까지 '서리' 자를 떼지 못했다. 국회가 인준을 거부한 것이다.[18]

한민당은 이처럼 내각제 개헌 등 여러 전선에서 이승만과 대립각을 세우면서 친일파에서 민주세력으로 발 빠르게 변신한다. 애초에 의도한 내각제를 실현하지는 못했지만 의회권력의 한 축을 확고하게 장악한 것이다. 애초에 한민당이 원한 방식은 아니었지만 어쨌든 한민당은 야당이 돼 이승만과 권력을 나누게 된다. 그리고 민국당 등 이름을 바꿔가며 한민당은 이승만보다 오래 살아남아, 4·19혁명 뒤엔 소망대로 내각제 정부를 꾸릴 수 있게 되었다. 물론 아주 잠시였지만 말이다.

░░ 친일파, 이승만의 충신이 되다

이승만은 대거리를 일삼는 한민당을 대신해 친일파를 중용한다. 같은 친일파라도 친일 지주가 주력인 한민당에 비해 친일 경찰, 관료는 국민들로부터 더 많이 반감을 샀지만 이승만에겐 국민정서가 중요하지 않았다. 이승만 정권에서 일제 관료 출신이 전체 각료에서 차지하는 비율은 1948~1953년 6%, 1954~1958년 21%, 1959~1960년 25%로 지속적으로 증가하였는데 이는 그가 아첨꾼을 선호했기 때문이다.[19]

이승만은 1945년 10월 귀국하면서부터 친일파 재산가들로부터 정치 자금을 받았고, 친일 경찰을 옹호하는 등 친일파와 긴밀한 관계를 맺었다. 그는 친일파 처단이 민심을 혼란에 빠뜨린다고 주장하였고, 친일파 문제는 우리 정부가 수립된 이후에 해결하자는 논리로 친일파 처리를 반대했다.[20]

이승만은 친일행위자 처벌에 대한 국민적 기대와 국회의 합법적이고 정당한 요구를 처음부터 무시하였다. 그는 국회에서 반민족행위처벌법(반민법) 초안이 작성되고 친일세력의 방해책동이 난무할 무렵 "지금 국회에서 친일파 문제로 많은 사람들이 선동되고 있는데, 이런 문제로 민심을 이산시킬 때가 아니다. (……) 무한한 언론으로 인신공격을 일삼지 말고 친일파 처리는 민심이 복종할 만한 경우를 마련해 조용하고 신속히 판결할 수 있는 제도를 마련해야 할 것이다"라는 담화를 발표하였다. 마치 대다수 국민이 친일파 처단을 반대하는 것처럼 말하면서 친일파 문제의 처리가 국민적 분열을 조장하는 비애국적 선동행위인 양 왜

곡한 것이다. 또 그는 반민법이 국회를 통과하며 정부로 이송되자 "친일파 처단보다 나라의 토대를 튼튼히 하는 일이 더욱 중요하다"면서 친일파 처단의사가 없음을 분명히 했다.[21]

친일파 청산에 미온적인 태도를 취한 데서 이승만은 미군정과 동일한 입장이었는데, 이승만이나 미군정이나 통치의 편의 및 효율을 우선시하였다. 예를 들어 1954년 4월 7일 담화에서 이승만은 "왜정시대에 무엇을 한 것을 가지고 친일이다 아니다 하는 것을 결정하는 것이 아니고, 고등관을 지냈고 일본을 위해 열정적으로 일한 사적事跡이 있어도 지금 와서 그 일을 탕척蕩滌 받을 만한 일을 하면 애국자"라고 말했다. 이승만에게는 민족이란 기초적인 개념조차 없었던 셈으로 '자신의 권력에 유리한가, 불리한가'만이 관심사였다.

심지어 이승만은 일제강점기에 경찰서장을 지낸 이익흥을 내무장관으로 기용하는 호기를 부렸는데, 이런 성은에 이익흥은 낚시하는 이승만 옆에 있다가 이승만이 방귀를 뀌자 "각하, 시원하시겠습니다!"라는 불후의 아부 '드립'을 날린다.

세간을 놀라게 한 이승만의 친일파 기용 중에는 김종원을 빼놓을 수 없다. 일본군 지원병 출신인 김종원을 이승만은 경찰 총수인 치안국장에 임명한 것이다. 김종원은 여순사건(1948년 10월 전남 여수에 주둔하고 있던 국방경비대 소속의 일부 군인들이 단정수립 반대 등을 내세우며 일으킨 사건) 때 일본도를 휘둘러 수많은 사람을 죽였고, 보도연맹원 학살에도 관여한 것으로 알려진 인물이었다. 그는 거창 양민학살을 조사하기 위해 국회 조사단이 현지로 떠나자 계엄사령부 민사부장으로 가짜 공비를 매

복시켜 의원들을 되돌아가게 한 것이 탄로나면서 더 유명세를 탔다. 고등군법회의에서 3년형을 선고받았으나 이승만의 특별배려로 3개월 만에 사면되고 곧 복권되어 전북 경찰국장, 서남지구 전투사령관, 경남·경북·전남 경찰국장을 역임하며 부정선거에 각별한 능력을 발휘하였다. 김종원을 치안국장에 발령한 이승만은 그에게 "김 대령, 자네를 내가 치안국장에 시켰네. 내무장관은 박병배를 추천했지만 내가 그렇게 한 것이야"라고 말했다. 그는 실제로 이승만의 의중을 잘 헤아렸다.[22]

이익흥, 김종원뿐 아니라 친일파는 기회가 주어지자 기꺼이 독재의 앞잡이가 되었고, 스스로 부패에 가담해 탐욕을 채웠다. 미루어 짐작컨대 이승만에겐 자신에게 얼마나 충성하느냐가 인사의 기준이었다. 애초에 민족정기라든지, 국민적 기대, 역사의 정통성 같은 개념이 이승만에게 존재하지 않았기에 가능하지 않았을까. 이승만은 국가를 민족의 공동체로 파악하기보다는 자신의 사유물로 간주하였을 가능성이 농후하다. 국가가 개인의 사유물이라면 그때는 그 개인에게 얼마나 충성하느냐가 인사의 기준이 되는 게 타당할 수 있다. 이승만의 친일파 중용의 배경에는 권력욕을 기반으로 한 그의 몰개념이 자리하였겠지만 시대착오적 정신상태도 한몫하였을 것이다.

친일파 등용은 이승만 정권 말기로 갈수록 심해졌다. 그들이 사리사욕을 위해 권력자에게 맹종한다는 것을 이승만은 잘 알고 있었다. 1954년 5·20선거에서 친일파가 대거 자유당 간부가 된 것은 개헌 및 독재와 연관이 있었다. 1960년 1월 현재 국무위원 11명(외무장관 결원) 가운데 일제강점기 의료계에 있었던 두 명과 보험회사 과장이었던 최인규를 제외하면 8명이 일제치하에서 군수, 판사, 장교, 금융계 간부를 지냈다. 부정선거를 직접 지휘한 치안국에서는 치안국장 이강학이 육군 소위, 2명의 경무관 중 1명은 일본군 군조, 1명은 순사부장 출신이었다. 서울과 지방의 경찰간부들 또한 거의 예외 없이 일제의 경찰, 군인, 관리 출신이었다. 4·19 직후 있었던 한 학생좌담회에서는 "왜놈들의 앞잡이들이 해방 이후 다시 우리나라의 관리가 되고 또한 자유당의 앞잡이가 되었어요"[23]라는 표현이 나오는데, 당시 현실을 정확하게 반영하였다.

만일 이승만이 아닌 적어도 김구가 남한의 대통령이 되었다면 우리가 목격한 것처럼 친일파 척결을 위해 만든 반민특위가 그렇게 무력하게 와해되지는 않았을 터이고, 친일파가 척결되기는커녕 일제 강점기에 이어 남한 사회에서 지배세력이 되는 황당한 광경을 보게 되지는 않았으리라는 가정을 해본다. 하긴 그런 가능성 때문에 아마도 김구는 안두희의 흉탄을 맞고 비명에 갔을 터이다. 안두희의 뒤편에 이승만의 그림자가 어른거렸다는 건 이제 비밀이 아니다.

친일파가 살아남아 발호할 수 있었던 근본적인 배경은 한반도가 동서냉전의 각축장이 되면서 남쪽에 반공정권이 들어섰기 때문이다. 민족해방운동이 전개되던 시기의 기본적인 대치 구도는 민족 대 반민족, 또는 애국 대 매국의 구도였다. 민족해방운동 진영 대 일본제국주의 및 그 앞잡이들 간의 대립이 주된 전선이었다. 그러나 해방 이후 급변하는 정세 속에서 민족 대 반민족의 구도는 좌우대립의 구도로 재편되었다. 좌우대립의 정치지형이 수립되자 그동안 숨죽이고 있던 친일세력은 그들의 대변자 이승만을 등에 업고 "빨갱이 척결!"을 부르짖으며 살아남을 기회를 잡은 것이다.[24] 결국 대한민국은 일제에서 해방된 이후 오늘날까지 친일파를 청산하는 역사적 과업을 수행하지 못하게 된다. 이에 따라 친일파는 이승만 정권에서뿐만 아니라 그 뒤로 여러 정권에서 권력의 파트너이자 하수인으로 승승장구한다.

∷ 관제정당의 시조 자유당과 파시즘적 동원체제

말 잘 듣는 친일 관료, 경찰을 수하로 부리면서 이승만은 대중동원 체제를 기반으로 자신의 정치세력을 만들기 시작한다. 의회권력을 갖추지 못한 상태에서 당장 대중동원을 통해 의회를 무력화하는 파시즘적인 정치노선을 선택한 것이다.

이승만은 한국 정치에서 최초로 관제 정당을 만든다. 정치이념을 갖춘 채 특정한 계급과 집단의 이익을 체계적으로 대표하는 정당이 아닌 권력자 1인의 의사를 떠받드는 사이비 정당을 설계한 것이다. 첫 번째 임기종료를 1년 앞둔 이승만은 1951년 광복절 기념사에서 "지금은 시기가 와서 전국에 큰 정당을 조직해서 농민과 노동자를 토대로 삼아 일반 국민이 나라의 복리와 자기들의 공공복리를 보호하기 위해서 정당한 정당을 만들 때가 왔다는 것입니다"[25]라고 밝혔다.

이렇게 자유당이 시작되는데, 자유당은 이승만의 사당인 원외자유당과 이승만에 반대한 원내자유당으로 나뉜다. 일민주의를 표방한 원외자유당은 이범석의 족청계가 중심이 되어 한청, 국민회, 노총, 부인회 등의 친여단체를 규합한 대중동원조직으로 출범하였으며, 이승만을 절대시하여 그를 직선으로 대통령에 당선시킨 뒤 이범석을 부통령으로 앉혀 실권을 장악하려 하였다. 반면 원내자유당은 확보된 93개 의석을 바탕으로 내각책임제 개헌을 성사시킴으로써 이승만을 상징적 국가원수로 끌어내리고 대신 장면을 내각제하의 국무총리로 옹립해 실권을 장악하려고 하였다.

원내자유당은 1952년 1월 18일, 정부가 제출한 대통령직선제 개헌안을 부결시키는 데 힘을 발휘하였다. 원외자유당은 현직 대통령의 지원을 등에 업고 기존 사회단체를 대거 흡수하여 1952년 3월 20일 제1차 전당대회에서 당원이 260만 명이라고 발표하는 등 한국 정치사상 최초의 관제정당인 자유당으로 자리 잡아 나가기 시작했다.[26] 자유당 2인자 이기붕이 "나와 당의 모든 행동은 총재의 의사에 따라 결정되는 것"이라고 말한 대로, 자유당은 이승만의 '유시諭示'나 '분부分付'를 떠받들고 '봉행奉行'하는 반관반민단체였다. 자유당은 이승만을 위해서 만들어졌고 존재했으며, 이승만과 함께 사멸했다.[27]

이승만 유일영도체제는 자유당이 창당되기 이전에 이미 극우 동원단체에 의하여 실현되었다. 이승만의 대통령 취임을 전후해 각종 동원단체는 새롭게 정비되었다. 이승만의 가장 강력한 정치기반인 대한독립촉성국민회는 1948년 7월 7일 '대한독립촉성'을 떼버리고 '국민회'로 명칭을 바꾸었다. 국민회는 총재가 국가원수가 되었으니 관민 합작으로 국민총력 발휘태세를 갖추자고 결의했다. 모든 국민은 국민회원이 되고 회비를 납부해야 했다. 일제 말에 한국인은 10호 단위로 조직된 애국반에 편성되어 있었는데, 이제는 국민반으로 명칭이 바뀌었다. 동장, 읍장, 군수, 도지사는 국민회 간부였다. 좌우익 싸움에 행동대로 명성을 날리던 극우청년단체들은 이승만의 '유시諭示'를 받들어 1948년 12월 대한청년단(한청)을 결성했다. 조직이 강력했던 이범석이 이끈 민족청년단(족청)도 이승만 지시로 할 수 없이 다음 해에 한청에 합류했다. 한청은 전국 청년 8백만 명을 총망라했다고 주장했다.[28]

자유당은 선거라는 공식적인 (동시에 불법이 공공연하게 동원된) 정치행위를 통해 점차 의회권력을 장악하게 되지만 관제데모 대중동원체제 등 파시즘적인 비공식적 정치행위는 이승만 정권 내내 공공연하게 이어졌다. 지배연합 외곽의 관변단체들을 동원하고 조종하는 핵심기구는 친위 정당인 이승만의 일민주의를 표방한 자유당과 경찰이었다.[29] 파시즘적 동원체제에는 당연히 극우 폭력조직이 포함되었는데, 그중에는 '전문적인' 폭력조직인 깡패집단이 존재하였다. 당대의 유명한 깡패 이정재가 자유당 감찰부 차장이자 자유당 서울시당 감찰부장이라는 직위를 맡은 것에서 드러나듯 이승만 유일영도체제를 지키는 데 본격 깡패조직까지 동원된다.

대표적으로 1952년의 '부산정치파동'에서 보듯 이승만은 집권기간 내내 폭력을 동원하고 반칙을 일삼았다. 이승만식 정치에는 국민동원이 필수적인데 다양한 방식으로 이른바 민의를 발동시켰다.

국민동원 가운데 가장 유명한 사례는 역시 우의마의牛意馬意이다. 이승만은 1956년 3월 5일 고령을 이유로 3대 대통령 선거에 출마하지 않겠다는 유시를 내렸다. 그러자 전국 각지에서 '민의'가 발동되었다. 당장

3월 6일 부산에서 국민회, 노총, 부인회 등이 궐기대회를 열고 대통령에게 출마의 민의를 전하러 서울로 떠났다. 화답이라도 하듯 이승만은 10일 외신기자들에게 "(국민이) 자살을 원한다면 자살이라도 하겠다"라고 말했다. 다음 날부터 민의가 전국 각지에서 발동되어 비구승이 나서는가 하면, 선거권이 없는 중고등학생들이 수업시간에 비를 맞으며 시위를 벌였다. 영화인, 무대예술인, 댄서의 민의 발동에 이어 노총은 우마차牛馬車조합에서 우마차 800대를 동원하여 시위를 벌였다. 소와 말까지 출마를 원한다는 우의마의牛意馬意를 이승만에게 전한 것이다. 우의마의 소동으로 서울 거리는 똥바다가 되었지만 이승만은 미소를 터뜨렸음직하다. 3월 12일 이승만은 민의는 글로 써서 전해도 된다고 타일렀고, 20일에는 공보실을 통해 그런 의사를 다시 전달했다. 21일 내무부 지시가 내려가자 참가 인원이 500만 명에 달한 시위는 하루아침에 자취를 감추고 속편으로 연판장운동이 벌어졌다. 23일 이승만은 "300만 명 이상이 날인한 탄원서와 혈서가 들어와 할 수 없이 민의에 양보하기로 했다"는 담화를 발표했다.[30]

일상적으로 이 같은 국민동원 소동이 벌어지니 코미디도 이런 코미디가 없다. 당시에는 이벤트 기획능력이 부족하다 보니 민의발동이든 국민동원이든, 어떤 명목이든 이런 대규모 정치행사가 우스꽝스럽기 그지없었지만 이승만의 혈관 속에 흐른 파시즘의 DNA 자체는 결코 히틀러에 뒤지지 않은 것이었다고 평가 내릴 만하다.

2장
박정희
PRESIDENT

만주군 장교, 남로당원, 한국군 장성,
쿠데타 수괴를 거쳐 독재자로

∷ 고려 말 이후 최초의 무신정권

박정희는 1961년 5월 16일 군사정변을 일으켜 합법적인 정부를 퇴진시킨다. 전두환과 비교하면 박정희의 쿠데타는 장난처럼 보이는 측면이 없지 않다. 쿠데타의 발발이 공공연한 비밀이었던 상황이었고, 국민적 분위기는 쿠데타에 대해 기대반 우려반이었고, 미국은 이미 상당 시점 이전부터 한국의 군사정권 등장 가능성을 검토하고 있었고, 무엇보다 합법적 정부의 수반인 국무총리 장면은 국정을 내팽개친 채 수도원에 숨어버렸고, 국무총리와 경쟁관계인 대통령 윤보선은 도망친 국무총리의 뒤통수를 갈기는 정상적이지 않은 상황에서 어쨌든 박정희는 쿠데타를 성공시키면서 1170년 고려 의종 때 일어난 '정중부의 난'으로부터 약 800년 만에 무신정권을 세운다. 100년에 걸쳐 이의방, 정중부, 경대승, 이의민, 최충헌, 최우, 최항, 최의, 김준, 임연, 임유무의 권력자 11명이 등장한 고려 무신정권과 달리 대한민국의 무신정권은 박정희, 전두환, 노태우의 권력자 3명이 권좌에 오르며 30년 만에 막을 내린다. 14대 대

고려 무신정권과 한국 무신정권 비교

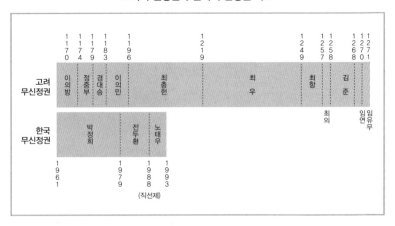

(직선제)

통령(1993~1998)이 된 김영삼이 자신의 정권을 '문민정부'로 명명한 배경이기도 하다.

무신정권의 성격은 5·16 쿠데타 성공 직후 5월 18일 출범한 군사혁명위원회의 면면을 보면 확연히 드러난다. 장도영을 의장으로 한 군사혁명위원회는 박정희, 연합참모부 본부장, 해·공군 참모총장, 해병대 사령관과, 장성 및 영관급 군사혁명위원 30명과 고문 2명으로 구성되었다. 5월 19일에는 군사혁명위원회의 명칭을 국가재건최고회의로 바꾸고, 20일에는 모두 군인으로 구성된 이른바 '혁명내각'을 발표했다. 뿐만 아니라 서울특별시장, 각 도 지사, 시장, 군수 등 대부분의 중요 직책이 군인으로 채워졌다. 쿠데타 핵심세력은 박정희(44세)를 제외하고는 김종필(35세), 김형욱(36세), 이후락(37세), 차지철(27세) 등 30대의 젊은 군인들이었다.[1]

널리 알려져 있듯이 5·16쿠데타의 중심세력은 김종필 등의 육사 8기였다. 어려서부터 남다른 권력욕을 보인 박정희와 진급에서 상대적으로 불이익을 당한 육사 8기의 의기투합은 어찌 보면 서로에게 필요한 것을 줄 수 있는 파트너로 만난 이승만과 한민당의 관계를 연상시킨다. 하지만 박정희와 육사 8기는 이승만·한민당에 비해 더 많은 부분에서 이해관계가 일치하였고, 무엇보다도 군사정권의 존립에 목숨을 건 군인들이었기에 내부적인 이합집산을 겪지만 파트너십은 끝까지 유지된다.

고려의 무신정권과 한국의 군사정권의 차이는 여러모로 거론될 수 있겠지만 가장 큰 차이는 고려 무신정권은 왕위에는 욕심을 부리지 않은 반면 남한의 군사정권은 그렇지 않았다는 점이다. 패기 넘치는 젊은 장교들과 이른 은퇴를 앞둔 야심만만한 만주군 장교 출신 한국군 장성은 쿠데타 성공 이후 내친김에 본격적으로 권력 장악에 나선다. 당시 한국 사회에서 어떤 의미에서든 가장 발전됐고 가장 큰 영향력을 행사할 수 있는 집단은 한국전쟁을 치르며 비대해진 군부였다. 따라서 미국과 국내 일각에서 '군부 역할론'이 거론된 게 어느 정도 이해할 만한 상황이었다. 일례로 박정희 정권에서 대표적 반체제 인사로 꼽히는 장준하는 5·16쿠데타에 처음에는 기대를 표명하였다. 하지만 미국의 입장과 달리 한국 사회에서 기대한 군부의 역할이 권력화일 수는 없었다. 게다가 힘으로 권력을 잡을 수는 있지만 힘만으로 권력을 유지할 수는 없었다. 민주적 정통성을 폭압적 철권통치로 대체하면서 그 대신 박정희는 경제로 정통성을 사는 쪽으로 입장을 정리한다.

쿠데타 세력은 당장 1961년 7월 부흥부를 확대 개편하여 경제기획원을 발족시켰다. 국가주도의 자본주의를 책임질 경제사령부를 만든 것이다. 쿠데타 세력은 경제기획원을 통해 장면 정부에서 입안한 경제개발 정책을 추진했다. 이 때문에 군사정권의 치적으로 내세우게 되는 경제개발 정책이 이미 장면 정부에서 세워놓은 것을 재탕한 것에 불과하다는 폄하가 나중에 나오게 된다. 전복되지 않았다는 가정 하에 장면 정부에서 추진했을 경제개발 정책과 쿠데타 세력이 추진한 경제개발 정책 사이에는 아마도 추진력에서 차이는 존재하였을 것 같다. 1962년 1월에는 경제기획원을 설립할 때 발표한 종합경제재건 5개년 계획을 '1차 경제개발 5개년 계획'으로 수정한다.

경제개발계획의 성패가 쿠데타 세력의 안위에 직결될 수밖에 없는 상황에서 개발자금을 조달하기 위해 1962년 6월 9일 밤 0시를 기해 전격적으로 화폐개혁을 단행하였다. 이에 따라 화폐단위는 '환'에서 '원'으로 바뀌고, 교환비율은 '10환=1원'으로 결정되었다. 화폐개혁은 재무부장관을 중심으로 한 준비반에서 군사작전 펴듯 은밀하게 추진한 탓에 한국은행 총재나 경제기획원 장관조차 몰랐다고 전해진다. 부정축재자 등이 은닉하고 있을 퇴장자금을 끌어내 산업화에 활용하겠다는 취지의 화폐계획은 박정희가 1962년 12월 17일 공식 기자회견을 통해 인정하듯 실패한다. 경제여건을 제대로 따져보지 않은 채 '군인정신'으로 그저 밀어붙인 데다, 자신의 원조로 살아가는 사실상의 보호국인 한국이 미국에 동의를 구하지 않고 화폐개혁을 시행한 것에 미국 정부가 반발했기 때문이다.

국내에서 자본조달에 실패한 쿠데타 세력은 해외에서 자금을 구하는 쪽으로 방향을 선회한다. 이후 박정희 정권은 외자 조달을 통해 국내 경제부흥을 꾀하고, 외자를 확보하는 과정이나 배분하는 과정에서 노동자, 서민의 이익을 빼앗아 기업가들에게 넘겨줌으로써 현재의 재벌 기반을 닦아주게 된다. 재벌육성은 외자뿐 아니라 경제정책의 전방위에서 추진되었는데, 준비되지 않고 철학을 갖추지 못한 채 권력의지에 추동된 군사정권의 경제정책이 마침내 양극화의 괴물경제를 만들어낸 것은 당연한 귀결이었을까.

쿠데타 세력은 시급하게 필요한 개발 자금을 얻기 위해 해외에 인력을 파견하였다. 1963년 12월 27일 서독으로 243명의 광부를 보내면서, 광부 및 간호사 파견 사업이 시작된다. 미국의 무상원조는 산업화자금으로 전용할 수 없는 생필품 지원이 대부분이었기 때문에 산업화 자금의 확보가 절실했다. 지금까지도 그렇듯 미국 정부는 해외원조나 차관을 내줄 때 구매 등 자국 산업에 도움이 되는 단서를 붙인다. (이런 관행이 꼭 미국에만 해당한다고 볼 수 없기는 하다. 대부분의 부국이 빈국에 원조를 제공할 때 이런 식으로 자국 산업과 연계시킨다.) 쿠데타 세력은 서독에 차관 제공을 요청해, 4,000만 달러의 상업차관을 받는 데 성공한다. 이때 서독 입장에서는 극동의 빈국인 한국에 무작정 돈을 빌려줄 수 없었다. 이에 쿠데타 세력에 의한 지급보증 목적의 광부, 간호사 수출이 시작된다. 서독에 보낸 인력의 급여를 3년 동안 서독의 은행 코메르츠방크에 매달 강제 예치하는 방식으로 지급보증을 한 것이다.[2] 결국 민중의 피와 땀이 차관의 담보가 되는데, 정작 당시에 민중이 이 사실을 알았을까. 또 민중의 피와 땀이 재벌의 자산이 되었는데, 지금 이 사실을 기억할까.

권력을 잡자마자 경제개발 등 우회적 수단을 통한 정통성 확보에 나서면서 쿠데타 세력은 내부적으로는 군인들끼리 권력투쟁에 돌입한다. 1170년 보현원에서 일어난 난을 계기로 출범한 무신정권이 한 세기나 유지되지만 무신정권 내내 권력투쟁이 벌어진 것이나 마찬가지다. '정중부의 난'으로 실제 권력을 잡은 건 이의방과 이고였는데, 양자 간의 다툼에서 이의방이 이고를 죽이고, 그 다음엔 정중부가 이의방을 척살하였다. 정중부는 또 경대승에 의해 제거되고, 젊은 나이에 병사한 경대승에 이어 집권한 이의민은 최충헌에 제거된다. 최씨 정권이 무너진 이후에도 살육이 계속되었는데 본래 권력이란 나누기 어려운 속성을 지닌 데다 무신들 특유의 폭력성이 가미되어 싸움은 늘 격렬했다. 5·16쿠데타 세력 내에서도 비슷한 양상이 전개된다.

쿠데타 세력 내부의 이질성으로 권력투쟁이 빈번히 발생했고, 이를 통제하기 위한 숙청도 종종 일어났다. 실제로 쿠데타 이후 31개월 동안 13번의 역쿠데타 시도가 있었다. 박정희 입장에서 보면, 그것은 통치에 방해가 되는 세력이나 잠재적인 정적을 제거하는 과정이었다. 군사 쿠데타 정부의 핵심인사였던 장도영 등을 반혁명 음모 사건으로 제거하면서, 군정은 온전히 박정희의 손 안에 들어온다. 장도영과 육사 5기생 중심의 서북파와 김동하 등을 중심으로 하는 만군 출신 동북파 등 한국군 내 주요 파벌이 발본색원되면서 박정희와 김종필을 중심으로 군정과 군부가 재편된다.

고려 무신정권과 마찬가지로 쿠데타에 성공한 군부는 곧바로 부패에 직면한다. 정치군인들이 '특혜'를 배분할 수 있는 권력의 핵심부에 진입하였고 경제규모가 급속하게 부풀어 오르는 상황이어서 군인들은 쉽사리 부정부패에 빠져든다. 1962년부터 논란이 일기 시작한 증권 파동, 워커힐 사건, 새나라자동차 사건, 파친코 사건 등 이른바 '4대 경제 의혹 사건'은 쿠데타 세력이 관여된 대표적인 부정부패 사건이었다. 이 사건들이 공화당의 창당 자금을 조달하기 위한 조직적인 경제범죄의 성격을 띠고 있었다는 점에서 군정의 우두머리 박정희에게 모든 책임이 있다고 보는 게 타당한 설명이다. 권력 장악 초기 각종 부정부패의 척결을 강조한 쿠데타 세력은 도덕적으로 좌초하게 된다. 세간에는 "신악新惡이 구악舊惡을 뺨친다", "늦게 배운 도둑질에 날 새는 줄 모른다"는 조소와 야유가 떠돌았다. 그러나 이 사건은 김종필이 책임을 지고 외유를 떠나고, 1963년 3월에 15명이 구속되는 것으로 마무리되고 만다.[3]

처음 5·16쿠데타가 일어났을 때 헌정 중단 사태에도 불구하고 쿠데타 세력에게서 어느 정도 개혁을 기대하는 국민적 분위기가 존재했다. 쿠데타 세력의 인적 구성은 야당과는 크게 달랐다. 5·16 주도세력의 71%는 농촌 출신의 중하층이었다. 야당 인사의 41%가 지주 계급인 반면 군정 인사 중에는 26%만이 지주 계급이었던 상황을 감안하면, 마치 진보 여당과 보수 야당의 대립 구도처럼 보일 수도 있었다. 특히 민정당 등의 야당이 지주적 기반을 잇는 보수적 성격이 강했기 때문에, 일부 혁신계 인사들은 박정희의 진보적 이미지에 나름 희망을 걸기도 했다.[4]

그러나 기대는 5·16쿠데타가 발생한 이후의 일이고 쿠데타를 성공시켜 한국에서 박정희 무신정권이 출범케 하는 데는 이승만 정권 수립 때와 마찬가지로 미국의 지지가 절대적인 영향을 미쳤음을 지적하지 않을 수 없다. 지금도 미국은 한국 정치의 중요 파트너이지만 과거에는 그 중요도가 너무 높아 정권 존립에 거의 사활적 이해가 걸려 있었다.

쿠데타 세력이 가장 걱정한 것은 미국의 승인 여부였다. 5·16쿠데타는 대한민국으로 보면 헌정질서를 무너뜨린 것이지만 군작전권을 보유한 미국 입장에선 자국에 대한 도전으로 받아들여질 수 있었다. 주한 미군 사령관 매그로더와 주한 미 대사 그린은 쿠데타 당일 오전 11시 "장면 국무총리가 영도하는 정당히 승인된 대한민국 정부를 지지할 것"이라며 "한국군 수뇌들은 그들의 권한과 영향력을 행사하여 통치권을 정부 당국에 반환하고 군내 질서를 회복"하라는 내용의 성명을 발표했다. 그러나 이것은 미국 정부의 최종 입장이 아니었다.

쿠데타가 일어나자 미 CIA는 신속하게 박종규 소령 등 쿠데타 핵심 세력과 접촉하는 한편, 케네디 대통령에게 쿠데타의 핵심인물을 포함한 한국 상황에 관한 종합적인 보고서를 제출했다. 미국은 오래전부터 한국 군부의 동향을 정확히 알고 있었고, 박정희의 쿠데타 계획에 대해서도 전모를 파악하고 있었다. 기실 미국은 1950년대 초반과 후반, 두 번에 걸쳐 이승만을 제거하기 위한 군사쿠데타를 계획한 적이 있었다. 또 장면 정부 출범 이후에도 "허약한 장면 정부를 어떻게 사회경제적 개혁을 단호하게 진행할 수 있는 정부로 바꿀 수 있느냐"를 두고 고민하고 있던 참에 마침 쿠데타가 발생한 것이었다. 미국은 5·16쿠데타가 미국의 이익에 위배되지 않는다는 판단을 내렸고, 따라서 미국 정부는 주한 미군 사령부, 주한 미 대사, 주한 미 CIA 등에 쿠데타에 대한 단호한 저지를 지시하지 않았다. 5·16이 성공하는 결정적인 요인이 되었음은 물론이다.[5]

:: 김종필과 육사 8기, 동업자에서 신하로 강등되다

박정희는 권력을 잡을 때 결정적으로 군부의 힘에 의지했듯이 권력을 유지하는 데도 군부의 힘을 빌었다. 소위 반혁명 사건들을 진압하면서 박정희가 명실상부하게 군통수권을 장악한 뒤로 군은 박정희 정권의 확고한 주춧돌이 되었다. 박정희에게 권력의 모체는 군부였고, 그에게 군은 국가안보뿐만 아니라 정권안보도 지켜주는 수호성인이었다. 그래서 군을 중시했고 또 군 출신을 중용하였다.[6] 권력장악기에 미국이 이승만의 수호성인이었던 것과 흡사하다. 그러나 박정희와 군의 관계는, 정권을 잡은 뒤에 이승만이 때로 미국과 반목한 것과 달리 늘 좋은 관계를 유지했다. 군은 박정희의 수호성인이면서 동시에 충견이었다.

박정희는 충견으로서 정권의 버팀목이 되어주는 군을 각별히 우대하였다. 장교든 사병이든 물적·신분적 처우를 격상시켰고, 예편 장성들은 대부분 정·관계로 진출하는 특전을 누렸다. 중·하급 장교들에 대해서는 1976년 사관학교 출신 행정사무관 특별채용 제도를 실시하여(임관 5년 후 행정사무관으로 특별채용) 중·하급 장교들이 이른바 유신사무관으로 관계에 진출할 수 있는 길을 열어주었다. 이로 인해 박정희 시대에는 군 출신이 한국 사회의 지배 엘리트로 급부상하는 행운을 누렸다. 군 장교가 되는 것이 입신의 지름길로 인식되었고, 실제로 우수한 인재들이 대거 육사로 몰려들었다.[7]

이 같은 파격적인 군인 우대는 군부가 박정희 권력의 최후 보루이자 유신체제를 지탱하는 가장 중요한 무력이었기 때문이다. 박정희는 군인에게 다양한 혜택을 부여하면서 동시에 통제권을 확고히 다졌다. 중앙정보부와 보안사를 통해 군부 내 중요인물의 동향을 항상 점검하였고, 군에 대한 감시의 눈길을 한시도 떼지 않았다. 박정희는 군부 내 특정 세력을 총애해 이들을 군부 장악의 교두보로 활용하였다. 이른바 윤필용 장군 사건 때부터 세간에 알려지기 시작한 '하나회'가 대표적이다. '하나회'와 마찬가지로 군부의 요직을 영남 출신으로 독식케 한 것은 친위화, 사병화로 군부를 장악하는 박정희 식의 군부 장악술이었다.[8]

박정희는 윤필용 사건(1973년 쿠데타 모의 혐의로 당시 수도경비사령관이었던 윤필용과 장성·장교 등 13명을 처벌한 사건) 때 당시 수사를 지휘하던 강창성 보안사령관을 불러 "강(창성) 장군을 그 자리에 그대로 두면 경상도 장교의 씨가 마른다고 그래……"라며 '영남 군벌'의 투정을 전하였다.[9] 결국 수사는 흐지부지 되었고 당시 윤필용의 후원을 받은 '하나회' 핵심인 전두환과 노태우는 승승장구해 박정희 사후 무신정권을 물려받게 된다. 반면 강창성은 5공 정권 때 이루 말할 수 없는 수모를 당했다.

박정희의 군우대 정책은 일관됐지만 자신의 자리를 위협할 만한 존재는 결코 좌시하지 않았다. 자기에게 위협이 되는 인물이나 세력은 다른 대항세력을 내세워 하나하나 제거함으로써 리더십의 구심력을 강화하면서 특히 후계자로 떠오르는 자는 결코 그냥 두지 않았다. 영구집권의 걸림돌이 된다고 생각했기 때문이다.[10]

5·16쿠데타의 실질적 기획자이자 내용상 제3공화국의 대주주라 할 수 있는 2인자 김종필은 박정희 정권 내내 부침을 겪었고, 이후 이어지는 여러 정권에서도 단골로 2인자 역할을 수행하게 된다.

어쨌든 김종필은 박정희 정권의 핵심인물이었다. 박정희가 욕심만 덜 냈다면, 또는 박정희가 약속만 지켰다면 어쩌면 김종필은 한국의 무신 정권에서 권력자 명단에 이름을 올릴 수 있었을 것이다. 충남 부여에서 태어난 김종필은 1949년 6월 육사 8기로 군대에 들어간다. 김종필은 임관과 함께 육군정보국에 배치되었으며, 1952년에는 소령으로 북한반 반장이 되었다. 정보계통에 근무한 김종필은 야전부대에서 근무한 장교들과는 달리 시간과 활동에서 제약을 적게 받았고, 고급장교들의 인사기록을 접할 기회가 많았기 때문에 그들의 성장 과정이나 군사적 자질을 잘 알 수 있었으며, 방첩업무에 종사하면서 정보공작기법에 통달하게 되었다. 이런 경력으로 인해 김종필은 이승만 정권이 붕괴된 후 '정군운동'과 하극상사건을 주도하게 되었다.

알려진 대로 김종필과 그의 동기인 8기생들은 선배들과 나이 차이가 별로 없는 데도 인사적체로 인해 상대적으로 진급이 늦었다. 선배들이 별을 달았을 때 대부분 중령과 대령에 머물렀다. 8기생들은 건국 이후 최초의 육사 기수라는 자부심이 강했기에 군 인사에 불만이 많았다. 그들은 학교에서 임관되었기 때문에 자신들이 진정한 장교라는 자부심이 강했다. 하지만 이들은 선배들이 누릴 수 있었던 특별진급의 혜택을 받지 못했다.

이 같은 인사 불만과 군의 부패를 해결하기 위해 김종필은 실제로 장면 정권에서 정군운동과 하극상사건을 일으켜 장도영 등 군 고위 장성들을 밀어내려고 하였지만 뜻을 이루지 못하고 1961년 중령으로 강제 전역된다. 강제전역은 정군에서 쿠데타로 김종필의 꿈이 격상되는 계기가 되었으며, 김종필은 실업자 신분에서 본격적으로 '혁명'을 준비할 수 있게 되었다. 이에 앞서 8기생들 중 김종필을 포함하여 육사 졸업 성적으로 2~30위 안에 든 15명 정도가 육군정보참모부로 처음 발령을 받아 당시 정보국에서 정보문관이란 애매한 신분으로 근무하던 박정희와 인연을 맺는다.[11]

이때 박정희는 인생에서 가장 불우한 시기 중 한때를 보내고 있었다. 널리 알려진 대로 박정희는 고향에서 교사로 지내는 것에 만족하지 못하고 만주군 장교 양성학교인 신경新京(지금의 창춘)군관학교를 지원하여 합격한다. 처음에는 나이 제한에 걸려 낙방하였으나 장교가 되고 싶다는 뜻을 간곡하게 혈서로 적어 보내 합격한 것이다. 2년의 군사교육을 마친 뒤에는 우등생으로 뽑혀 1942년 일본 육군사관학교 3학년에 편입된다. 1944년 일본 육사 제57기로 졸업하고는 8·15광복 이전까지 관동군에 배속되어 '다카키 마사오高木正雄'란 이름의 일본군 장교로 복무하였다. 일제 패망과 함께 박정희는 잠시 광복군에 가담하는데, 아마도 당시 중국에 떠돌던 수많은 친일파가 그랬듯 신분세탁을 위한 것으로 추정된다. 이곳에서 박정희는 앞서 일본군을 탈영해 광복군에서 활동하고 있던 장준하와 조우한다.[12] 귀국해서는 남한 군대에 들어간 박정희가 남로당원으로도 활약하는데, 남로당원 신분이 발각되자 조직원들을 밀고하고 살아남는다. 만주군과 일본 육사 선배들의 구명운동으로 목숨을 건진 박정희가 군인이 아니라 문관이란 신분으로 정보국에 있을 때 김종필 등을 만나게 된 것이다.

박정희와 김종필은 한국전쟁기에 전투정보과장과 북한반장으로 밀접한 사이였고, 처삼촌과 조카사위라는 인척관계로도 이어져 있었다. 김종필은 박정희가 가장 존경한 중형 박상희(1946년 10월 항쟁 당시 대구지역 주모자로 처형)의 장녀 박영옥과 결혼하였다.

김종필과 김형욱, 길재호, 오치성, 옥창호, 석정선, 김동환, 김달훈, 이택근 등 동기생들은 군 고위 장성 가운데 청렴한 이미지에다 비주류에 속하는 박정희를 지도자로 추대하여 쿠데타를 기획하고 실행하였다. 5·16 이후에는 김재춘, 박치옥, 문재준, 송찬호 등 육사 5기생과 권력투쟁을 벌여 승리하게 된다. 김종필은 5·16쿠데타의 실질적인 기획자이자 군사정권의 실세였다. 군정이 시작되자 즉시 중앙정보부를 창설하여 초대 정보부장이 되었고, 공화당 창당에 주도적으로 개입하여 제3공화국의 기반을 쌓는다.

그러나 김종필의 앞길은 탄탄대로가 아니었다. 박정희 1인 체제 하에서 2인자의 길이 순탄할 리가 없었다. 박정희의 3선개헌과 이어지는 유신체제로 대권과는 멀어진다. 고려 무신정권에서는 이의방이 명목상의 지도자 정중부에 앞서 정권을 차지했지만, 한국의 무신정권에서는 박정희가 김종필에게 결코 권좌를 내어주지 않았다.

김종필은, 박정희 사후 신군부가 득세할 때는 변방에서 쓸쓸하게 지내지만 충청권의 맹주로 재기하여 노태우, 김영삼, 김대중 정권에 이르기까지 권력의 파트너로 장수하게 된다. 한 번도 1인자의 위치에 오르지 못했지만, 그리고 그가 희망한 내각제 개헌을 성사시키지 못했지만 5·16쿠데타로 등장한 김종필은 권력의 파트너이자 정치인으로 가장 오래 살아남는다. 만일 김종필이 한국 무신정권에서 1인자의 자리에 올랐다면 박정희처럼 비명횡사하거나, 누린 영화에 비하면 별 게 아니겠지만 어쨌든 전두환이나 노태우처럼 수모를 당했을 테니, 2인자로 정치인생을 마감한 게 그에게 다행이었다고 말할 수 있을까.

5·16쿠데타의 동업자이자 핵심세력의 리더인 김종필의 위치는 박정희가 절대권력자로 변화하면서 하락한다. 애초에 육사 8기는 일종의 동업자로 개국공신이었지만 절대권력이 확립되면서 충신으로 변모하지 않으면 버틸 수 없는 신세가 된다. 박정희에게 군부는 여전히 정권유지의 핵심자산이었지만, 절대권력의 위상에 걸맞게 중앙정보부 등 통치기구를 더욱 다원화하고 정교화하게 된다. 이승만 정권에서 우마차나 깡패를 동원한 것에 비하면 확실히 정치발전이 이루어진 셈이다.

∷ 펜타곤의 댄서

이승만 정권에 비해 박정희 정권이 달라진 게 있다면 폭압적 통치기구의 정비이다. 군에서 정보계통에 근무한 김종필은 5·16쿠데타에 성공하자 곧바로 중앙정보부(이하 중정) 설립에 착수하였다. 이후 중정은 박정희의 정권수호대로 크게 활약하게 된다. 박정희 권력의 절대화와 민주주의 간에는 트레이드-오프 관계가 존재하는 만큼 중정의 활약상이 화려해질수록 한국의 민주주의는 후퇴하였다.

박정희 정권에서 권력의 쌍두마차는 중정과 대통령경호실이었는데, 외국 언론에서는 중정, 경호실, 보안사, 치안본부, 수경사(또는 비서실)의 다섯 정보기관을 영리하게 활용한 박정희에게 '펜타곤의 댄서'라는 이름을 붙였다. 펜타곤이란 5각형으로 통상 미 국방부를 말하는데 여기서는 이 다섯 정보기관을 뜻하며, 박정희가 '분리와 지배'라는 정치술수의 기본 책략에 따라 이들을 적절히 활용하고 제어하였음을 의미한다. 박정희는 자기 손으로 자기 심복을 잘라내지 않았다. 서로가 서로를 견제케 함으로써, 어느 한 인물이 자신을 넘볼 수 없도록 미연에 방지하는가 하면, 충성심을 앞세워 힘을 키우는 자는 다른 여타 측근들로 하여금 집중 공략케 하는 실마리를 제공하여 끝내 그를 제거하고야 마는 수법을 거듭 사용하였다.[13]

박정희 정권의 중앙정보부장	
제1대 부장 김종필(1961. 6~1963. 1)	제5대 부장 김계원(1969. 10~1970. 12)
제2대 부장 김용순(1963. 1~1963. 2)	제6대 부장 이후락(1970. 12~1973. 12)
제3대 부장 김재춘(1963. 2~1963. 7)	제7대 부장 신직수(1973. 12~1976. 12)
제4대 부장 김형욱(1963. 7~1969. 10)	제8대 부장 김재규(1976. 12~1979. 10)

이 '펜타곤'에서 처음부터 단연 두각을 나타낸 곳은 중정이었다. 1971년 10월의 오치성 내무부장관 해임결의안 통과 이후 벌어진 풍경은 중정의 활약상을 단적으로 보여준다.

야당은 '실미도 특수군 난동사건', '광주 대단지사건', '한진빌딩 노동자 난입사건' 등의 책임을 물어 오치성 장관 해임결의안을 냈다. 그러자 당시 공화당 실권을 장악하고 있던 4인방(김성곤, 길재호, 백남억, 김진만)은 이번 기회를 이용해서 오치성을 날려버리기로 마음먹었다. 오치성이 내무부장관이 되자마자 경찰간부 22명을 권고, 해임시키고 인사이동

조치하였으며, 다시 시장·군수·구청장과 도청의 국·과장 등 204명에 대해 인사를 단행하였는데 이는 4인체제의 밑바탕을 흔드는 것이었다. 오치성은 원래 김종필과 가까웠고, 4인방과는 해묵은 갈등이 있었다.

이러한 오치성의 과감한 조치는 개인적인 감정 때문이 아니라 박정희의 밀명에 따른 것이었다. 행정조직의 골격이며, 선거시 집권자의 발이 되어야 할 내무·경찰 관료가 4인방에 좌지우지되고 있는 상황을 좌시할 박정희가 아니었다.

그런데 4인방은 1971년 10월 2일 야당의 주장에 편승하여 해임결의안을 통과시켰다. 총투표 203표에 찬성 107표, 반대 90표, 무효 6표였다. 대노한 박정희는 이후락 중앙정보부장에게 항명주동자를 색출해 '엄중히' 조사하라고 명령했다. 중정은 김성곤, 길재호 등 주동자 전원을 남산으로 끌고 왔다. 끌려온 의원들은 발가벗겨진 채 말 그대로 '개처럼' 당했다. 김성곤은 트레이드마크처럼 여겨졌던 카이저 수염이 다 뽑히는 수모를 당했다. 김성곤과 길재호는 탈당계를 썼고, 탈당계는 지구당에 지체 없이 접수되어 자동으로 의원직을 상실했다.[14] 집권여당의 실세가 이렇게 당하는 판이니 일반 국민이야 말할 나위가 없었다. 중정은 박정희의 완전한 친정체제를 구현하는 데 기꺼이 주구가 되었다.

중정을 만든 사람은 김종필이지만 폭압적 통치기구로 박정희의 주구라는 이미지를 확립한 중정부장은 '남산 돈까스'로 불린 김형욱이다. 1960년대를 주름 잡은 공포의 대명사로 중정을 정치공작사령부로 자리 잡게 하는 데 절대적으로 기여하였다.

김형욱은 김종필과 같은 육사 8기로 5·16쿠데타의 핵심인물 가운데 하나였다. 그는 원래 김종필계로 분류되었지만 중정부장이 되면서 김종필과 거리를 두었고, 3선개헌 시기에는 노골적으로 김종필을 핍박하였다. 김형욱은 6·3사태와 3선개헌 같은 정치적 사건에서 행동대장을 자임하였다. 야당, 여당 가리지 않고 국회의원을 중정 지하실에 잡아다가 족쳤다. 박정희의 장기집권을 위해 온갖 궂은일을 다 하며 박정희에게 충성하였으나 김형욱은 버림받는다. 박정희에게 배신당했다고 생각한 그는 1973년 4월 미국으로 도망쳤다. 김형욱은 후에 박정희 정권의 비사를 다룬 《김형욱 회고록》을 쓰는 등 유신체제를 공격하였는데, 이 회고록이 1979년 10월 파리에서 실종되는 결정적인 이유를 제공했다는 게 세간의 분석이다.[15]

'혁명동지' 박정희와 김형욱의 우정의 역사는 박정희 정권의 특성을 웅변한다. 이념과 철학이 부재한 단순 권력욕의 추구와 권력을 매개로 한 의리는 언제든지 상호 배신으로 귀결할 수 있다는 만고불변의 진리 말이다. 김형욱은 박정희가 자신의 충성에도 불구하고 중정부장에서 해임하고 자리를 챙겨주지 않자 해외로 도망가 그토록 충성을 바친 주군을 물어뜯는 데 열중하였다. 김형욱의 실종 또는 죽음과 관련해서는 1979년 10월 7일 자객들에 의해 살해된 뒤 시신이 양계장 분쇄기에 들어가 닭 모이로 제공되었다는 주장이 제기되었다. 어떤 말로를 맞았든 박정희는 김형욱의 죽음을 보고받았을 테고, 그 박정희가 자신이 20일 뒤에 또 다른 중정부장에게 살해될 운명이었다는 것을 알 리는 없었을 테다. 마치 TV 드라마에서 고려 무신정권의 아귀다툼을 보는 듯한 이 장면은 불과 30여 년 전 우리나라 최고 권력층의 모습이다.

초등학교를 졸업하고 육사에 들어간 김형욱은 늘 자기 IQ가 300이라고 떠벌리며 다녔다고 한다. 자기 주장만이 아니고 박정희 시대에 박정희의 친위세력에서 이구동성으로 재사로 거론된 이가 이후락이다. 제갈공명과 조조를 합쳐 놓았다고 하여 붙여진 별명이 '제갈조조'이니 김형욱의 '남산 돈까스'에 비해 고매한 별칭인 셈이다. 실제 운명도 비슷하게 엇갈렸다. 김형욱은 타지로 도망쳐 낯선 땅에서 비명횡사하였지만 이후락은 중정부장에서 물러난 뒤에도 교묘한 처세로 재산과 목숨을 지켜 박정희, 김형욱이 죽고도 30년을 더 살아 2009년 10월 31일에 숨졌다.

이후락은 1924년 울산 출생으로 1946년 군사영어학교에 들어가 군인의 길을 걷는다. 1953년 만 29세의 나이에 준장을 달았고, 1955년 워싱턴의 주미대사관 무관으로 근무하며 미국 쪽 인맥을 쌓는다. 4·19혁명 이후 출범한 민주당 정권에서 장면 총리 직속의 정보연구실장이 되었는데, 미국의 안면 있는 정보요원들 덕분이었다. 이 같은 미국 정보기관 쪽 인맥 때문에 이후락에게는 CIA 정보원이란 설이 따라 다녔다. 5·16쿠데타에는 참여하지 않아 쿠데타 후 체포, 구금되지만 두 달 후에 대한공론사 사장에 기용되었다. 이어 1961년 12월 최고회의 공보실장, 1963년 12월 대통령 비서실장에 올랐다. 박정희로부터 신임을 얻어 6년이나 대통령 비서실장을 지냈다. 비서실장 재임시 김형욱, 박종규와 함께 권력 3인방으로 활약했다.

이후락은 1971년 대통령 선거를 앞둔 1970년 12월 주일대사에서 중정부장으로 다시 권력의 핵심으로 복귀하였다. 이후락은 '제갈조조'의

지모를 발휘해 박정희의 3선을 성공시킨다. 박정희가 "하마터면 정권을 도둑맞을 뻔했다"고 말할 정도로 박빙의 승부였으니, 내용상으로 이후락이 금권선거 관권선거를 기획해 김대중으로부터 정권을 훔쳐오는 데 크게 기여한 셈이 된다. 실제로 1971년 대통령 선거는 분명 김대중과 중정의 대결로, 겉으로는 집권 공화당과 야당 신민당의 정권 경쟁이었지만 기실 줄곧 DJ와 중정의 싸움으로 전개됐다는 평가가 나온다.[16] 대통령 선거가 끝난 뒤 1972년 5월 2일에는 평양을 비밀리에 방문하여 김일성을 만났다. 얼마 안 있어 7·4남북공동성명이 발표되었고, 곧 10월 유신까지 선포되면서 이후락은 전성기를 맞는다. 그러나 1973년 3월 이른바 '윤필용 장군 사건'이 터져 박정희의 신임을 잃기 시작하였고, 그해 8월 8일 김대중 납치사건이 일어나면서 그는 권부에서 밀려난다.[17]

이후락은 김종필을 빼고는 박정희 정권에서 가장 높이 올라갔으면서도 가장 오래 살아남았다. 이승만, 장면, 박정희 시대를 거치면서 낙마하지 않고 권력의 핵심에 머무른 이후락은 《남산의 부장들》이란 책에서 "이승만-장면-박정희 3대 정권을 능공허도凌空虛道의 축지법으로 훨훨 넘나드는 타고난 '정보맨' HR"이라는 평가를 받았다.

또한 이후락은 후일의 역사가 말해주듯이 '공작의 명수'로 박정희에 대한 충성을 위해선 수단과 방법을 가리지 않는 인물이었다.[18] 이후락이 대통령 비서실장을 물러나는 자리에서 눈물을 훔치며 "박 대통령을 교주로 하는 박정희교를 신앙하는 기분으로 일해야 한다"라고 비서팀에게 역설[19]한 대목은 연기이든 진심이든 그의 몰입도를 보여주는 훌륭한 장면인 셈이다.

8대 중정부장이자 박정희 정권의 마지막 중정부장인 김재규는 여러 모로 이전 중정부장들과는 구별된다. 변호인이 재판에서 김재규의 행동을 로마의 독재자 줄리어스 카이사르를 칼로 찌른 브루투스에 비유하였듯이 그는 임명권자를 총으로 살해하였다. 김재규는 재판정에서 "야수와 같은 마음으로 유신의 심장을 쏘았다"고 말했다. 알려진 대로 김재규는 10·26을 자신이 일으킨 '혁명'으로, 자신은 '의사'로 표현하였다. 의사로서 자신이 박정희 대통령을 쏜 것은 사감에서가 아니라 유신이라는 독재를 쓰러뜨리고 민주주의를 회복하기 위해서였다고 말했다. 그러나 전두환의 신군부는 그를 국가원수를 시해한 국사범으로 규정해 사형시켰다. 김재규에 대한 평가는 여전히 의문 속에 남아 있다.

김재규는 1926년 박정희와 동향인 경북 선산에서 태어났으며 박정희와 같은 육사 2기생이다. 동향에 동기인 그는 5·16쿠데타로 박정희가 정권을 잡으면서 출세가도를 달리게 된다. 군정기인 1961년에는 현역 준장으로서 호남비료 사장을 역임했고, 국군보안사령관을 거쳐 1973년 중장으로 예편하여 유정회 국회의원이 되었다. 건설부장관을 거쳐 1976년 12월 중정부장으로 취임한다.

그가 중정부장이 되었을 때는 유신체제에 구멍이 뚫리기 시작할 무렵이다. 박동선과 김한조가 연루된 '코리아 게이트'가 터지면서 관련된 한국 정보부원이 미국으로 망명하고 그로 인해 7대 중정부장 신직수가 경질되고 건설부장관 김재규가 중정을 맡게 된다. 알려진 대로 김재규는 경호실장 차지철과 갈등을 빚게 된다. 김재규와 차지철 간의 대립이 전면화한 계기는 1979년 5월 30일 신민당 전당대회였다. 김재규의 중정은 '요리가 가능한' 이철승을 총재에 당선시키기 위해 야당공작을 진행 중이었다. 그러나 김대중의 지원을 받은 강경노선의 김영삼이 승리해 당권을 차지하면서 김재규는 곤란에 처하게 된다. 이후 정국 해법에서 도 김재규와 차지철은 온건노선과 강경노선으로 대치한다.[20]

당시 상황을 종합하면 1979년 10월 26일 김재규의 거사는 김재규에 게 불가항력적인 측면이 있었다고 추정된다. 김재규는 박정희를 두고 차지철과 충성 경쟁을 벌였고, 권력 암투에서 밀리는 듯하자 차지철에 휘둘리는 박정희에 실망했을 수 있다. 더 본질적인 문제는 정보책임자 로서 김재규는 유신체제의 앞날에 불안감을 느끼고 있었는데, 자칫 박 정희가 차지철의 말을 듣고 강경책을 채택할 가능성을 배제할 수 없었 고, 그때 야기될 국민적 희생을 우려했을 수 있다. 실제로 "크메르 루주 의 폴 포트는 백만 명을 죽이고도 살아남았는데 우리라고 못할 게 뭐 있느냐"라는 차지철의 생각이 현실화하면 김재규 또한 학살정권의 정 보수장으로 책임을 면할 수 없기에 진퇴양난에 처했다고 볼 수 있다. 1 인 통치체제의 의사결정 구조에서 합리적인 해답을 찾지 못하면 그 1인 을 겨냥할 수밖에 없다. 물론 김재규의 의사론義士論을 액면 그대로 받 아들이긴 어렵지만 이도저도 돌파구가 없는 상황에서 내린 그의 결정 이 유신의 광기를 막는 데 이바지했을 수는 있다. 물론 그렇다 하더라 도 광주에서 신군부의 광기까지는 막지를 못하였으니, 당시 우리 국 가의 수준이 결국 그 정도였나 하는 탄식에 이르게 되지 않을 수 없다. 10·26사태는 결국 신군부에 권좌를 내어주는 것으로 귀결하고 마는 데, 김재규가 당시에 특별한 계획을 세우거나 세력을 규합하지 않은 상태에서 일으킨 즉흥적 거사였던 만큼 이 또한 불가피했을 수 있다. 박정희의 죽음 뒤에도 박정희가 생전에 총애한 군인들에 의해 한국의 무신정권은 연장된다.

김재규와 차지철의 대립이 종국에는 유신정권의 몰락으로 귀결한 데서 짐작할 수 있듯이 대통령 경호실은 박정희 정권에서 중정과 함께 핵심권부였다. 박정희 정권 18년 동안 경호실장은 단 두 명만 존재했다. 첫 번째 경호실장 박종규는 1961년 5·16쿠데타 직후 최고회의 의장 경호대장에서 시작해 1974년 육영수 피격사건으로 물러날 때까지 13년이나 박정희를 지켰다. 박종규는 항상 쌍권총을 지녔고, 불같은 성격 탓에 '피스톨 박'이라고 불렸다. 위세가 한창일 때 박종규는 경호실장실에 장관을 불러다가 호통을 치는가 하면 주먹과 발길질을 하기도 했다. 실제로 어떤 장관은 눈을 가리고 다녀야 할 정도로 얻어맞았다고 하니, 이게 왕조 이야기인지 민주공화국 이야기인지 분간하기 힘들 지경이다.

두 번째 경호실장 차지철은 박정희의 특별한 신임에 힘입어 유신정권 후기에 실질적인 2인자 행세를 하였다. 차지철은 경호실장으로 만족하지 못하고 경호위원회라는 조직을 만들어 수도방위사령관, 치안본부장, 서울시장, 장관들을 위원회에 참석시켰다. 심지어 경호실에서 거행하는 국기강하식에 비서실장, 각 부 장관들을 참석하도록 강박했다고 한다. 독일군을 좋아한 차지철은 자신 휘하의 경호부대원들에게 독일 SS대원의 복장을 본떠 만든 제복을 입혔다. 독일병정이란 별명은 이로 인해 생긴 것으로, 차지철의 외모와 사고방식 때문에 우간다의 독재자 이름인 '이디 아민'으로 불리기도 하였다.[21]

박정희가 특별히 힘을 실어주어 중정부장 김재규보다도 강력한 권력을 행사하며 중정 영역까지 넘보던 박정희의 말년 제2인자 차지철은 여러모로 자유당 정권의 2인자 이기붕과는 크게 달랐다. 차지철은 박정희가 쿠데타를 일으켰을 때 공수단 대위로 박정희를 지켰고, 박정희의 배려로 30대에 국회 외무위원장, 국방위원장 등 파격적인 자리를 맡았다. 차지철은 절대왕정에서나 볼 법한 "각하가 곧 국가다"라는 신념을 가졌다. 박정희의 신변을 지키는 것에 만족하지 않고 박정희의 대통령 자리를 지켜주는 것이 경호실장으로서 자신의 임무라고 생각했다. 실제로 그의 경호실장 집무실에는 "각하를 지키는 것이 곧 국가를 지키는 것이다"라는 구호가 붙어 있었다. 차지철은 이승만의 경무대 경호 책임자인 곽영주와도 달랐다. 이승만 덕에 세도를 부린 곽영주는 약간의 경찰병력을 거느렸을 뿐이지만 차지철은, 유사시에 군에 요청해 지원을 받는 것이 상식인데 불구하고, 사단 병력을 경호실에 배치시킬 것을 유엔군 사령관, 육군 참모총장에게 요구했고, 실제로 30경비단 4개 대대를 배속시켰다. 이 부대는 탱크와 헬기, 중화기를 갖춘 전투부대였다.

　차지철은 또한 군단장급 현역 중장을 경호실에 앉혔고, 작전차장보는 현역 준장이었다. 박정희 말기에 경호실 작전차장보는 하나회의 전두환, 행정차장보는 노태우, 김복동이 맡은 바 있다. 박정희 정권 말기에 경호실은 '국가 안의 국가'였다. 차지철은 국가 무장력의 핵심을 지휘하고 동원해 박정희의 유신권력을 지키겠다고 나선 것이다. 차지철은 군부 외에도 요소요소에 자기 세력을 심었고, 정보원을 두어 중정의 고유 업무인 여당과 야당의 사찰까지 감행했다.[22]

차지철은 경호실장 부임 전부터 국회에서 나름의 야당 공작을 맡았다. 30대에 외무위원장 등을 거친 그는 '각하'의 신임이라는 힘과 돈을 갖고 있었다. 그래서 백모, 장모, 문모, 강모 의원 등 나이 지긋한 중진 의원들이 국회에서 젊은 그를 수발들었다. 유신시대 무임소 장관을 지낸 어느 인사는 "차ㅐ 휘하의 그 의원들은 유신 말기에 국회 밀정 노릇을 했다"고 증언했다. 덩달아 야당 의원 중에서도 신민당 총재보다 차ㅐ를 섬기는 사태가 생겼다[23]고 하니 그의 전횡과 권세는 조선시대 웬만한 세도가를 훌쩍 넘어서고 남았다. 분명한 사실은 박정희가 차지철 등의 세도정치를 모를 리 없었다는 점이다. 박정희는 국가의 공식적 통치체계를 무력하게 만드는 총신들의 월권을 묵인했고, 정황상 오히려 조장했다고 볼 수 있다. 독재자에게 국가기구란 자신의 절대권력을 확립하고 강화하는 데 우선 기능이 있으며, 역으로 절대권력을 강화하는 데 기여하는 개인이나 조직이라면 그것이 무엇이든 곧 국가기구의 기능을 수행하는 것이란 권위를 얼마든지 부여할 수 있었다. 공식적인 국가체계가 존재했지만 절대 권력자의 의중은 공식적인 체계보다 항상 상위에 존재했다. 제4공화국의 본질이 박정희 왕정일 수밖에 없는 이유다.

∷ 의회, 권력의 시녀

'남산 돈까스' 김형욱이나, '독일병정' 혹은 '이디 아민' 차지철 등 박정희의 친위대이자 폭압적 통치기구의 대장들이 무소불위의 권력을 행사한 데서 짐작할 수 있듯이 박정희 정권에서, 특히 유신체제에서 의회는 철저하게 무력화한다. 중정이 아무런 법률적 근거 없이 백주대낮에 여당 실세들을 납치해서 폭행할 수 있는 세상이니 사실상 의회는 있으나마나한 존재였다.

유신헌법에서는 국회의원의 3분의 1를 박정희가 임명할 수 있어 민주주의의 기본에 속하는 삼권분립은 아예 기대할 수 없었다. 여당 국회의원은 박정희의 총애를 받는 고급 월급쟁이에 불과했다고 볼 수 있다. 재벌그룹에 빗대어 설명하면 회장의 인사발령을 통해 임명되는 무수히 많은 이사와 기능이 같다고 볼 수 있다. 재벌그룹의 이사는 이사 본래의 기능을 수행하기보다는 그저 고위직 월급쟁이로 회장의 보위에 앞장설 수밖에 없다.

특히 유정회 의원은 재벌그룹의 임명직 이사와 그 기능과 성격이 거의 유사하다. 회장 대신에 대통령에 절대복종한다는 게 유일한 차이점이라면 차이점일 것이다. 유정회 의원들의 정치적 행동지침 1호는 "대통령이 창출한 유신 이념을 국정에 반영토록 한다"는 것으로, 공화당에서는 '유신의 친위대', 신민당에서는 '청와대 특공대'란 별칭을 받았다.[24]

그러나 5·16쿠데타 직후에는 국민의 시선을 의식해 또는 어쩌면 쿠데타 세력이 그때만 해도 실제로 개혁적 성향이 있어서 새로운 정당의 가능성을 모색하였다. 초기 민주공화당의 창당 주도 세력은 이른바 혁명 주체뿐 아니라 재야의 명망 있는 정치인을 망라하는 참신한 범국민 정당 같은 것을 구상했다. 쿠데타 세력이야 응당 참여하지만 여기에다 구여권 인사 백남억, 박준규, 이효상 등 학계 인사 및 재야인사 등을 인적 구성에 포함시킬 정도로 폭넓게 구상하였다. 아직 정치계에 진출하지 않은 신진기예와 혁신계 인사까지 영입해 새롭고 젊은 정당을 만들고자 하였다. 혁신계였던 신창균을 창당 작업에 관여시키고, 리영희를 창당 초기 작업에 초대한 게 그러한 구상의 발로였다.

따라서 일부 여론은 구야당에 비해 민주공화당을 더 진보적인 성향의 정치세력으로 인식했다. 하루아침에 정권을 빼앗긴 민주당은 파벌싸움과 부패에 찌든 낡은 정당, 또는 구지주 계급과 친일파에 기반한 보수적인 정당으로 비쳐지고 있었다.

그러나 실제로 민주공화당이 창당에 들어가자 상황이 달라졌다. 김종필이 창당 작업을 주도적으로 은밀하게 추진하면서 쿠데타 세력 내부에서 김종필의 전횡에 대해 반발하기 시작하였다. 일부는 '혁명정신'이 훼손되고 있다며 "군대로 다시 돌아가자"고 주장하였고, 김동하·김재춘·오정근·강상욱 등 창당 작업에서 소외된 세력은 신당이 김종필의 사당으로 전락하고 있다고 공개적으로 불만을 토로하였다. 또한 공화당의 조직 방식이 공산당과 유사하다고 비판하기도 했다. 이들은 김종필이 추진한 거대 정당 구조는 막대한 비용을 필요로 하기에 부패가 불가피하다고 주장하였다. 이 같은 반발은 민주공화당 외에 김재춘 등이 중심이 되어, 나중에 자유민주당으로 발전하는 재건동지회 같은 별도의 조직을 만드는 움직임으로 이어졌다. 쿠데타 세력이 두 개의 정당으로 분열하는 상황이었다. 정치세력화하는 과정에서 벌어진 '혁명' 주체세력 내의 갈등은 박정희가 민주공화당 후보로 대선에 출마함으로써 일단락된다.[25]

이후 민주공화당은 점진적으로 박정희의 사당으로 바뀌어 자유당에 이어 대한민국의 두 번째 관제정당으로 이름을 남긴다. 민주공화당은 유정회와 함께 정당이 아닌 박정희의 사당으로 존재하다가 박정희의 죽음과 함께 역사에서 종적을 감춘다. 자유당과 같은 행로이다.

따라서 박정희의 유일한 의회 파트너는 민주공화당이나 유정회 같은 여당이 아니라 한민당을 계승한 야당이었다. 박정희는 야당 지도자 가운데 유진산, 이철승, 김영삼 등을 정치 파트너로 선호하였고 대선에서 맞붙은 김대중에 대해서는 적대적인 태도로 일관하며 파트너로 인정하지 않았다.

1971년 제7대 대통령 선거 후보지명전에 야당에서 이른바 '40대 기수론'이 제기되자 당시 53세였던 박정희는 '40대 기수'들의 도전을 '어린애들과의 싸움'으로 치부하면서도 내심, 타협적인 유진산이 신민당 대통령 후보가 되기를 희망했다. 그래서 박정희 정권은 유진산에게 돈을 대주면서 정치 공작에 임했다.[26] 당시 중정부장으로 있던 김계원의 훗날 증언이다.

"당시에는 중앙정보부의 가장 중요한 일은 야당공작이었다. 그래서 골칫거리였던 김영삼 의원(원내총무)이 대통령 후보로 못 나서게 야당(신민당) 지도자 유진산 씨에게 정치자금을 여러 번에 걸쳐 몇 천만 원씩 준 적이 있었다. 그런데 나중에 알고 보니 대통령께서도 공화당 김진만 의원을 통해 유씨에게 자금을 주고 있었다. 나를 완전히 믿지 않은 것 같았다."[27]

박정희는 1970년 9월 29일의 신민당 대통령 후보 지명대회를 한 달

앞둔 8월 이미지 쇄신 차원에서 유진산을 해외 순방시키고, 유진산이 귀국하자 박정희·유진산 회담을 성사시키는 등 유진산을 야당 대통령 후보로 만들기 위해 공을 들었다. 중정부장이 여러 차례 유진산의 집을 드나드는 것이 목격되었으며, 김영삼·김대중·이철승의 '40대 기수' 3인은 그 점을 물고 늘어졌다.[28]

이어 이른바 '진산 파동'이 발생한다. 원래 충남 금산이 지역구였던 유진산은 서울 영등포 갑구로 지역구를 옮겼는데, 이때 공화당 길재호에게 금산을 넘겨주기로 했다는 묵계설 시비가 인 적이 있었다. 그런데 이번에는 유진산이 5·25 국회의원 총선 후보등록 마감일인 1971년 5월 6일 갑자기 자신의 지역구인 서울 영등포 갑구마저 포기하고 전국구 후보 1번으로 옮긴 것이다. 당의 공식기구와 전혀 논의하지 않고 유진산이 독자적으로 결정을 내린 것이 문제인 데다, 영등포 갑구의 공화당 후보가 청와대에서 외자 담당 수석비서관을 지낸 박정희의 처조카 사위 장덕진이었기에 논란이 증폭되었다. 마침 신민당 공천마저 유진산 대신 29세의 젊은 청년 박정훈에게 돌아가면서 유진산에 관한 의혹이 폭발하고 만다. 당내 소장층과 영등포 갑구 당원 등이 강력하게 반발하여 유진산의 당수직 사퇴를 요구하는 사태로 발전하였고, 이후 유진산은 당직에서 물러난다. 이른바 '진산 파동'의 진행과정이다.[29]

유진산에게는 이 '진산 파동'에 앞서 또 다른 '진산 파동'이 있었는데, 이른바 '사쿠라 논쟁'이다. 1964년 윤보선 측으로부터 "유진산이 박 정권과 모종의 흑막이 있다"고 해서 벚꽃의 일본말 '사쿠라'를 거론하며 "권력과 내통한 '사쿠라'인 유진산을 당에서 축출하여야 한다"는 공격을 받았다.[30] 정치술수에서는 타의 추종을 불허한 유진산은 결국 정치의 본령을 잊어버림으로써 정치무대에서 점차 잊히게 된다.

이철승은 박정희로부터 유진산과 함께 야당의 '똑바른' 정치가로 인정받는 2인 중 한 명이다. 박정희 정권에서 야당 정치인이라기보다는 야당에 적을 둔 박정희의 정치 파트너, 또는 박정희 체제유지세력의 일원이었다고 평가할 수 있겠다.

1976년 9월 16일 신민당 대표최고위원 경선이 열린다. 대의원 767명이 참가한 1차 투표에서 김영삼은 349표, 이철승은 263표, 정일형은 134표를 얻었다. 정일형이 이철승을 지지한 2차 투표에서 이철승은 389 대 364로 김영삼에 승리한다.[31] 박정희는 경선 결과에 기뻐하며 야당 정치인에 대해 비서진과 다음과 같은 대화를 나누었다.

"야당에 똑바른 정치가가 있다면 아마 유진산이하고 이철승이야. (……) 신민당이 저렇게 되었으니 다행이야. 이철승 씨가 대표최고위원이 되었다는데 잘 해나갈는지. (……) 그 사람 국회 부의장 시절에 몇 번 만나 봤는데 사람 괜찮더군. 김대중이하고 김영삼은 자기 분수를 모르는데 이철승은 그래도 자기 분수를 좀 아는 것 같더군. 그런데 문제는 말이야, 모든 일이 최고위원 회의에서 합의가 되도록 되어 있다는 것 같은데, 어떻게 당을 끌고 갈 것인지 걱정이 좀 되는구먼. 아무튼 고생이 좀 많을 거야. (……) 얼마 전에 만났던 김영삼 씨는 보기보다는 얌전한 것 같던데. 유복한 집안에서 자랐다는 것이 그의 태도와 언어에서 비치더군. 그런 사람이 과격한 행동은 안 하겠지?"[32]

이철승 체제의 신민당은 '체제 내의 개혁'과 '중도통합'을 내세웠다. 이철승은 '실질투쟁'이니 '참여 속의 개혁'이니 하는 표현도 구사했다. 박정권과 타협해 가면서 야당 노릇을 하자는 것이었다.[33] 이철승은 1977년 2월 23일 3주의 일정으로 미국과 일본을 방문했다. 일본 방문 중 이철승은 "한국은 자유민주주의와 안보의 균형 유지가 중요하다. 한국의 자유는 유무有無의 문제가 아니라 레벨Level의 문제"라고 말하였다. 권력에 협력하는 듯한 이 발언은 기존의 중도통합론과 함께 당내에서 논란을 불러일으킨다.[34] 이어지는 이철승의 언행은 그가 한마디로 '사쿠라'의 적통임을 입증하고도 남는다.

1977년 3월 22일, 3·1명동구국선언 사건으로 재판을 받아온 8선 의원 정일형이 대법원의 유죄 확정 판결로 의원직을 상실하자 이철승의 중도통합론은 당내에서 더 강력한 비판에 직면한다. 박정희는 유진산을 지원한 것처럼 이철승에게 도움을 주기 위해 5월 27일 이철승과 회담을 가졌다. 두 사람은 회담에서 "정치발전과 국회 활성화를 위해 서로 노력하기로 합의했다"고 발표했다.[35] 유신철권 통치가 대미를 향해 치닫고 있는 판에 야당 지도자란 사람이 독재자와 만나 정치발전 운운한 장면을 국민은 어떻게 받아들였을까. 친일파가 주축이 되어 세운 정당의 후계자는 자연스럽게 친독재에 귀결하는 것일까. 유진산, 이철승처럼 박정희로부터 전면적 호평을 받지 못했지만 박정희에게서 나름대로 기대를 모은 김영삼에게서도 이 같은 '사쿠라' 성향은 발견된다.

1975년 5월 21일 김영삼은 박정희와 회담한다. 그러나 이 회담은 박정희의 폭압정치에 날개를 달아주는 불행한 결과를 낳고 말았다.[36] 촉망받는 야당의 젊은 정치 지도자 김영삼은 박정희의 기대대로 "얌전한"

청년으로 바뀌고, "과격한 행동"은 하지 않게 된다. 이 얌전한 청년이 다시 과격해지는 건 당권을 잃었다가 유신 말기에 되찾을 때이다.

당시 회담 내용은 일체 비밀에 부쳐져 세간에서 더 많은 궁금증을 낳았다. 청와대는 "좋은 분위기 속에 기탄없이 의견을 교환, 난국 극복을 위해 여야가 국가적 차원에서 노력을 기울여야 한다는 데 의견을 같이 했다"고 밝혔다. 김영삼은 회담 후 "국정 전반에 관해 이야기를 주고받았으며 당과 나에게 유익한 회담이었다"고 말했을 뿐이다.[37]

김영삼은 회담 이후 이해할 수 없을 정도로 방향을 급선회하여 박정희 정권에 타협적인 태도를 취한다. 정가에선 시비가 일기 시작했다. 이민우 등은 "회담 내용을 다 말하진 않더라도 알릴 건 알려야 방향을 알고 따라갈 게 아닌가"라고 불만을 토로하였다. 의혹이 확산되면서 회담 당일 김영삼의 당사 도착 시간이 늦어진 데에도 설왕설래했고, 이택돈이 "회담 내용 중 정리할 게 있어서 남산을 한 바퀴 드라이브하고 왔다"고 언급해 의심은 커져만 갔다. 몇 억 원의 금품수수설까지 나돌았다.[38]

김영삼을 신민당 총재로 만드는 데에 크게 기여한 고흥문은 이렇게 말했다.

"어느 날 갑자기 김 총재는 박 정권에 대한 전면 반대에서 체제 내의 비판으로 선회했다. 아무런 설명도 없이 그저 상황이 급변했다는 이유만으로 그는 당보《민주전선》편집 방침에까지 세심한 신경을 썼다. 그래서인지 금품수수설까지 나돌았으나 나는 그 회담을 그렇게 보진 않는다. 김 총재는 오른쪽 주머니에 돈이 생기면 왼쪽 주머니의 돈까지 써버릴 정도로 돈에 관한 한 관대한 사람이다. 그가 돈과 정치를 맞바꿀 만큼 야심 없는 이도 아니고……."[39]

당시 신민당 대변인으로 김영삼의 청와대 방문에 동행했던 이택돈이
전한 "여당은 지(박정희)가 하고, 야당(김영삼)은 나보고 맡으라는 거야"
라는 김영삼의 발언[40]은 회담의 성격을 어느 정도 짐작케 한다. '변절'에
대한 김영삼의 변명은 대충 '박정희에 속았다'로 요약된다. 김영삼이 밝
힌 박정희의 회담 중 말은 "김 총재, 나 욕심 없습니다. 집사람은 공산
당 총 맞고 죽고 이런 절간 같은 데서 오래 할 생각 없습니다. 민주주의
하겠습니다. 그러니 조금만 시간을 주십시오"이다. "박정희가 그때 흘린
눈물이며, '대통령 오래 할 생각 없습니다. 민주주의 하겠습니다' 하는
말은, 지금 생각하면 처음부터 나를 속이려고 꾸며 낸 거짓말이었다"[41]
는 게 시간이 흐른 뒤 김영삼의 변명이자 박정희 발언에 대한 평가이다.

그렇다면 김영삼은 왜 속았을까. "다음은 임자 차례야"라는 박정희의
말에 넘어간 김종필과 마찬가지로 김영삼 또한 '다음 차례'에 대한 욕심
이 동했을 법하다. 나중에 '3당 합당'이란 변절로 권력을 거머쥐는 김영
삼의 행태를 떠올리면 만일 차기든 언제든 대통령 자리만 보장되면 김
영삼은 기꺼이 독재와 야합할 수 있는 사람이란 추론이 가능하다. 김
영삼에게 민주주의는 그저 대통령이 되는 데 필요한 수단이었기에 만일
다른 방식으로 대통령이 될 수 있다는 보장만 있다면 그는 언제든지 민
주주의를 저버릴 사람처럼 보인다. 원칙이 없으면 유혹이 왔을 때 속을
수밖에 없다. 김영삼의 술회는 자신이 치유불능의 대통령병 환자였음을
입증한다.

박정희와 김영삼의 한시적 파트너십은 종료되고 유신 말기에 두 사

람은 외나무다리에서 만나게 된다. 박정희는 목숨을 잃었고, 물론 후일 화려하게 복귀하지만 당시에 김영삼은 정치에서 쫓겨났으니 외나무다리 승부는 김영삼의 판정승으로 봐야 할까. 어쨌든 독재자와 대통령병 환자의 친선은 그렇게 성사됐다.

▋▋ 지역감정을 정권안보에 활용하다

7대 대통령 선거의 개표 결과 공화당의 박정희 후보가 634만 2,828표 (53.2%), 신민당의 김대중 후보가 539만 5,900표(45.3%)를 얻어 박정희 가 승리하였다. 하지만 천문학적 돈을 쏟아 부은 금권선거 및 관권선거 치고는 득표 차이가 94만 6,928표에 불과해 박빙의 승부였다.

지역별로는 호남에서 박정희가 78만 8,587표, 김대중이 141만 493 표를 얻은 반면 영남에서는 박정희가 222만 4,170표, 김대중이 72만 1,711표를 얻었다. 박정희가 영남에서 무려 150만 표 이상을 더 얻은 것이다. 대부분의 표가 영남지역의 농촌에서 쏟아져 나왔다. 여당 후보 가 농촌에서 강세를 보이고 야당 후보가 도시에서 강세를 보이는 여촌 야도與村野都는 1971년 7대 대선에서도 반복되었다.

하지만 1971년 대선에서 특이점은 지역감정의 등장이었다. 물론 1967년 선거에서도 어느 정도 지역감정이 있었지만, 1971년 대선에서 박정희 정권은 훨씬 노골적으로 영남에서 지역감정을 조장했다. '신라 임금을 뽑자'라는 선동이 있었고, 심지어 "김대중 후보가 정권을 잡으면 경상도 전역에 피의 보복이 있을 것"이라며 공포심을 조장했다. 경상도 지역 공무원들에게는 "김대중이 만약 정권을 잡게 되면 모조리 모가지가 날아갈 것"이라는 엄포를 놓았다. 중정은 대구에서 "호남인이여 단결하라"는 내용의 호남향우회 명의의 전단지를 뿌리는 등 역逆유언비어 전략을 구사하였다.[42]

지역감정을 부추기는 선거 전략은 "하마터면 도둑맞을 뻔한" 정권을 지켜내어 박정희의 3선을 가능케 했다는 점에서 확실히 성공적인 전략이었다. 영남 싹쓸이가 없었다면 투표 결과가 어땠을지 쉽게 상상이 간다. 독재자에겐 지역감정을 끌어내어 망국병으로, 고질병으로 만연시키는 것에 어떠한 주저도 없었다. 국가보다는 정권이, 민족보다는 자신의 영구집권이 더 중요했기에 당연한 태도이다. 한국 사회로서는 박정희란 독재자가 권좌에 오른 것 자체가 불행인 셈이었다.

▐▐ '영혼이 없는' 공무원집단의 등장

박정희 정권에서 새롭게 등장한 권력집단이 공무원그룹이다. 정치와 어느 정도 무관한 것으로 자신들의 위치를 설정한 행정·경제 관료는 3공화국 이후 한국 사회의 파워 엘리트로 자리 잡는다. 여기에는 박정희의 의지가 긴요했음은 물론이다.

박정희는 지식인을 주축으로 자문그룹을 형성하고 그들의 머리를 빌리고자 애썼는데, 특히 외국에서 공부한 경제학자들을 중히 여겨 이들을 대거 경제개발계획에 참여시켰다. 예컨대 KIST(한국과학기술연구원, 1966)와 KDI(한국개발연구원, 1971)를 설립하고 해외파 두뇌를 수혈하여 싱크탱크로 육성한 것에서 충분히 박정희의 의지를 읽을 수 있다. 군인의 야성에 지성을 수혈해야 국가경영의 효율을 높일 수 있다는 것이 그의 생각이었다. 최고회의 산하 국가기획위원회와 중정 정책연구실은 대부분 대학 교수로 충원되었고, 민정이양 후에는 이른바 서강학파를 경제 각료로 기용하여 근대화 작업을 추진케 했다. 평가교수단 제도, 청와대 특보제도, 유정회 등을 통해 학자와 언론인의 현실 참여를 적극 유인했다.[43]

자문이 아닌 실행그룹으로 공무원집단이 형성되는 시기 또한 박정희 정권에서다. 군정 기간(1961~1963) 내각관료는 절대 다수를 군 출신으로 충원하였지만 제3공화국에서는 군 출신 엘리트와 민간 엘리트 사이의 비율이 대략 3 대 7로 민간 우위로 역전된다.[44] 내용상으로는 민간 우위가 더 확고했다. 경제적 전문지식과 경험이 필요한 부처인 경제기획원, 재무부, 상공부 등에는 전문가를 장관으로 기용했고, 업무가 단순하고 집행 성격이 강한 건설부, 교통부, 체신부 등에만 군 출신을 썼다. 이러한 인사정책은 1970년대 들어서도 계속 유지되어 1970년대 건설·교통·체신장관은 73%가 군 출신이었으나 경제기획원이나 재무부장관에는 군 출신이 한 명도 없었다.[45]

박정희는 한국 사회의 근대화와 산업화를 강력히 추진하여 '한강의 기적'이라 불리는 경제성장을 이루었다. 이런 과정에서 기술·경제관료와 산업·기술인력이 육성되고, 역으로 이런 인적 자원이 경제성장을 견인하면서 행정조직과 관료체계가 정비되었다. 이에 따라 한국 사회에는 상당히 우수한 공무원 조직이 뿌리를 내리게 되고, 공무원 조직은 점차 비대해지면서 스스로 한국 사회에서 하나의 독자적인 세력으로 성장하게 된다. 정치로부터 통제받는 조직에서, 살아 있는 생물처럼 독자적으로 정치에 영향을 미치는 개별세력으로 변모하고 있다는 의미다. 그렇지만 '영혼이 없는 조직'에서 '영혼이 있는 조직'으로 변신하기 시작한 건 비교적 최근의 일이고, 육성기인 박정희 정권에서는 전적으로 '영혼 없는 조직'으로 박정희를 도와 경제성장을 책임지게 된다. (당연히 이때 '영혼이 있다'는 의미는 '영혼이 없다'에 비해 전혀 긍정적이지 않다. 그 영혼은 국민에게 봉사하는 영혼이 아니라 자신에게 봉사하는 영혼이다.) 관료조직의 비대화는 사회와의 관계에서도 문제이지만 동시에 대내외에 악영향을 미치는 관료주의라는 병폐를 낳게 된다.

박정희의 경제관료 중 대표적인 인물로는 장기영과 김학렬을 들 수 있다. 경제기획원이 처음 설립된 것은 군정기인 1961년 7월 22일이고, 제1차 경제개발계획이 발표된 것은 1962년 1월 3일이다. 1차 계획을 실질적으로 입안한 인물은 김유택이었다. 김유택은 이승만 정권에서 재일 한국대표부 대사를 지낸 일본통이었다. 1961년 군정이 들어서자 한일회담 협상을 재개하고자 경제기획원 장관으로 일본을 방문했다. 경제개발계획과 한일회담 간의 연관을 짐작할 수 있는 그림이다.

김유택의 뒤를 이어 경제 사령탑을 맡은 이는 한국일보 사주이기도 한 장기영이었다. 전 정권에서 장관을 역임한 장기영 역시 1953년 제2차 한일회담에 대표로 참가한 적이 있다. 장기영은 1964년 5월부터 1967년

10월 사카린 밀수사건으로 물러날 때까지 경제기획원을 맡아 제1차 경제개발계획의 수행과 제2차 경제개발계획의 수립에 관여하였다.

김학렬은 아직도 신화로 남아 있는 제3공화국의 특출한 경제관료였다. 1923년 경남 고성 출생으로 일본 주오대 법학과를 졸업하고 1950년 제1회 고시행정과에 수석합격하면서 경제관료로 첫발을 내딛었다. 이승만 시절 미국 유학을 거쳐 재무부에 근무하였고 1969년 6월 부총리 겸 경제기획원장이 될 때까지 박정희 정권에서 승승장구하였다. 1972년 3월 21일 젊은 나이에 췌장암으로 사망했다.

김학렬은 경제정책의 '박정희 가정교사'로 알려져 있다. 박정희는 김학렬과 술자리를 하며 주고받은 대화를 통해 경제지식을 습득하고 경제정책에 관해 조언을 받았으며, 김학렬의 주장은 박정희의 공감을 얻었다. 개인적인 이야기까지 허물없이 주고받을 정도로 박정희는 김학렬을 총애했다고 전해진다. 김학렬은 비교적 "공과 사를 엄격히 구분"할 줄 아는 인물로, 업무를 소신껏 처리했다고 알려져 있다. 장기영 부총리 밑에서 차관으로 있으면서 거침없이 자기주장을 편 것으로도 유명하다. 김학렬은 독설가로 명성을 떨쳤는데 박정희의 총애, 일에 대한 의욕, 개인적 성격에서 비롯한 강한 추진력, 성취욕에서 나온 것이었던 듯하다.

제3공화국에서 박정희가 추진한 정부주도의 강력한 경제개발정책에는 김학렬 같은 저돌적 경제관료가 필요했을 수 있다. 김학렬은 대한민국 초기 관료상을 대표한다. 1960년대 직업관료제도가 정착할 때 김학렬은 경제관료로 뚜렷한 활약상을 보였다. 고려대 행정학과 안문석 교수는 김학렬을 '서기형 행정가'로 분류한다. 서기형 행정가는 "반대의견이 있는 사람을 설득하고 타협하고 양보하지 못하고" 승자로서 지시하며, 이것 아니면 저것이라는 이분법적 사고방식을 하는 관료이다. 제3 공화국 경제개발정책의 권위주의적 요소를 지적한 용어로 볼 수 있다. 안 교수는 이런 사람들이 "목표설정은 윗사람의 뜻을 따르되 집행은 자신의 스타일을 따른다"고 분석한다.[46] 김학렬은 집행에 주특기를 발휘하는 공무원상을 대표하며 '영혼 없는 공무원'의 전형을 창출한 셈이다. '영혼이 없는 존재'로서 공무원은 스스로 정치행위에 참여하고 있으면서도 '공무'를 비정치적인 영역으로 설정하는 내면의 합리화기제를 통해 독재정권을 수용한다. 이 때문은 공무원 조직은 여러 정권에서 행정뿐 아니라 정치의 핵심 '익명' 파트너로 기능하게 된다. 흥미로운 사실은 공무원 조직이 독재정권 하에서는 자기분열적 정체성을 추구하다가 민주화 이후에는 자기 조직의 이익을 챙기는 통합적 정체성을 구현하고 있다는 점이다.

▪▪ 황제(박정희), 교황(재벌)을 불러들이다

박정희 시절 한국의 압축적 성장의 가장 큰 수혜자는 두말할 필요 없이 재벌이다. 억압적 통치체제를 기반으로 한 박정희 정권은 공권력을 동원해 철저하게 또 원천적으로 노동운동을 탄압한 반면 기업들에겐 갖은 명목의 혜택을 부여하였다. 특히 북한과 상시 대치하고 있는 남한에서는 노동자 이익을 대변할 정치세력이 궤멸된 데다, 노동운동 자체에 용공이란 딱지가 붙어 있어 경제발전에 상응하는 노동운동의 성장이 불가능했다. 남한 단독정부 수립과 6·25한국전쟁을 거치면서 남한사회에 뿌리 깊은 이념으로 체화한 반공 이데올로기는 독재정권의 폭압적 통치시스템과 맞물려 어떠한 유형의 진보운동이든 싹을 틔우기 어렵게 만들었다. 한국의 재벌은 세계에서 유례없이 우호적인, 거의 무균실에 가까운 환경에서 성장한다. 당장 자본의 상대편인 노동을 무력화한 상태였고, 정부의 전폭적인 지원이 지속되었다.

물론 박정희가 지금과 같은 무시무시한 재벌공화국을 예상하고 당시에 그렇게 한 것은 아니었을 터이다. 어느 한쪽의 희생을 발판으로 경제를 키워놓으면 나중에는 전체가 함께 잘 먹고 살 수 있다는, 지금 유행하는 용어를 빌면 정확하게 일치하지 않지만 어쨌든 낙수효과와 비슷한 것을 염두에 두었을 법하다.

하지만 박정희가 키운 것은 호랑이 같은 맹수의 새끼였다. 박정희 정권 내내 덩치를 키우고 야성을 키운 재벌은 어느 순간 목줄이 풀려버리자 마을을 압도해 사실상 마을의 주인이 되어 버렸다. 이제 어느 대통령도 어쩌지 못할 무시무시한 괴물이 되어 박정희보다 센 무소불위의 권력을 휘두르게 된 상황을 살아생전 박정희는 예상할 수 없었다. 쿠데타로 집권한 태생의 한계에다 반복된 헌정 파괴로 정치적인 정통성 확보는 어차피 물 건너갔기에, 박정희는 경제성장이란 우회적 방편으로 정통성을 추구할 수밖에 없었다.

그런 바탕 위에서 박정희는 민중배제적 지배전략을 효율적으로 집행하면서 군부·관료·재벌을 주축으로 한 지배연합을 구축했다. 배후에는 미국과 일본이 있었다. 한일협정 타결(1965)과 월남파병(1964)은 일본과 미국을 국내의 지배연합과 연결 짓는 결정적인 고리인 셈이다. 미국 및 일본과는 국제경제 및 국제정치 상 서로에게 연합의 근거가 충분했다. 이때 '서로'의 일방이 한국을 의미하는지 박정희를 의미하는지는 불확실하다. 박정희 집권 후반기에 이르자 미국과는 자주국방과 인권문제로 잠시 마찰을 빚기도 한다.[47]

박정희의 재벌지원이 얼마나 파격적이었는지는 집권 기간 중 아무 시점을 골라 살펴봐도 금세 확인할 수 있다. 예를 들어 1964년 8월말 현재 현대, 대한제분, 삼성물산 등 9개 재벌기업에 177억 원이 집중적으로 대출되었는데, 이는 당시 일반 금융기관의 대출금 462억 원의 약 40%에 해당하는 금액이다. 당시에는 돈이 귀한 시절이었기에 외자 등을 이용한 대출 자체가 특혜에 가까웠다. 한일관계가 정상화하고 일본 자본이 한국에 본격적으로 들어오면서 차관공급이 상당히 광범위해졌고, 이것들은 새로운 기업성장의 촉매제로 기능하였다.[48]

주지하다시피 박정희는 파격적 지원을 앞세워 기업들에게 수출을 독려했다. 박정희 경제정책의 근간이 되는 수출지상주의는 정권의 특성을 반영하듯 군대식으로 추진되었다. 박정희 중심의 일사불란한 억압형 국가조직은 정치적으로는 독재체제를, 경제적으로 강력한 수출드라이브를 창출하였다. 수출 목표의 조기 달성 등에서 보이듯 가능한 모든 수단을 동원해 거의 불가능에 가까운 목표를 달성하고야 만다는 군대식 사고방식이 국가 경제개발 추진 과정에서 적나라하게 관철되었다.

박정희는 한 달에 한 번씩 자신이 직접 중앙청에서 '수출진흥 확대회의'를 주재했다. 자신의 집무실엔 기업별 수출 현황을 막대그래프로 그려 놓게 하였으며, 수출 실적을 매달 점검하면서 관계부처와 기업들의 '고지 점령'을 독려하였다.[49]

자연히 수출 기업의 경영자는 수출 전사가 되었다. 수출 전사들에게는 확실하게 '후방 보급'이 이루어졌고, 그들에게 주어지는 특혜는 엄청났다. 1965년부터는 종합적인 수출 지원제도가 실시되었다. 수출 우대 금융제도, 수출 생산용 원자재 수입에 대한 관세 면제, 수출 소득에 대한 직접세 감면이 시행되었다. 또한 차관 특혜, 세제 특혜, 금융 특혜, 역금리 특혜 등 모든 특혜성 지원이 총동원되었다. 당시 일반 대출 금리는 25~35%였지만, 수출 특별융자의 금리는 6%에 불과했다. 수출 소득에 대해서는 무려 80%나 세금을 깎아주었다. 1965년엔 국내 자금을 동원하기 위해 예금 금리를 30% 정도로 유지하였고, 사채 이자율은 60~70%였다. 특별융자를 받거나 차관을 얻어 공장을 지을 수 있다는 것 자체가 엄청난 특혜일 수밖에 없었다.[50] 그 당시엔 하늘의 별 따기처럼 어려웠던 해외여행이 수출 전사들에겐 예외였다. 수출 기업의 경영자가 밀수를 해도 수출에 지장을 줄 것 같으면 박정희는 검찰에 수사 중단 지시를 내려 그들을 처벌하지 못하게 하였다. 법은 중요하지 않았다. 수출 전시戰時 상황이었기 때문이다. 그래서 당시에는 "모든 길은 수출로 통한다"는 말이 유행했다. 수출만 하면 대통령이 뒤를 봐준다는 믿음 때문이었다.[51]

그러나 노동자에게는 '수출역군'이란 칭호만이 있을 뿐이었다. 서울 구로공단의 저임금 여공도, 일본인을 상대로 '기생관광'을 제공하는 유흥업소 종사자도 수출역군이었다. 동일한 수출역군이었지만 기업주와 노동자 사이엔 혜택과 착취라는 현격한 차이가 있었다.

수출기업을 포함한 기업 전체에 대한 파격적 혜택을 상징적으로 보여주는 사건이 8·3조치이다. 어려움에 처한 기업들을 돕기 위해 1972년 8월 3일에 초헌법적인 8·3조치가 나왔다. 8월 9일까지 신고한 기업의 부채에 대해서 상환을 3년 유예하고, 3년 뒤부터 5년에 걸쳐 월리 1.35%(연리 16.2%)로 분할상환하게 하며, 정부가 조달한 2,000억 원으로 기업의 단기 은행부채 30%를 연리 8%에 3년 거치 5년 분할상환 형식으로 대환 처리한다는 내용이었다. 당시에 신고된 부채 총액은 3,456억 원으로 전체 통화량의 약 80%에 해당하였고, 국내 여신(잔액)의 34%에 육박했다.[52]

8·3조치는 자본과 기업이 위기를 극복하도록 돕기 위해 국가가 초헌법적 조치를 발동한 것으로, 기업에게 막대한 특혜일 뿐 아니라 기업의 실패를 기업주가 아니라 국민에게 책임지도록 한 부당하고 폭력적인 방식으로 평가된다. 헌정파괴로 집권한 정권이기에 초헌법적 조치도 서슴지 않았는지 모르겠다.

한상진은 다음과 같이 8·3조치를 설명했다. "우리는 8·3조치를 통해 1970년대를 관통하는 정경유착의 기본유형을 발견하게 된다. 위기에 처한 기업들을 살리기 위해 비정상적인 방법으로 미증유의 특혜를 이들에게 부여함으로써 이 정책은 대기업과 국가 관료제 간의 연합을 선명히 보여주었던 것이다. 관료는 경제운영의 결정권을 갖게 됨으로 해서 재화의 배분과 사용에 있어서 기업을 조종하는 유리한 입장에 서

1970년대 10대 재벌

재벌	주요 독과점 품목(중복 제품 제외)
삼성	소모직물, 모혼방직물, 전자제품류, 설탕, 신문용지
현대	형강, 철근, 자동차, 슬레이트
럭키금성	동괴, 연괴, 치약, 석유류, 전자제품, 비누, 케이블, 절연전선, 전화기
대우	디젤엔진, 포크리프트, 버스, 트럭
선경	폴리에스테르F사, 아세테이트 토우
쌍용	시멘트, 크래프트지
한국화약	하야류, 아이스그림, 베어링
국제	운동화, 아연도강판
한진	항공운송업
효성	합판, 나일론사, 타이어

출처: 조동성, 《한국재벌》, 매일경제신문사

게 되었지만, 대기업은 이 정책을 통해 정부가 그들을 보호하고 또 그럴 수밖에 없다는 확신이 들었기 때문에 상호 유착을 심화하면서 경영 합리화를 외면하는 역설적인 결과가 나오게 되었던 것이다."[53]

8·3조치는 그 불가피성에 관한 그 어떤 변호에도 불구하고 이후 5개월여 후에 선포된 중화학공업화 정책과 더불어 한국 경제를 더욱더 재벌 중심으로 편성하면서 정경유착을 강화하는 주범이 되었다.[54]

박정희 정권의 경제정책은 야당의 조직적인 반대 없이 언론의 비판을 원천적으로 봉쇄한 가운데 청와대 비서관들과 경제부처 관료들에 의해 일방적으로 추진되었기 때문에 관료와 기업 간의 유착이 심해지고 관료 사회 내부에 부정부패를 만연시켰다는 지적을 받는다. 특히 중화학공업 육성 정책에서 적잖은 문제점이 드러났다. 즉 중화학공업 육성 정책으로 국가(의 대리인인 관료조직)의 기업 통제가 강해졌다기보다 관료조직의 부패로 인해 오히려 기업에 대한 국가의 통제력이 약해지는 결과를 낳았다는 것이다. 그리하여 재벌들의 과잉 중복투자와 생산능력의 과잉이 초래되었고, 1970년대 말에 이르러서는 중화학공업화의 파탄에 이르게 된다. 이 과정에서 외채가 늘어나 한국 경제 전반을 침체와 위기로 몰아넣는다. 더불어 애초에 중화학공업화를 추진할 때 우려한 재벌의 비대화를 막는 데에 실패하게 된다. 재벌에게 유신체제는 매우 편리하고 유리한 기업 환경을 제공해주었다고 볼 수 있다.[55]

이후 재벌은 남의 돈, 공공의 자원을 모험적으로 사용하면서 급속도로 성장하게 된다. 국민과 국가의 자산을 별 다른 책임을 지지 않으면서 또 사회적 합의도 없이 그동안 마구잡이로 유용하지 않았다면 지금처럼 재벌이 세계적 규모로 성장하기는 어려웠을 것이다. 말하자면 사회적 자산을 횡령하는 범죄를 저지른 셈인데, 재벌은 범죄를 무마하기 위해 공범 격인 독재정권에게 빼돌린 자산의 일부를 나누어주었다. 도둑들 사이의 상생인 셈이다. 재벌이 비대해지면서 도둑집단의 우두머리가 바뀌는 현상을 재삼 거론하지 않을 수 없다. 비유해서 설명하자면 박정희는 절대권력을 행사하는 세속의 황제로서 처음에는 미약하기 그지없던 재벌을 교황으로 임명하였다. 자본주의에서 절대자이자 신神인 자본의 대리인 재벌은 점점 세력을 키워 1980년대를 지나면서 교황의 권위를 넘어서고 마침내 작금에는 교황과 세상에 대해 완벽하게 군림하는 존재로 격상된다.

⠦ 언론, 정권의 개가 되다

박정희는 민주주의를 무력화하면서 더불어 언론자유를 결정적으로 훼손한다. 반대 설명도 성립한다. 언론자유를 침해함으로서 민주주의를 무력화할 수 있었다고. 이승만 정권에서도 심각한 언론탄압이 있었다. 대표적인 예로 자유당 말기의 경향신문 폐간 사건을 들 수 있다. 언론탄압의 '코믹 버전'으로는 '견통령' 일화를 들 수 있다.

옛날에는 신문을 만들 때 식자공이 한 자 한 자 찾아서 단어를 완성했다. 지금 PC를 사용할 때 오타를 내듯이 식자공이 실수하고 끝까지 실수가 정정되지 않으면 독자는 오자가 섞인 신문을 읽게 된다. 신문의 오자는 보기에 따라 사소한 실수이지만 오자가 이승만과 관련되면 얘기가 달라진다. 이승만 정권 때의 이야기다. 전북에 있던 삼남일보는 이승만 대통령大統領 관련 기사에서 대大 자를 잘못 골라 견통령犬統領으로 내보내고 말았다. 삼남일보는 정간처분을 받았다. 이후 삼남일보는 인쇄조판식자에서 아예 '犬'(견) 자를 없애버렸다고 한다.[56]

이승만 정권에서는 분명 언론탄압이 있었지만, 정권과 언론 사이에는 늘 긴장이 존재했다. 이승만은 이후 독재의 후계자들과 달리 언론을 장악하지 못했다. 따라서 이승만 정권 시기에는 언론탄압에도 불구하고 언론은 파수견watchdog으로서 본래의 기능을 수행하려고 노력했다. 박정희 정권에 들어서서는 상황이 완전히 달라진다. 언론계에 파수견은 사라지고 애완견lapdog이 판을 치게 된다. 물론 철권통치 하에서 무작정 언론자유를 부르짖는 파수견을 고수하다간 보신탕 신세로 변하고 말았으리란 상황논리를 무시할 수는 없다. 하지만 박정희 시대의 언론상에 대해서는, 주인으로부터 귀여움을 받으면서 맛난 먹이를 얻어먹을 수 있다는 유인誘引에서, 스스로 파수견이기를 포기하고 독재자의 무르팍 위로 기어 올라갔다고 보는 게 더 타당한 설명 같다. 조지 부시 미국 대통령의 애완견 '바니'처럼 박정희 시대 언론은 박정희에게 아양을 떨며 독재자 옆을 지켰다.

다만 여기서 뭉뚱그린 언론을 기자와 사주로 구분할 필요는 있다. 박정희는 이 둘을 구분하여 대응하였다. 동아일보의 광고 탄압에서 볼 수 있듯이 사주는 탄압국면에서 사실상 정부 쪽에 가세함으로써 권언유착을 형성한다. 언론기업에서 언론의 사회적 역할이나 사명보다 이윤과 상업성을 추구하는 기업의 속성을 우선함에 따른 불가피한 귀결이었다. 박정희의 언론정책은 기본적으로 당근과 채찍이었는데, 언론자유를 실천하려는 기자는 채찍으로, 이윤과 상업성을 추구하는 언론기업주는 다양한 당근으로 분리 대응하였다. 당근과 채찍을 근본으로 한 언론통제정책은 5·6공 시기에 더욱 정교하게 발전하였는데, 우리가 목도하듯 그 시기에 권언유착을 택한 언론사는 언론재벌로 성장하였다.[57]

유신이 본격화하기 이전인 1960년대 후반부터 이미 박정희와 언론사 사주들 간에는 친정부적인 보도와 특혜라는 교환관계가 성립되었다. 그중 조선일보는 유신체제에서 단연 가장 적극적으로 친유신적 보도를 하고 각종 특혜를 얻은 신문이다. 현재의 보도행태와 크게 달라지지 않은 조선일보의 과거 모습을 들춰보면서 오히려 그 초지일관에 경외심까지 느낄 정도다.

조선일보는 유신헌법 국민투표의 결과에 대해 "조국통일과 민족중흥의 제단 위에 모든 것을 바친 그의 뜨거운 애국심과 뛰어난 영도력에 대한 무한한 신뢰와 성원의 발현"이자 "좀 더 천착하면 지난 10년간 박 대통령이 쌓아올린 눈부신 업적에 대한 국민적인 찬사"라고 보도하였다.[58] 유신 선포 다음 날인 1972년 10월 18일 조선일보는 '평화통일을 위한 신체제'라는 새벽의 사설에서 "앞으로의 보다 보람되고 영광스러운 삶을 얻기 위하여 진정 알맞은 조치임을 기쁘게 생각한다"고 밝혔다. 이어 "가장 적절한 시기에 가장 알맞은 조치"라며 "헌법 기능의 일부 정지와 아울러 이에 따르는 몇 가지 조치가 선포된 것은 새로운 헌정질서의 존립을 위하여 만부득한 조치"라고 했으며, "비상사태는 민주제도의 향상과 발전을 위하여 하나의 탈각이요 시련이요 진보의 표현임을 믿어 의심치 않는다"라고 했다.[59] 급기야 유신체제에서 박정희가 새로운 대통령이 되자 조선일보는 12월 28일 '새 역사의 전개—제8대 박정희 대통령의 취임을 경하한다'라는 제목의 사설에서 다음과 같이 썼다.

"부와 근대화의 씨앗을 뿌려 가꿈으로써 이 나라 국민의 뼈에 젖은 패배 의식과 열등감을 용기와 자신으로써 대체해주고 지난 4반세기에 걸쳐 지속되어온 냉전 속에서의 동족상잔과 남북결원의 민족사에 10·17(유신) 구국의 영단으로 종지부를 찍고 평화통일의 새 역사를 위하여 (……) 다시 대통령으로 선출, 취임토록 하게 되었다는 것을 우리는 미덥고 자랑스럽게 생각한다. (……) 무엇 때문에 지난 10년 동안 5·6·7대나 대통령을 역임한 그를 또다시 환영하는 것인가. 한마디로 말해서 그것은 그의 영도력 때문이다. 그의 높은 사명감과 뛰어난 능력과 역사의식의 정당성 때문이다. (……) 더욱 전망적인 민족통일의 사명감과 구국중흥의 신념에 불타는 영도자를 가졌다."[60]

유신헌법 발효 이후 긴급조치 9호에 의해 언론을 더 직접적이고 노골적으로 통제함에 따라 언론사주와 정권의 유착은 더욱 끈끈해졌고, 자발적으로 독재자의 발을 핥는 친정부적 언론인들이 다수 출현하였다. 정권의 외적 통제를 수용한 언론(과 일부 언론인)은 발 빠르게 기득권에 편입된다. 이 시기에는 신문 시장이 확대되면서 발행부수가 늘어났기 때문에 신문사 간 경쟁이 치열했다. 신문사들은 당시의 핵심적인 정치 쟁점은 외면한 채 부수확장과 사세확장 등 상업적 경쟁에 몰두하였다.[61]

권언유착은 박정희 개인과 사주의 친분 및 독재정권과 친정부 언론사 간의 밀접한 인적 네트워크를 기반으로 하지 않을 수 없다. 박정희는 1971년 4·27 대선에서 유권자들에게 "이번이 마지막 출마"라는 것을 강조하면서 '마지막'에 약한 우리 국민의 심성을 파고들었다. 김대중이 4월 17일 전주 유세부터 "박 정권이 종신 총통제를 획책하고 있다"고 폭로했기 때문에 박정희로서는 어떤 식으로든 대응할 필요가 있었다.[62] 그런데 그 아이디어가 조선일보에서 나왔다는 주장이 있다. 박정희는 군정 초기부터 당시 조선일보 사장 방일영 집을 찾아가 사적인 교류를 가질 만큼 조선일보와는 가까웠고,[63] 이후 박정희와 조선일보의 협업은 정권 내내 이어진다.

일례로 4·27 대선 당시 박정희의 부산 유세를 앞두고 조선일보를 방문한 이후락이 "결정적 묘안이 없느냐?"라고 묻자, 최석채 주필이 "3선만 하고는 더 이상 안 하겠다고 국민 앞에 공약하라"라고 말해주었다.

그래서인지 부산 유세에서 박정희는 국민 앞에서 처음으로 "이번만 하고는 다시는 여러분께 표를 달라고 하지 않겠다"라는 발언을 했다고 한 조선일보 내부의 증언을 들 수 있다.[64]

정도의 차이가 있지 조선일보 외에 다른 신문사들도 박정희 정권에 투항하였다. 유신 반포 전인 1971년 박정희의 12·6 국가비상사태 선포 후 신문 발행인들로 구성된 한국신문협회는 "정부의 비상사태 선언을 강력히 뒷받침할 국민의 총단결을 호소한다", "국가안전보장 논의에 있어 언론이 지켜야 할 절도를 자인한다"는 내용의 성명서를 발표하였다. 12월 17일엔 문공부의 종용에 따라 이른바 '언론자율에 관한 결정사항'을 채택하고 언론사 기자가 정부가 발급하는 프레스카드를 소지해야 활동할 수 있는 이른바 '프레스카드제'를 수용하였다. '언론자율에 관한 결정사항'에 의하면 서울에서 발행되는 일간 종합지는 부산과 도청 소재지에 지국, 기타 지역에 보급소를 설치하되 주재기자를 시 단위만 주재시키고 그 수는 45명을 넘지 못하도록 하였다.[65]

신문 발행인들이 정권과 유착되어 있는 상황에서 탄압의 대상은 늘 기자들이었다. 1964년 11월 10일부터 1974년 말까지 약 10년 동안 기자 폭행 사건은 모두 97건이 있었는데, 그 이유를 살펴보면 취재 방해가 64건, 기사 불만에 대한 보복이 29건으로 나타났다.[66] 취재 방해 및 보복과 더불어 '협조' 형식의 통제도 가해졌다. 1974년 10월 19일 문공장관은 각 신문사의 편집국장과 방송사의 보도국장을 불러 1)데모, 연좌 등 학원 내의 움직임은 당분간 일체 보도를 삼가고, 2)학생들이 거리로 뛰쳐나왔을 때는 1단 정도로 작게 취급하며, 3)월남의 공산화 사례를 크게 취급하지 말고, 4)연탄 문제 등 사회불안을 조성할 우려가 있는 기사는 되도록 작게 취급해달라고 요청하였다. 이밖에도 8월엔 미 하원의 청문회 관계 보도는 문공부 검사반이 알려주는 내용만 보도하고, 11월엔 김영삼의 국회연설을 머리기사로 싣지 말라는 등 수시로 '협조 요청'을 전달하였다.[67]

언론통제 및 기자 겁박과, 언론사 특혜 제공 및 언론인 회유를 패키지로 한 박정희 정권의 언론정책은 일관된 것이었으며, 이후의 독재정권에 교과서가 된다. 박정희가 언론을 개로 만든 것과, 기회가 주어지자 언론이 기꺼이 개가 되어 박정희 무르팍에 뛰어든 것 가운데 어느 게 더 본질적인 사악함을 구성하는지는 가려내기가 쉽지 않아 보인다. 부인할 수 없는 점은 박정희와 언론이 서로 필요했고 서로 도움이 되는 '원원 win-win'의 좋은 친구들이었다는 사실이다.

전해지기로 휴가 중 진해에 있는 해군 함정에 탑승한 박정희가, 함께 배에 오른 장관에게 철봉을 가리키며 턱걸이를 하라고 시키고, 수석비서관에게는 물구나무를 시켰다. 일국의 장관과 수석비서관으로 불리는 권력 엘리트들이 땀을 뻘뻘 흘리며 재미 삼아 내린 독재자의 지시를 열심히 이행하는 모습은, 박정희 정권의 진면목을 보여준다. 이 광경을 지켜본 어느 기자는 "암흑가의 단면을 보는 듯했다"고 전했다. 이미 제왕이나 다름없는 독재자 1인을 중심으로 지배블록을 형성한 엘리트들은 사실상 마피아 식 결속으로 서로 이익을 지키며 지배계급의 기득권을 보호했다.[68] 마피아 식으로 결속한 기득권의 지배계층에서 언론을 절대 빼놓을 수는 없다.

3장

전두환

PRESIDENT

인간백정에서 부패공화국의
국가원수가 된 남자

대한민국의 18대 대통령을 뽑는 시점까지 생존한 몇 명 안 되는 전직 대통령 가운데 전두환은 가장 정력적인 노년을 보내고 있다. 그가 내란 음모를 뒤집어씌워 외국으로 쫓아낸 김대중이나 청문회에서 그에게 명 패를 던진 노무현이 이미 고인이 된 형편을 감안하면 세상사가 얄궂다. 통이 커서 따르는 부하가 많았고, 또 그래서인지 재임기간에 제집 식구 끼리 다해먹도록 방관하고 어쩌면 조장했을 전두환. 그는 돌연한 박정 희 죽음 이후 무신정권 내부의 권력투쟁에서 승리해 2기 무신정권을 화 려하게 개막한다. 대한민국 현대사의 가장 큰 비극 중 하나인 광주학살 을 저질러 집권한 전두환은 전임자 못지않은 억압적 통치체제를 구축 하는 데 남다른 수완을 발휘하였다.

■: '세계에서 가장 오래 걸린 쿠데타'와 5공화국의 도방 '하나회'

전두환은 통일주체국민회의의 체육관 선거, 혹은 추대를 거쳐 1980년 9월 1일 11대 대통령으로 취임해 한국의 2기 무신정권을 연다. 취임식 날이 흔히 말해지는 대로 '세계에서 가장 오래 걸린 쿠데타'가 끝나는 날이었다면, 쿠데타의 시작일은 1979년 12월 12일이다.

만일 12·12반란을 일으키지 않았다면 전두환과 전두환을 중심으로 한 군대 내 사조직인 '하나회'는 새로운 시대에 척결되었을 가능성이 높다. 신군부의 쿠데타로 미뤄지기는 했지만, 실제로 나중에 김영삼 정권에서 '하나회'는 발본색원 당한다. 12·12반란은 전두환을 중심으로 한 정치군인들이 자신들의 안위를 걱정하다가 보신保身 차원에서 결행한 쿠데타였다. 따라서 12·12반란에는, 명목뿐일지라도 5·16쿠데타에서 제시한 것과 같은 '혁명의 대의' 같은 건 없었고 순수 그 자체의 권력욕만이 분출되었을 뿐이다. 1979년 10월 26일 박정희가 급사하였을 때 전두환은 공교롭게도 보안사령관이었다. 5·16쿠데타 직후 육사 생도들을 회유하여 서울 시내에서 쿠데타를 지지하는 시가행진을 성사시킴으로써 박정희의 총애를 받게 된 전두환은, 박정희 정권에서 독재자의 비호 아래 영남 인맥을 중심으로 한 군대 내 사조직 '하나회'를 관리한다. 급변기인 1979년 말에 전두환은 보안사령관이자 자신의 후견인 박정희의 시해 사건 합동수사본부장으로서 권좌에 오르는 핵심 길목을 장악하게 된다.

문제는 지휘계통상 자신의 상급자인 계엄사령관 정승화가 전두환에게 우호적이지 않다는 점이었다. 자신을 보안사령관에서 끌어내릴 계획이었던 정승화에게 선제공격을 가해 전두환은 자신과 도당의 자리를 보전하는 것은 물론 권력으로 가는 길을 닦게 된다. '하나회'의 도당적徒黨的 이익과 권력추구가 우연찮게, 또는 필연적으로 일치하게 된다. 별자리만 놓고 보아도 당시 육군에서 소장을 단 장성은 육사 8기생 일부, 9기생, 10기생, 종합학교 출신 선임자 일부, 전두환을 비롯한 11기생 등이었는데, '하나회'로서는 위기국면에서 활로를 찾지 못하면 군부 내에서 입지를 잃을 처지에 놓여 있었다.[1]

하극상의 12·12사태로 군권을 장악한 전두환은 이후 군부를 완전히 손아귀에 넣는다. 전두환의 신군부는 군부개편을 위해 중장 차규헌, 유학성, 황영시와 소장 김윤호, 전두환, 노태우가 참여하는 6인 특별위원회를 구성하였다. 13일 아침부터 가동된 6인 특위는 비공식적인 임의기구로 "12·12 직후의 군 인사, 주한 미 대사관 및 주한 미군 설득작업, 12·12로 혼란에 빠진 군 지휘체계의 복원 등 중요한 작업"을 지휘하였다. 이에 따라 군부가 대대적으로 물갈이되는데, 김재규·차지철·정승화 계열이 정리되고 최소 인원만 남기고 육사 10기 이전 고참 장성들이 모두 예편되었다. 1979년 12월 12일부터 1980년 12월 31일까지 '별들의 대학살'이 벌어진 1년여의 기간에 96명의 장성이 옷을 벗었다.[2]

10·26사태가 일어나고 채 두 달이 경과하지 않은 시점에 군사반란을 일으켜 상급자를 체포하고 공적인 군사지휘 계통을 파괴한 세력을 흔히 신군부라 불렀다. 신군부의 중핵은 박정희의 총애 아래 온갖 특혜

를 누린 군부 사조직 '하나회'였고, 그 '하나회'의 모태는 4년제 정규 육사의 첫 졸업생인 육사 11기의 영남 출신 장교들, 즉 전두환, 노태우 등으로 구성된 '오성회'였다. '오성회'는 매 기수마다 후배 장교들뿐만 아니라 선배 장교들을 영입하면서 박정희·전두환 정권의 도방都房이라 할 수 있는 '하나회'로 성장한다. 1970년대 초에 이르면 수백 명의 회원을 보유한 군부 내 최대 파벌 겸 사조직이 된다.

영남 출신 장교들을 자신의 친위세력으로 키우고자 한 박정희의 의도와 맞아떨어져 '하나회'는 군부 내에서 나날이 영향력을 확대하였다. '하나회'는 무신정권의 특권층으로서 우선 특전사, 수경사, 경호실, 보안사 등 군 내 핵심 기구의 주요 보직을 독차지했다. 동시에 박정희의 친위세력 기능을 수행하였다. 무신정권의 도방과 마찬가지로 그들은 권력의 일부를 배당받은 대가로 주군主君의 충견이 되었다. 전두환 등은 공식적으로는 대한민국 군대에 소속되어 있었지만 실제로는 주군의 사병에 불과하였다. 그들이 쿠데타로 집권한 박정희에 대한 또 다른 쿠데타를 미연에 방지하는 기능을 수행한 건 당연했다.

10·26사태가 어느 누구도 예기치 못한 갑작스러운 사태였다는 점에서, 그들이 일으킨 군사반란이 오래전부터 계획되었던 것이라고는 볼 수 없다. 주군의 급서 이후 군부의 권력 중심에서 밀려날 위기에 처한 그들이 자위 차원에서 군부의 온건파를 제거하는 군사반란을 급조하였다고 보는 게 타당해 보인다. 10·26사태가 발발하고 그 짧은 기간에 군사반란을 성사시킨 것은 '하나회'의 견고한 인맥과 탄탄한 조직력을 입증하는 셈이다.[3]

12·12반란 이후 신군부는 정치권과 민주세력을 '싹쓸이'하였고 동시에 광주에서 민중을 대상으로 한 전면적 학살을 저질렀다. 전두환의 행태는 도살자나 다름없는 것으로, 상상컨대 고려 무신정권에서 누군가 새로운 집권자가 되기 위해 벌이는 무자비한 살육과 흡사하였을 것이다.

전두환은 1980년 5월 초부터 소요사태 진압을 위해 특전여단을 중심으로 군 부대의 이동 배치에 착수했다. 14일 육군본부에 소요진압본부를 설치하고, 전국적인 군 투입 준비를 지시하였다. 준비를 마친 뒤 전두환은 17일 전군 주요지휘관회의를 소집하였다. 이날 오전 10시 30분에 시작된 전군 주요지휘관회의는 비상계엄의 전국 확대와 정치풍토 쇄신의 의제를 집중 논의하였다. 신군부 세력의 주도로 회의 참석자 44명 전원은 전두환 측이 제시한 백지에 연명으로 서명하였다. 이어 전두환은 17일 저녁 비상국무회의를 열도록 하였다. 이날 오후 9시 30분 중앙청에서 열린 비상국무회의는 토론을 생략한 채 10분 만에 비상계엄의 전국 확대를 결정하였다. 국무회의가 개최되는 동안 회의장 주변의 계단과 복도에는 군인들이 배치되었고, 외부로 통하는 전선을 단절하는 등 공포 분위기가 조성되었다.[4]

무엇보다도 전두환은 직접적인 무력을 동원하는 데 주저하지 않았다. 1980년 2월부터 특전사는 '충정작전'에 대비한 강력한 폭동진압 훈련에 돌입했다. 훈련이라기보다는 '인간폭탄 만들기'였다. 영외 거주는 말할 것도 없고 외출과 외박이 전면 금지된 상황에서 전 장병은 인간의 한계를 초월하는 가혹한 지옥훈련을 받으면서 까닭 모를 적개심과 분

노를 키워가고 있었다. 또한 반복해서 "시위 군중의 배후에는 빨갱이가 도사리고 있다. 단호하고 무자비하게 때리고 짓밟아야 한다"는 세뇌를 받았다.[5]

광주에서 학살을 마무리한 지 10여 시간 후인 5월 27일 오전 국무회의는 국가보위비상대책위원회(국보위) 설치안을 통과시켰으며, 5월 31일 전두환은 국보위 상임위원장으로 세상에 정식으로 모습을 드러냈다.

전두환의 쿠데타에서 분수령은 1980년 5월 17일로, 이날 비상계엄을 전국으로 확대하고 광주에서 민주주의를 요구하는 시민들을 폭도로 몰아 무차별 살상하기 시작함으로써 전두환의 정권탈취는 최종 단계로 돌입한다. 8월 16일 최규하 대통령이 사임하였다. 8월 21일 전군 지휘관회의에서 전두환을 만장일치로 대통령에 추대하였고, 이튿날 전두환은 대장으로 전역하였다. 8월 27일 통일주체국민회의의 선출과정을 거쳐 9월 1일 전두환은 11대 대통령에 취임하였다. 12·12반란부터 대통령 취임까지 "세계에서 가장 오래 걸린 쿠데타"를 264일 만에 마무리 짓고 전두환은 정권찬탈에 성공하였다.[6]

정권찬탈 과정에서 '하나회'를 주축으로 한 신군부의 군사정권 성격은 분명해진다. 전두환은 광주항쟁을 진압한 직후인 1980년 5월 31일 대통령을 의장으로 하고 8명의 각료와 14명의 장성 등 26명을 위원으로 하는 국보위를 발족시켰다. 국보위는 산하에 상임위원회를 설치하였는데 18명의 현역 장성을 포함한 30명의 위원으로 구성된 상임위원회의 위원장은 전두환이 맡았다. 대통령이 의장을 맡는 전체회의보다

위원장이 주재하는 상임위원회가 국보위의 중심적인 역할을 수행하였음은 물론이다. 이후 국보위 상임위원회는 운영과정에서 행정부를 통제하는 권력기구로 기능하게 된다. 국보위 상임위원회가 국무회의를 사실상 대신하는 셈이어서, 내용상 위원장인 전두환이 행정부 수반 역할을 수행한 것이었다.[7] 합법적인 정부를 불구로 만들고 자기 마음대로 기구를 만들어 그곳에서 권력을 농단하는 모습은 고려 무신정권의 전형이라 할 수 있다.

신군부의 핵인 '하나회'[8]는 5공 내내 모든 권력을 독점했다. 내각과 국회의원, 정당과 사회단체, 국영기업체 등 사회 전 부문을 '하나회' 출신이 장악하였다. 군부에서는 상황이 더 심해 육참총장, 보안사령관, 수방사령관 등 핵심 보직은 '하나회' 출신이 아니면 아예 엄두를 낼 수 없었다. 과거 박정희란 독재자를 옹위하고 반反박정희 쿠데타를 예방하는 차원에서 군부 내 핵심보직을 독점한 '하나회'가 5공화국 들어서는 전두환과 그 자신의 이익을 지키기 위해 군 요직을 외부에 내어주지 않았다. '하나회'가 영남 출신 정치장교들의 모임이었다는 점에서 권력의 외연은 영남으로 확대된다. 특히 대구·경북의 이른바 TK세력은 '하나회'와 함께 이 지역의 특정 학교 출신을 중심으로 5공화국 지배세력을 형성하였다. 동시에 통치기반을 다지는 정략적 차원에서 호남을 차별하고 지역감정을 조장하게 된다. 박정희가 시작한 지역차별은 전두환을 통해 더욱 심화하였다.[9]

∷ 노태우, 전두환의 2인자에서 후계자로

영화 〈친구〉 식으로 얘기하면 노태우는 평생 전두환의 '시다바리'였다. 전두환은 노태우에게 대통령 자리를 물려준 뒤에도 실세 '상왕上王'으로 남아 권력을 주무를 작정이었다. 박정희와는 다른 방식으로 장기집권을 획책한 것으로, 실제로 최근 러시아에서 블라드미르 푸틴과 드미트리 메드베데프 사이에 '전두환 구상'이 실현된 것을 보면 전두환이 꼭 허황된 꿈을 꾼 것 같지는 않다. 마초적인 대머리라는 점에서 푸틴과 공통점이 있는 전두환은, 현실정치에서는 푸틴과 달리 '시다바리'를 제대로 요리하지 못했는데, 우습게도 전두환의 '시다바리' 노태우를 도와준 건 국민의 힘이었다.

전두환이 1987년 6월 2일 민정당의 중앙집행위원회 간부들을 청와대 만찬에 초청해 노태우를 민정당 대통령 후보로 지명하겠다고 발표할 때까지만 해도 '전두환 구상'은 유효했을 터이다. 전두환이 20분에 걸쳐 노태우를 대통령 후보로 지명하는 내용의 원고를 낭독한 후, 노태우는 감격에 떨며 다음과 같이 말했다. "두려움으로 몸 둘 바를 모르겠습니다. 각하, 끝까지 지도해주십시오. 동지 여러분, 지도해주십시오."[10]

6월 10일 오전 10시 서울 잠실체육관에서 열린 민정당 전당대회는 새로운 민정당 대통령 후보로 노태우를 선출하였다. 김준엽은 이날 대회가 "마치 히틀러 치하의 나치당 대회나 김일성의 당대회를 방불케 하였다"고 썼다.[11] 5공화국 헌법이 대통령을 대통령선거인단을 통해 뽑는 간선제를 규정하고 있어, 민정당 후보 선출은 대통령 당선이나 다름없었다. 이제 대통령선거인단이 체육관에 모며 대통령으로 최종 선출하는 요식행위만을 남겨놓고 있었다.

하지만 1987년 6월 항쟁으로 노태우가 박정희, 전두환의 뒤를 이어 '체육관 대통령'이 되는 길이 순탄치 않게 되자 노태우는 극적으로 '국민의 대통령'이 되는 길을 택한다. 6월 항쟁을 무력으로 진압하거나, 전두환의 4·13호헌조치를 철회히고 직신세를 수용하거나, 이 두 가지 길에서 전두환은 '시다바리' 노태우에게 직선제를 수용케 하고, 나아가 직선제에서 승리할 수 있는 모양새를 갖춰주기까지 한다.

노태우는 전두환에게 제안한 건의 형식으로 발표한 6·29선언에서 대통령 직선제 개헌을 수용하고, 이밖에 김대중 사면·복권 및 극소수를 제외한 시국사범의 석방, 언론자유 창달, 지방자치제 실시 등의 8개 항을 제시했다. 당시 노태우는 광주학살에 대한 공식 사과를 포함시키려고 했지만 군부의 반발을 우려해 마지막에 철회하였다.[12] 노태우는 6·29선언의 내용을 청와대에 건의해 만약 받아들여지지 않으면 대통령 후보를 포함하여 당 대표 등 모든 공직에서 물러나겠다고 밝혔다. 민정당은 긴급 의원총회를 열어 노태우의 구상을 당의 공식입장으로 추인했다. 전두환은 7월 1일 노태우의 6·29선언을 받아들이겠다는 내용의 특별담화를 발표하였다.

나중에 6·29선언을 둘러싼 일련의 정치행위가 잘 꾸며진 한 편의 '정치 쇼'였다는 사실이 드러난다. 전두환이 6·29선언의 연출자였던 것이다. 직선제 수용을 결정한 전두환은 노태우로 하여금 발표하는 형식을 취하도록 조치하여 노태우의 대통령 당선 가능성을 높이겠다고 계산하였다.[13] 후일 전두환은 "사실은 2주일 전에 노 대표와 저녁을 함께 할 때 내가 직선제를 검토해보라고 했더니 노 대표가 펄쩍 뛰었다. 그래서 내가 '필사즉생, 필생즉사'라고 했어. 지는 사람이 이기는 거라고 말해주었다"고 밝혔다.[14]

'감독 전두환, 주연 노태우의 정치 쇼'로 노태우는 한국의 무신정권에서 처음으로 합법적인 정부를 출범시키게 된다. 전두환의 '시다바리' 노태우가 이처럼 '국민의 대통령'이 되자 노태우를 '전두환의 대통령'으로 만들려고 한 '전두환 구상'은 좌초하고 오랜 두 사람의 '우정'과 파트너십도 깨지고 만다.

▪▪ 언론, 정권의 애완견에서 국민 잡는 사냥개로 변신하다

전두환의 신군부는 국보위 가동을 통해 현존하는 정부를 무력화하고, 모든 정치세력의 입에 재갈을 채운 다음 무력을 동원해 민주화 시위를 제압하였다. 동시에 전례 없는 언론장악 공작을 펼쳤다. 1980년 3월에는 보안사 정보처 산하에 언론대책반을 두고 킹king의 영어 알파벳 첫 글자를 딴 'K-공작계획'을 실행에 옮겼다. "단결된 군부의 기반을 주축으로 지속적인 국력 신장을 위한 안정세력을 구축함"을 목적으로 한 'K-공작계획'에 따라 전두환의 하수인들은 언론계 간부들의 성향을 분석하여 협조 가능한 사람들을 포섭하려 하였다. 7대 중앙 일간지와 5대 방송사 그리고 2대 통신사의 사장, 주필, 논설위원, 편집·보도국장과

부국장, 정치부장과 차장, 사회부장 등 94명이 1차 회유 대상이었다.[15]

민중의 피로 집권을 기도한 신군부는 박정희 시절과 달리 침묵이나 소극적 동조 이상을 언론에게 요구하였다. 언론이 전두환의 집권을 적극옹호하면서 지켜주는 '애완견이기도 하면서 보호견'[16]이 되어주기를 신군부는 원했던 것이다. 보안사 언론대책반은 '전두환 대통령 만들기'를 위한 여론조작 공작을 체계적으로 추진하였는데, 보안사의 권정달 정보처장, 정도영 보안처장, 허삼수 인사처장, 이학봉 대공처장, 허화평 사령관비서실장 등 이른바 전두환의 '5인방'이 주도하였다.[17]

'K-공작계획'은 3김을 민주정치세력, 신군부를 안정구축세력으로 차별화하여 '선 안정 이론'을 확산시키고, 협조 가능한 유력 언론인들을 포섭한다는 두 가지 그림을 그렸다. 언론대책반은 연일 계속되는 대학생 시위와 노동쟁의를 혼란으로 몰아붙이고, 3김의 대결을 '구태의연한 정치작태' '대통령병에 사로잡힌 추악한 파벌싸움'으로 비춰지도록 언론의 논조를 유도하였다.[18] 일반 국민의 동정이나 동조를 차단하는 한편 사회 혼란을 부채질한 것이다. 'K-공작계획'의 실무총책을 맡은 보안사 언론팀장 이상재는 시청검열단에 사무실을 차려놓고 '강기덕 보안사 사령관 보좌관'이라는 가명을 쓰며 보안사를 대표하여 언론을 상대하였다. 이상재의 계급은 준위에 불과하였지만, 전두환의 '가방모치'(가방을 들고 다니는 사람, 즉 고급장교의 부관) 경력 하나로 천하를 호령하였다.[19]

이상재의 활약상을 보여주는 그 시절 풍경을 당시 현직 기자의 회고를 통해 살펴보자.

5월 16일 아침, 서울시청 2층

계엄사 검열단의 실무 총책임자인 '강姜 보좌관'(이상재 씨의 당시 가명)의 사무실은 1층에 따로 있었다. 그 방에서 그날그날의 검열 지침이 정해진다.

"아니 데모하는 놈들이 담배꽁초를 주웠다니."

"그래서 어쩌겠다는 거야. 박수라도 치라는 거 아냐."

이날의 검열지침은 이렇게 정해졌다.

▲학생들의 행위를 미화美化 또는 지지하는 식의 보도 불가

▲시위학생이 청소, 교통정리 했다는 보도 불가

▲학생구호 중 '김일성은 오판 말라' '반공정신 이상 없다' 등은 불가

▲경찰이 동료부상에 흥분, 학생들과 육탄전을 벌였다는 것 등은 불가

이 검열 지침을 즉시 시청 3층에 있던 검열반의 흑판에 썼다. 당시 각 대학의 학보들도 이곳에서 검열을 받았다. 검열 받으러 왔던 모 대학 학생기자가 고개를 갸우뚱하며 물었다.

"저런 행동을 보도하는 것까지 왜 안 된다는 것입니까?"

여기에 대해 정훈장교인 검열관들은 답변하질 못했다. 그 이유를 잘 알고 있을 정치군인들도 말을 하지 않았다. 그것은 곧 있을 5·17조치를 정당화하기 위해 함정을 만드는 것이었다.[20]

조선일보, 한국일보, 중앙일보, 경향신문, 서울신문 등은 이러한 계엄사 발표 내용에 덧붙여 이른바 '광주지역에 유포된 유언비어의 유형'이라고 하여, 다음과 같은 내용을 크게 보도하였다.

▲경상도 군인이 전라도에 와서 여자고 남자고 닥치는 대로 밟아 죽이기 때문에 사상자가 많이 난다. ▲18일에는 40명이 죽었고 시내 금남로는 피바다가 되었으며 군인들이 여학생들의 브래지어까지 찢어버린다. ▲공수부대 애들이 대

검으로 아들딸들을 난자해버리고 브래지어와 팬티만 입게 한 후 장난질을 한다. ▲공수부대가 몽둥이로 데모군중의 머리를 무차별 구타. 눈알이 빠지고 머리가 깨졌다. ▲한신대 학생 1명이 죽었다. ▲계엄군이 출동하여 장갑차로 사람을 깔아 죽였다. ▲계엄군이 점거하고 있는 가톨릭센터 건물에는 시체 6구가 있다. ▲데모군중이 휴가병을 때리자 공수부대가 군중을 대검으로 찔러 죽였다. ▲계엄군이 달아나는 시민들에게 대검을 던져 복부에 박혀 중상을 입혔다.[21]

계엄사가 이와 같은 내용을 유언비어라고 하여 언론에 보도토록 조치한 것은 광주항쟁을 왜곡하기 위한 방편이었지만, 추후 이 유언비어가 대부분 사실인 것으로 드러났다. 신문들의 곡학아세가 결과적으로 진실보도가 되는 웃을 수 없는 역설을 보여주었다.

전두환의 서슬 퍼런 칼날은 단순 검열을 넘어서 언론계를 난자하였다. 수렵견을 만들든 애완견을 만들든 누가 개의 주인인지 각인시킬 필요가 있었다. 전두환은 쿠데타 직후 언론의 저항을 근원적으로 막기 위해 172종의 정기간행물을 폐간 조치하였고, 870여 명의 언론인을 해직시켰다. 또 언론사들을 강제 통·폐합하였다. 대한일보, 동아방송, 동양방송 등은 1980년 11월 단행된 조치로 하루아침에 문을 닫았다. 1981년 1월엔 언론기본법을 제정하여 아예 언론을 제도적으로 통제하게 된다. 이 법에 따르면 사람의 명예와 권리를 훼손하거나 공중도덕 또는 사회윤리를 저해하는 언론기관에 대해서는 아무런 사법적 절차를 거치지 않은 채 문공부장관이 등록을 취소할 수 있었다. 물론 박정희 때나 마찬가지로 억압에는 당근이 병행되었다. 언론비리를 막는다는 명분으

로 기자들의 처우를 개선하여 권언유착의 분위기를 조성하였다.[22]

일부 언론은 신군부의 러브콜에 적극적으로 호응하여 수렵견을 자처하였다. 대표적인 신문은 삼척동자도 짐작할 수 있듯이 조선일보였다. 조선일보 주필 선우휘는 이미 1980년 1월 30일 일본 산케이신문과의 회견에서 신군부를 지지하면서 언론통제를 정당화하는 '망언'으로 신군부를 기쁘게 만들었고,[23] 이후 사설과 기사를 통해 전두환 찬양에 열을 올렸다. 조선일보는 이에 앞서 1979년 12월 20일자 사설에서 12·12 군사반란에 대해 "군의 이러한 입장(정치적 중립)과 결의가 새삼 천명되었다는 것은 전 국민의 공감과 지지를 받아 마땅"하다고 주장하였다.

조선일보가 마침내 광주학살에까지 찬양을 늘어놓는 대목에 이르면 전두환의 수렵견으로 확고하게 자리매김하였음을 알 수 있다. 조선일보는 5월 25일자 사설에서 항쟁세력을 '분별력을 상실한 군중'으로 몰아붙이고는 "57년 전 일본 관동대지진 때 조선인 학살의 역사가 비교사적으로 우리에게 쓰라린 교훈을 주고 있다"며 광주 시민들을 무자비한 일본인 폭도들에 비유하였다.[24]

5·18민중항쟁 서울·경기동지회 사무국장 임종일은 "조선일보는 24일부터 보도태도가 동아, 중앙과는 달랐는데 이는 신군부에게 조기진압 명분을 주려한 듯하다"고 지적하였다. 실제로 조선일보는 5월 28일자 사설에서 "지금 오직 명백한 것은 광주시민 여러분은 이제 아무런 위협도, 공포도, 불안도, 느끼지 않아도 될, 여러분의 생명과 재산을 포함한 모든 안전이 확고하게 보장되는 조건과 환경의 보호를 받게 됐고 받고 있다는 사실이다. (……) 비상계엄군으로서의 군이 자제에 자제를

거듭했던 사실을 우리는 알고 있다. (……) 때문에, 신중을 거듭했던 군의 노고를 우리는 잊지 않는다"고 밝혔다.[25]

6·29선언 직후 현직 대통령인 전두환은 조선일보 정치부 회식에 참석하였다.[26] 전두환과 조선일보 사주, 정치부 기자들이 어울려 폭탄주를 마셨을 이 어처구니없는 광경은 어떤 잔혹동화와 비교해도 턱없이 더 우월한 끔찍함을 내포한다. 조선일보는 전두환이 호헌하겠다고 했을 때에도 탁월한 선택이라고 했고, 나중에 국민의 힘에 밀려 개헌하겠다고 했을 때에도 탁월한 선택이라는 식으로 이야기하였으니[27] 확실히 조선일보는 우리 현대사에서 독재자의 탁월한 사냥개였다. 만인이 목격하듯이 조선일보는 이후에는 자본의 탁월한 사냥개로 주인을 바꾸게 된다. 조선일보엔 토사구팽이 없으니 탁월함엔 사냥개를 넘어서고 남았다.

조선일보는 탁월한 사냥개로 주인들로부터 융숭한 대접을 받았다. 전두환이 대통령 신분으로 일개 신문사의 부서 회식에 참석할 정도였으니 사주의 위세는 어떠했을지 능히 짐작이 가고도 남는다. 조선일보 사주 방우영은 1980년 봄 당시 보안사령관 노태우의 초청으로 다른 신문사 발행인들과 함께 태릉 골프장을 찾았다. 노태우는 방우영과 한 조가 되어 라운딩하는 도중 방우영 옆으로 다가와 자신의 특기를 보여주겠다면서 휘파람으로 뻐꾸기 우는 소리를 흉내 내었다. 정색을 하고 열심히 분 노태우에 대해 방우영은 속으로 '참 싱거운 사람이다'라고 생각하였다.[28] 신군부의 제2인자였던 노태우가 일개 신문사주에게 그렇게 '싱거운 짓'을 했다는 데서 '밤의 대통령'으로 불린 조선일보 사주의 위상을 충분히 가늠할 수 있다.

박정희 정권에 이어 전두환 정권에서도 전두환 정권의 정당화와 예찬에 가장 앞장섰으며 '노태우 대통령 만들기'에 크게 기여한 조선일보가 1980년대에 가장 크게 성장했다는 사실은 권언유착의 명백한 입증사례라 할 만하다.[29]

1980년 조선일보의 매출액은 161억 원으로 동아일보(265억 원)와 한국일보(271억 원)에 비해 떨어졌다. 그러나 5공을 거치고 난 1988년의 조선일보의 매출액은 914억 원으로 동아일보(885억 원)와 한국일보(713억 원)를 넘어섰다. 권언유착을 신문 성장의 원동력으로 삼아 재미를 본 조선일보는 이후에도 권력 창출에 앞장서는 '정치 신문'으로 기능하게 되었다.[30] 〈소년조선일보〉가 1988년 4월 6일자로 45만 부를 발행하게 되자 조선일보사는 중학생 독자를 분리시켜 1988년 9월 1일 〈중학생조선일보〉를 창간하였다. 이날 저녁 창간 기념파티엔 국무총리 이현재, 문교부장관 김영식, 문공부장관 정한모, 민주당 총재 김영삼 등 300여 명의 하객이 참석했다.[31]

전두환의 제5공화국에서 신문과 방송은 전두환 정권 미화에 있어 충성경쟁을 벌이다시피 했다. 방송사들은 신문들의 탁월함에 '땡전 뉴스'(또는 '뚜뚜전 뉴스')의 우직함으로 맞섰다. 때마침 5공화국 들어 컬러TV 방송이 시작되면서 TV가 영향력을 확대하고 있었다. 청와대는 방송담당 비서관이란 직책을 신설하는 등 TV를 정권 홍보 차원에서 활용하는 방안을 모색하였다. 당시 KBS 사장 이원홍과 MBC 사장 이진희가 전두환의 눈에 들기 위한 경쟁을 벌이면서 신문에 이어 TV에도 '로열박스'가 생겨났다. TV 로열박스는 뉴스에서 항상 첫 번째 순서로, 뚜뚜……

하는 9시 뉴스의 신호음이 나가면 "오늘 전두환 대통령은 ……" 하고 시작하였다. 이 때문에 '땡전뉴스'와 전두환의 아호가 '뚜뚜전', '오늘전' 이란 말이 회자되었고, 전두환 동정 보도가 끝나면 곧이어 "또한 이순 자 여사는 ……"이 시작돼 이순자는 '또한'이라는 별명을 얻었다.[32]

▪▪ 관제정당과 2중대, 3중대

제5공화국의 의회는 사상 유례없는 민주주의의 후퇴를 경험했다. 의회 는 있으나마나한 존재로 사실상 국가체제를 구성하기 위한 구색 맞추 기에 불과했다.

여당인 민주정의당(민정당)은 보안사가, 야당인 민주한국당(민한당)과 한국국민당(국민당)은 중앙정보부가 창당을 주관하였다. 5·16쿠데타 직후 군부는 기성 정치인들의 발을 묶어놓고 자기네끼리 민주공화당을 사전에 조직했지만 야당은 내버려두었다. 그러나 1980년 전두환은 야 당까지 자기 마음대로 만들어냈다. 사회주의 국가에서 집권당이 들러 리정당(위성정당)을 결성하여 외양만은 다당제로 보이도록 한 것과 유사 했다.[33]

1981년 1월 15일 민정당은 창당대회를 열어 대통령 전두환을 총재 로 선출하였다. 1월 17일에는 구 신민당계 의원들을 중심으로 민한당 이 창당되고, 유치송이 총재로 뽑혔다. 구민주공화당과 유정회 의원들 은 1월 23일 국민당을 창당했고, 혁신계 일부는 1월 20일 민주사회당을 만들었다. 야당의 창당 주도세력은 신군부의 정치 규제에서 제외된 인사들이었다. 이들은 애초에 전두환에 굴종하였으며 이름을 국가안전 기획부로 바꾼 중정의 조종을 받아 생긴 관제 야당인 만큼 어떠한 야성도 찾아볼 수 없었다. 세간에서는 의회를 조롱하여 민정당을 신군부의 '1중대', 민한당을 '2중대', 국민당을 '3중대'로 불렀다.[34]

전두환 정권은 안정적인 의석을 확보하기 위해 선거구를 지역구(92개)와 전국구로 나누고, 지역구는 1구 2인을, 전국구는 재적의원의 3분의 1을 선출케 하였다. 전국구 의석은 제1당이 3분의 2를 차지하고, 나머지는 제2당과 그 밖의 정당들이 나누어 갖게 했다. 민정당은 1981년 11대 총선에서 재적의석(276석)의 54.7%인 151석(지역구 90석, 전국구 61석)을 확보하여 의회권력을 차지하였다. 야당이라고 해야 '2중대' '3중대'로 불리는 관제 야당이어서 국회는 유신시대보다 더 천한 권력의 시녀로 전락하였다. 1985년 총선에서 군사정권의 하수인인 여당과, 여당과 다를 바 없는 관제 야당 모두에 대항하여 진성야당인 김영삼의 신한민주당이 돌풍을 일으키며 의회에 진입하기까지는 그랬다. [35]

∷ 독재정권과 기업의 상생 구조

전두환 정권은 정통성 측면에서 박정희 정권보다 훨씬 더 취약했다. 학살정권이란 오명을 씻기 힘들었고 전두환도 자신이 의식하든 하지 않든 '도살자'일 수밖에 없었다. 전두환이 반공·친미 기조 하에서 폭력적

통치기구인 보안사와 안기부를 앞세워 민주화 세력을 철두철미하게 탄압한 것은 태생상 불가피하였다. 설득과 동의에 의한 정치가 원초적으로 성립할 수 없었기 때문이다. 반면 박정희 정권의 연장선상에서 재벌은 비호하였다. 이에 따라 전두환 정권은 군·관료*·재벌의 3자 연합에 의하여 지탱된다.[36]

전두환은 정권을 출범시킨 초기에 재벌을 부정 축재자로 몰아 단죄하고 기업을 통폐합하였다. 1985년 2월 21일에 재계 7위 국제그룹이 해체되기까지 하였다. 표면적인 이유는 부실경영이었지만, 실제적으로 정치자금을 성의 있게 내지 않아 눈 밖에 났다는 것이 정설에 가깝다. 재벌들은 권력의 박해와 탄압으로부터 살아남기 위해 앞다투어 충성을 표시하였다. 점차 전두환 정권은 기업과 유착관계를 형성하게 된다. 한국의 역대 정권은 재벌과 공생관계를 유지하였다. 권력은 비자금이 필

---

* 5공화국의 대표적 경제 관료가 김재익이라는 데 토를 다는 사람은 없을 법하다. 전두환의 경제 교사라 할 수 있는 김재익은 수입개방과 안정화 정책으로 국내 물가를 잡는 한편, 국내 기업들의 체력 강화 여건을 조성하였다. 그러나 '누구를 위한 경제인가' 하는 근본적인 철학이 빠진 김재익의 '경제의 자율화' 정책은 자칫 최근에 목격하게 되는 것과 같은 신자유주의적 괴물을 양산할 우려가 있다. 너무 빨리 세상을 떠나 김재익 경제정책의 전체 전개과정을 지켜보지는 못했기에 김재익에 대해서는 유보적인 태도를 취할 수밖에 없다. 다만 박정희 시대에 등장한 '영혼 없는 관료' 계급이 전두환 시대를 거치면서 완전히 뿌리를 내리게 된다는 사실만은 지적하지 않을 수 없다. 관료집단은 독재자든 학살자든 누구와도 손을 잡는 '가치중립'의 갑옷을 입고 자신들을 합리화하였고 지금까지도 이 같은 태도는 이어진다. 관료집단의 '영혼상실'이 국가 운영의 안정성 측면에서 불가피하다는 옹호론이 존재하지만 국가 자체가 가치를 잃어버린 상황이라면 관료집단의 '영혼 상실'은 국가 전체의 '가치 상실'을 악화하게 된다. 관료집단은 이후 한국 사회에서 정권의 파트너이자 독자적인 이익집단으로, 그리고 지배계급의 일원으로 고유의 큰 영향력을 행사하게 된다. 이제 관료집단은 정치보다는 자본의 직간접 통제를 받는 지배계급의 중추가 되었다. 권력의 파트너로서 관료집단에 대해서는 상수로 고착되었기에 이 책에서 앞으로 더 논의하지 않는다.

요하였고, 자본은 '충성'을 표시한 이상의 단물을 권력으로부터 빨아먹을 수 있었기 때문이었다. 5공에서는 더하면 더했지 결코 덜하지는 않았다. 재벌로부터 거두어들인 전두환의 비자금이 약 7,000억 원에 이른다는 사실만으로 충분히 설명이 된다.[37]

명성사건과 국제그룹 해체로 가장 큰 덕을 본 재벌은 명성 콘도를 인수한 한화와 제조업을 인수한 한일합섬이었다. 이후 한화는 재계 순위 13위에서 7위로, 한일합섬은 26위에서 12위로 뛰어올랐다. 어린 나이에 회장이 된 김승연은 한참 지나 나이가 들어서 '가죽장갑' 사건으로 더 유명세를 탔는데, 한화 회장인 김승연이 평소 공공연히 전두환을 가장 존경한다고 말하고 다닌 게 꼭 이렇듯 은혜를 입어서만은 아닐 터이다. 사실 한국의 독재정권과 재벌은 도둑집단의 큰 두 축으로 일반적인 도덕관념에서 완전히 '자유'로운 존재이기 때문이다. 자본의 대표자는 자본처럼 생각하며 인간적 가치에는 전혀 관심을 두지 않는다.

한화 외에도 대우, 한진, 쌍용, 극동, 벽산, 대림, 우성, 동국제강 등이 부실기업 정리 과정에서 상당한 혜택을 받았다.[38]

박정희 정권에서 상당히 덩치를 키운 재벌들은 전두환 등 이후 정권에서도 정권과 호혜적인 관계를 유지하며 권력의 핵심 파트너로서 입지를 공고히 하였다. 양자의 파트너십은 지금까지 단단하게 유지되고 있지만, 무게 추는 날이 갈수록 재벌 쪽으로 점점 더 심하게 기울고 있다.

∷ '도살자'와 타협하고 학살정권을 용인한 미국

'이승만의 수호천사' 미국은 유신 말기 잠시 박정희와 갈등을 빚긴 했지만, 기본적으로 대한 관계에서 자국의 이익이 보호되는 한 한국에 어떤 독재자가 들어서도 크게 상관없었다. 즉 '전두환의 수호천사'가 될 의향이 충분이 있었다는 얘기다. 서로 조건만 맞는다면 말이다. 물론 민주화 이후에는 정통성을 갖춘 정권이 들어섰기에 한국 내 정치를 직접 거론하는 것은 내정간섭이 된다. 하지만 민주화 이전의 한국 정치에 대해서는 미국은 자국이 세운 국가가 미국의 이익에 반하는 국가로 변하지 않도록 세심하고 조직적으로, 또 계속해서 개입하였다.

12·12반란을 기점으로 쿠데타를 공식적으로 시작한 전두환으로서는 미국의 반응에 노심초사하지 않을 수 없었다. 전두환은 1980년 2월 14일 미8군 영내에서 주한 미군사령관 존 위컴을 만났다. 비스듬히 앉은 자세로 전두환을 맞은 위컴은 12·12반란과 관련하여 전두환을 몰아붙였다. 이때만 해도 미국의 태도에 불안함을 느꼈던 전두환은 2월 27일 위컴이 남한산성 육군 교도소에 수감 중인 정승화의 54회 생일을 맞아 정승화의 집으로 "나라를 위해 최대의 헌신과 봉사를 하셨고 앞으로도 하시게 될 장군의 생일을 맞아 진심으로 축하를 보냅니다"라는 내용의 축하카드와 생일선물을 보낸 것을 일종의 '협박 카드'로 활용하면서 상황을 뒤집기 시작하였다.[39] 전두환은 정치의 가장 중요한 파트너 미국의 '윤허'를 얻어내기 위해 다방면으로 노력을 펼쳤다. 주한 미 대사 윌리엄 글라이스틴에 대해서는 "가정불화도 해결 못하면서 내정간섭이

냐"는 말까지 했고,[40] 글라이스틴으로부터 협조를 얻어내지 못하자 미군 고위 장성들에게 자신이 워싱턴을 방문할 수 있도록 협조를 요청하는 편지를 보내기도 하였다.[41] 또 미국 내 대리인들을 내세워 《워싱턴포스트》나 《뉴욕타임스》 등에 신군부를 선전하는 영어 광고를 내는가 하면 미국 상·하원 의원들에게 전두환을 소개하는 편지를 보냈다. 미국의 정계·언론계와 접촉하였고,[42] 여러 경로로 정치자금을 제공하기까지 하였다.

그러나 전두환이 안달복달할 까닭이 없었던 게 미국은 박정희의 뒤를 이은 새로운 독재자를 한국의 지도자로 점지할 마음의 준비를 하고 있었다. "한국민은 들쥐와 같은 민족이어서 누가 지도자가 되든 복종할 것이며, 한국민에게는 민주주의가 적합치 않다"는 위컴의 발언은 사실 미국의 생각과 나아가 기대를 반영한 것이었다.

비록 1980년 2월 위컴·전두환 회담에서 문제 삼는 척하기는 했지만, 미국은 1979년 12·12반란에 대해 명백한 쿠데타인데도 신군부와 충돌을 우려하여 쿠데타로 규정하지 않고 한국군 내부 문제로 축소하려고 하였다. 광주민주화운동에 대해서도 대화와 자제를 통해 사태를 평화적으로 해결하라는 공식적 입장과는 별도로 광주항쟁을 진압하려는 신군부의 작전을 지원하였다. 먼저 미국은 신군부의 요청을 받아들여 한미연합사 작전통제권 하에 있는 20사단의 광주 투입을 승인하였다. 또 신군부가 광주 진압작전을 수행하는 데 지장이 없도록 1980년 5월 22일 미국 국가안전보장회의는 오키나와로부터 조기경보기 2대와 필리핀 수빅 만에 정박 중인 항공모함 '코럴시' 호를 한국 근해로 출동시켰다.

신군부의 광주 진압작전이 외부(북한)로부터 위협받지 않도록 하기 위해서였다.[43]

전두환의 권력 장악이 분명해지자 미국의 입장도 분명해진다. 미국 레이건 행정부는 전두환이 제12대 대통령에 선출되기 직전인 1981년 2월 말 그를 워싱턴으로 불러, 전두환에 대한 미국의 지지를 한국을 포함한 전 세계에 확인시켜주었다. 1982년 4월에는 미국 부통령 부시가, 1983년 11월에는 미국 대통령 레이건이 연이어 한국을 방문함으로써 미국의 전두환 지지 입장을 한국민에게 각인시켰다.[44] 당시 미국 레이건 행정부는 대외정책에 관해 '커크패트릭 독트린Kirkpatrick Doctrine'을 견지했는데, 미국의 이익에 부합하고 친미·반공정권이면 비록 독재정권일지라도 계속 지원하겠다는 입장이었다.

1983년 11월 11일 한국을 방문한 레이건은 미국 대통령으로서는 처음으로 직접 휴전선을 시찰하는 등 대한 방위공약을 확고히 했다.[45] 레이건의 방한은 정통성 결핍이란 독재자의 최대 약점을 후견국의 지지로 보완하는 효과를 거둘 수 있다는 점에서 전두환에게는 쌍수를 들어 환영할 만한 일이었다. 하지만 공짜 점심은 없는 법, 미국은 레이건 방한을 계기로 미국의 농축산물에 대한 수입개방을 강력하게 요구하였다.[46] 당시 재무장관 김만제와 미국의 재무장관 리건 간의 한·미 경제회담에서 미국 정부는 화장품, 소형 컴퓨터, 면도날, 아몬드 등 432개 품목에 대한 시장 개방을 요청하였다.[47]

미국에 대한 한국민의 시각은 극단적으로 갈린다. 친미주의자들은 한국에 대한 미국의 우정과 호의에 전폭적인 신뢰를 보내면서 좌파의 미국 해석 방법에 강력한 이의를 제기한다. 반미주의자들은 미국의 사악함과 배신을 거론하며 아둔한 친미주의자들의 맹신 이면에는 계급적 이익이 숨어 있는 것으로 받아들인다. 개인적으로 나는 미국의 사악함에는 동의하지만 배신에는 동의할 수 없다. 또한 미국의 우정과 선의에 대해서도 부정적이다. 배신에 동의하지 않듯 그렇다고 반미 입장은 아니다. 어쩌면 사악했고, 어쩌면 부주의했으며, 어쩌면 인종차별적 입장에서 한국을 상대했으며 그 과정에서 한국의 이익보다 미국의 이익을 우선했다고 미국을 비난할 수는 없는 노릇이다. 우리 또한 그러하지 않은가. 미국이 대국답게 더 많은 책임을 지는 자세를 보였으면 좋겠지만 미국의 무책임과 부도덕을 논하기에는 우리 내부의 무책임과 부도덕을 바로잡는 게 먼저이겠다. 우리가 우리에게 훨씬 더 사악한데 그 사악함을 제쳐두고 외부의 사악함을 논하기는 겸연쩍다.

광주학살에 대한 미국의 역할로 인해 5공화국 이후 한국 내에서 친미 이데올로기는 조금씩 균열되었다. 일각에서는 광주학살에 관한 미국의 책임론까지 거론한다. 물론 미국이 책임을 모면할 수 없겠지만, 근본적인 책임은 우리 안에서 물어야 한다. 예컨대 학살에 미국의 책임이 있더라도 그것은 종범의 책임이며, 주범은 따로 있다. 미국은 원래 천사가 아니었으며 단지 한국 정치의 핵심 파트너로 중요한 고비마다 막대한 영향력을 행사하였다. 영향력을 행사하는 잣대가 단지 미국의 이익이라는 걸 단순하게 받아들이면 어이없는 숭미나 과도한 배신감에서는 벗어날 수 있지 않을까.

4장

노태우

PRESIDENT

'보통사람'이 절망하는 나라를 만들다

■■ '섭정' 전두환의 그늘에서 벗어나기

노태우는 요즘 유행하는 말로 전두환과 '절친'이다. 노태우의 재임 동안 5공 청산이 본격화하여 둘이 갈등을 빚기 전까지 30년 이상 우정을 쌓았다. 동향 출신에다 육사 11기 생도 시절부터 5성회다, 7성회다 하면서 우정을 쌓았고, 군대 생활 중에도 하나회라는 '정치장교 사조직'을 같이 꾸리며 우정을 돈독히 했다. 전두환과 노태우가 주고받은 군대 보직은 공수특전여단장, 청와대경호실 작전차장보, 보안사령관 등이며 나중에는 주지하다시피 대통령까지 넘겨주고 받았다.

전두환과 노태우의 우정에 금이 가기 시작한 시점은 후계구도가 형성되면서부터다. 노태우는 1980년 5·17쿠데타 이후 5공의 2인자이었지만, 늘 위태로웠다. 한때 실세 대령들(허화평, 허삼수, 권정달, 이학봉 등 보안사 출신의 전두환 측근)에게서 무시를 당하였는가 하면 5공 중반 이후에는 장세동 등 전두환 친위그룹으로부터 끊임없는 견제에 시달렸다. 대통령 선거 이후 노태우는 당선자인 자신이 정국을 운용하고 인사권 또한 갖는 게 당연하다고 판단했지만, 전두환의 생각은 달랐다. 전두환에게 6공은 어차피 5공의 연장이었기에, 자신이 대통령에서 물러나더라도 막후에서 실질적인 권력을 행사하기를 기대하였다.[1]

이 같은 배경에서 노태우는 대통령에 당선된 이후에도 전두환으로부터 여전히 2인자 취급을 당했다. 전두환은 노태우에게 외무 최광수, 내무 이상희, 재무 사공일, 법무 이해창, 체육 조상호, 안기 안무혁 등 장관까지 물려주었고, 성사되지는 않았지만 자신의 경호실장(안현태)에게 새 대통령 노태우의 경호를 잠시 맡기려고 하였다.[2]

심지어 전두환은 자신이 영향력을 지속시키기 위해 대통령 선거가 끝난 지 열흘 만인 12월 26일 후임 대통령이 취임을 앞두고 있는 상황에서 군 인사를 단행해 자신의 친위 세력을 군 요직에 앉혔다. 또한 전두환은 널리 알려진 대로 '상왕上王'을 꿈꾸었는데, 1988년 2월 23일 퇴임 바로 직전에 야당의 반대 속에 민정당 단독으로 '국가원로자문회의법'를 처리하였다. 이 법에 따르면 국가원로자문회의 의장을 전직 대통령이 맡게 되며, 의장은 다양한 경로로 국정에 간여할 수 있었다. 노태우와 측근들에게 국가원로자문회의가 눈엣가시였음은 불문가지다. 정권을 인수한 노태우는 총무처를 통해 시행령을 심의하는 과정에서 국가원로자문회의를 축소하였다. 결국 국가원로자문회의 사무처 직원은 애초 48명에서 39명으로 줄었고, 차관급은 2명에서 1명으로, 그리고 몇 가지 기능이 삭제되었다.[3]

노태우는 군 인사도 '바로잡았다.' 6공 출범과 함께 전두환 사단은 모두 밀려나고 그 자리를 이른바 9·9인맥(노태우의 9공수여단장과 9사단장 시절 부하들)이 채웠다. 물론 9·9인맥도 5공의 군 핵심인사들과 마찬가지로 '하나회' 소속이었지만 전두환 정권에서는 '하나회'의 변두리 인물들에 불과하였다. 노태우 집권과 함께 이들은 군부의 요직을 장악하였다.[4]

정치권에서도 물갈이가 이루어졌다. 지역구에선 5공의 거물들이 공천을 받지 못하였고, 전국구에서는 노태우의 핵심참모인 박철언이 주도하는 '월계수회' 멤버가 대거 이름을 올렸다. 박철언 정책보좌관, 나창주 건국대 부총장, 박승재 한양대 교수, 강재섭 검사, 이재황 궤도공영 사장 등 당시로선 이름도 생소한 사람들이 전국구 상위권을 차지한 것이었다.[5]

제6공화국이 출범한 후 치러진 첫 번째 국회의원 선거인 1988년 4월 26일 13대 총선에서 야당이 더 많은 의석을 획득하는 여소야대 정국이 펼쳐지면서 노태우에게 5공 청산은 피하지 못할 잔이 된다. 노태우는 5공 청산이란 역사적 흐름에 편승해 죽마고우이자 전임자인 전두환에게 칼날을 겨눈다. 2년 가까이 온 나라를 떠들썩하게 만들었고, 노무현이란 청문회 스타를 배출한 5공 청산은 동시에 노태우에게 양날의 칼이 된다. 즉 전두환은 베고 싶지만 그러다 보면 자칫 자신 또한 베일 수 있었다. 6공은 5공과 같은 뿌리에서 태어난 형제이기 때문에 5공의 단죄와 부정은 곧바로 6공의 부정으로 이어지기 때문이다. 노태우에게 5공 청산은 전두환과 권력투쟁에서 이기는 데 필요한 수단 이상의 의미가 없었다. 전두환과 5공 세력을 권력의 핵심부에서 쫓아내는 것으로 족했다. 그러므로 노태우 정권의 5공 청산이 제대로 이루어질 까닭이 없었다.[6]

특히 정치자금과 관련해서는 노태우로서도 전두환을 위협하는 데 한계가 있었다. 전두환 측과 노태우 측 사이의 사전 조율을 거쳐 작성된 전두환의 사과성명에서 가장 첨예하게 논란을 빚은 사안은 정치자금이 었다. 전두환 측은 정치자금이 한 푼도 남아 있지 않다는 강경한 입장이었지만 노태우 측은 전두환의 주장이 생짜배기 거짓말이라는 사실을 너무 잘 알고 있었다. 그러나 정치자금은 6공의 아킬레스건이기도 하였기에 노태우는 밀어 붙일 수가 없었다. 대선을 치르면서 공식 선거자금의 몇 배에 이르는 정치자금을 전두환으로부터 지원받은 터라 노태우로서는 어찌 해볼 도리가 없었다.[7] 실제로 13대 대통령 선거 때 전두환은 선거자금으로 민정당에 수천억 원을 지원한 것과 별도로 당시 노태우 후보 집을 방문해 1천2백몇십 억 원을 준 것으로 전해진다. 전두환은 노태우가 혹시 이 자금을 적절히 쓰지 않을까 봐 이춘구 선거대책본부장을 이 자리에 배석시켰다. 또 대통령직에서 물러나면서도 전두환은 상당한 정치자금을 노태우에게 물려준 것으로 알려졌다.[8]

어쨌든 1988년 11월 23일 대국민 사과성명 발표 및 백담사 유배, 이듬해인 1989년 12월 31일 5공 청문회 증언 등을 거친, 한국 무신정권의 집권자들 중 가장 대담한 도살자인 전두환은 권력에선 완전히 배제되고 만다. 노태우와 전두환 사이의 평생의 파트너십이 파탄 나는 장면이었다. 둘 사이만 생각하면 노태우가 전두환을 철저하게 배신한 모양이지만, 두 학살 동지는 5·18특별법에 따라 1996년 '좋은 친구'로 나란히 법정에 서서 보기에 따라 운명적인 화해를 하게 된다.

∷ '합법적' 무신정권을 가족회의로 운영하다

"6공의 정치를 알기 위해서는 먼저 노태우의 친인척들을 이해하라."[9] 이 말은 6공 내내 정치권과 언론계에 떠돌던 불문율이었다. 노태우 막부幕 府의 친인척 정치는 처남 김복동, 동서 금진호, 그리고 처 고종사촌 동생인 박철언에 의해 이루어졌는데, 이들은 역할을 분담하여 6공을 요리하였다. 김복동과 박철언은 주로 정치문제에 조언하였고, 금진호는 경제 자문역을 맡았다. 여당인 민정당을 신뢰하지 않은 노태우는 현안이 생길 때마다, 이들을 불러 모아 이른바 '가족 회의'를 열었다.[10] 11, 12, 13, 14대 국회의원과 국정원장을 지낸 이종찬은 이렇게 말했다.

"노 대통령은 당을 전두환 씨의 잔당들이 몰려 있는 곳쯤으로 알고 있었어요. 즉 당이 전 씨의 피조물이라고 생각하고 있었던 거지요. 그러니 당을 신뢰하지 못한 겁니다. 심지어 6공 초의 윤길중 대표는 제대로 노 대통령을 만나지도 못하고 겉돌다가 물러난 것으로 알아요. 노 대통령은 윤 대표를 인정하지 않았습니다. 여러 사람이 있는 자리에서 '윤 대표는 머리가 좀 이상하다. 나이가 많아서 찬밥 더운밥 가리지 못한다' 고 극언하는 것까지 들은 적이 있으니까요. 어떤 당직자는 박 보좌관에게 사전에 사인을 받고 나서 대통령에게 보고를 하곤 했으니 결국 당이 월계수의 하부조직 정도로 전락한 셈이었지요."[11]

노태우를 지근에서 보좌한 친인척 트리오 가운데 가장 막강한 권세를 누린 인물은 '6공화국의 황태자'로 불린 박철언이었다. 박철언은 6공 출범 이후 청와대 비서실 정책보좌관이라는 직책으로 활동하였다. 박철언은 국정에 샅샅이 관여하였는데, 특히 남북관계에 입김이 셌다. 박철언의 든든한 배경은 노태우의 부인 김옥숙이었다. 민자당의 한 의원은 "김 여사는 오빠(김복동 씨)가 친인척이라는 이유로 공직에서 배제되어 있는 상태였기 때문에 혈육 가운데 한 사람이라도 키워놔야겠다는 생각이 간절했던 것 같다"고 말하였다.[12]

박철언은 월계수회를 통해 노태우 정권을 농단하였는데, 1987년 6·29선언 직후 반드시 대선에서 승리해 월계관을 쓰자는 의미에서 월계수회를 만들었다. 한때 회원이 200만 명에 육박한다는 소문이 나돌 정도로 번성하였다. 집권 이후 황태자 박철언의 월계수회는 소속 국회의원이 60명을 넘어서면서 여당 내 최대 계파로 떠올랐고, 인사와 각종 이권에 개입한다는 의혹을 계속해서 받았다. 월계수회는 1992년 박철언과 대립관계인 김영삼이 대선후보로 선출된 뒤 쇠락의 길을 걷기 시작했다.[13]

▛ 무협 정쟁의 시작, 3당 합당

노태우 정권부터 한국 정당사에 해로운 흐름이 나타난다. 관제 여당과, 심하면 관제 야당, 거기에 공작정치가 일상적인 독재시대가 끝나고 형식적이나마 민주주의가 도입되면서 정권에서 공공연하게 과거의 방식을 동원하기가 힘들어진다. 대신 주요 정치 세력의 맹주들이 이해득실에 따라 연대하거나 결별하는 합종연횡이 일반화하게 된다. 정책과 이념에 따라 정당들이 연대하는 것은 정상적인 의회정치의 범주에 속한다고 볼 수 있지만, 특정한 정치 지도자를 따르는 무리들이 정책·이념을 배제한 채 정치지도자의 권력의지에 적극적으로 호응해 이합집산하는 상황은 전근대적이라고 할 수 있다. 한국의 의회정치가 딱 그 모양으로, '정치'는 없고 무협지를 연상시키는 권력게임이 만연하게 된다. 노태우가 김영삼, 김종필과 힘께 무협성쟁 시대를 열었다.

　노태우·김영삼·김종필의 세 정치 무리의 연합은 사실 정체성 측면에서 동질적이라 하등 이상할 게 없었다. 당초 검토된 대로 김대중의 무리까지 가세하였다 해도 납득할 만하다. 문제는 친일의 흔적이 흐릿해지는 상황에서 적어도 독재는 응징하고 독재 잔재를 청산하라는 일반 국민의 의지를 정치무리의 우두머리 몇 명이서 묵살한 데 있다. 정치가 계급·계층의 이해나 특정 이념을 대변하지 못한 것은 말할 것 없고 인간사의 기본적인 신의나 도덕을 저버린 채 과두적 정치집단 내의 순수 권력투쟁으로 격하되고 만다. 그런 연유로 3당 합당은 야합일 수밖에 없었고, 정체성을 논외로 하고 최소한 독재에 대응하는 소위 민주세력의 주요 인물인 김영삼이 학살자의 일인인 노태우의 손을 잡은 건 변절일수밖에 없다. 1987년 국민의 힘으로 어렵게 직선제를 얻어냈지만, 그해 대선에서 학살독재정권 잔당의 집권을 가능케 한 주된 원인은 양김의 '대통령병'이었다. 노태우 집권 후에라도 양김이 반성하고 연합해 노태우에 맞섰다면 독재세력을 몰아낼 수 있었다. 하지만 3당 합당으로 소위 민주세력이 독재세력과 뒤섞이는 기형적인 정치지형이 펼쳐지게 됐다. 비근한 예로 통합민주당 18대 대선 후보 경선에 참여한 손학규가 정치를 새누리당의 전신 민주자유당(민자당)에서 시작한 것을 들 수 있다. 김영삼의 야합과 변절은 한국 현대사에서 친일파를 청산하지 못한데 이어 독재세력의 청산마저 불가능하게 만들었다.

노태우와 김영삼 간 야합의 중요한 전환점은 1989년 5월 31일 청와대에서 열린 노태우·김영삼 회담이었다. 김영삼은 이 회담에서 '초당적 북방외교'에 합의했다. 김영삼은 6월에 소련과 미국을 방문했는데, 소련 방문 중인 6월 6일 청와대의 주선으로 북한 조국평화통일위원회 위원장 허담과 회담하였다. 김영삼은 이 회담에서 정부 측 입장을 지지해 줌으로써 3당 통합으로 가는 길을 닦았다.[14] 소련에서 돌아온 김영삼은 6월 23일 관훈클럽 토론회에서 "국민이 선거를 통해서 대통령으로 선출했기 때문에 현 정권의 정통성을 인정해야 한다"느니 "대통령제와 내각제 가운데 어느 것이 좋다고 일률적으로 말할 수 없다"느니 예전의 김영삼과는 다른 발언을 쏟아냈다.[15] 김영삼은 잇따라 터진 임수경, 서경원 방북사건에 대해서도 노태우 정권을 지지하는 입장을 취하였다.

1989년 8월 18일에 실시된 영등포 을구 재선거는 김영삼의 3당 합당 결심을 확고하게 만들어주는 계기가 되었다. 공안정국으로 김대중과 김대중의 평화민주당이 위기에 몰리고 있는 상황이었는데도 김영삼의 통일민주당 후보의 득표율이 2등으로 낙선한 평화민주당 후보의 득표율 30%에 훨씬 미치지 못하는 18.8%로 나타났기 때문이다.[16] 권력게임에서 주도권과 힘을 잃어가는 징표이기에 김영삼으로서는 초조할 수밖에 없었다.

1990년 1월 22일 대통령이자 민주정의당(민정당) 총재 노태우, 통일민주당 총재 김영삼, 신민주공화당 총재 김종필은 청와대에서 만나 3당 합당을 공동으로 발표하였다. 3인은 "4당으로 갈라진 현재의 구조로는 나라 안팎의 도전을 효율적으로 헤쳐 나라의 앞날을 개척할 수 없다"며 "자유와 민주의 이념을 함께 나누며 정책노선을 같이하는 정치세력이 뭉쳐 정책 중심의 정당정치를 실천해 당파적 이해로 분열, 대결하는 정치에 종지부를 찍기로 했다"고 선언하였다.

국민들로서는 기겁을 할 사건이었다. 김종필에 대해서는 그럴 수 있겠다고 생각할 수 있지만, 평소 "왔다 갔다 하거나 야당 하다가 여당으로 간 사람 중에 국민의 인정을 받는 사람이 누가 있느냐"고 말한 민주 투사 김영삼의 변신은 충격 그 자체이었다. 3당 합당이 군사작전을 방불케 하며 비밀리에 진행되었기에 국민들이 느낀 배신감은 더 클 수밖에 없었다. 1990년이 시작되고 정가에 정계개편이니 연합이니 하는 소문이 무성하였지만, 노태우 측은 오리발을 내밀었다. 1989년 말 여권에서 처음으로 민정당 대표위원 박준규가 동아일보와 인터뷰를 통하여 정치권의 그러한 움직임을 거론하자 청와대는 노태우 말을 인용하여 "얼토당토않은 얘기"라고 강력하게 부인하였다. 또 그 즈음에 노태우는 "이제부터 대화와 타협의 새 정치를 착근시키겠다"고 강조하며 4당 구조를 긍정적으로 평가하는 발언을 내어놓았다. 심지어 3당 합당 발표를 열흘 남짓 앞둔 1990년 1월 10일 대통령 연두 기자회견에서 "정계개편이다 연합이다 하는 문제는 인위적으로 급작스럽게 이뤄져서는 안 되고 신중을 기하지 않으면 안 된다고 생각한다. 어느 특정 야당과 제휴를 하거나 또 다른 뭐를 하거나 하는 것은 검토하지 않았다"고 잡아떼

었다.[17]

3당 합당 선언 후 노태우 정권은 이른바 '합당 주가'를 만들어냈다. 기관투자가들에게 적극적인 주식매입을 지시하는 등 공격적인 증시개입으로 주가상승을 끌어내게 한 것이다. 문교부는 각 시도 교육위원회에 지시하여 새로운 정치질서의 당위성을 전 교육공무원 및 사립학교 직원들에게 교육시키도록 하였다.[18] 대놓고는 정당하다고 강변하였지만 내심 켕기는 게 많았음을 보여주는 정황증거인 셈이다.

노태우·김영삼·김종필과 그 수하들은 3당 합당을 '구국적 영단', '살신성인의 결단', '역사의 도도한 흐름', '혁명적 신사고' 등으로 포장하였다. 특히 유턴으로 명분 측면에서 곤혹스런 입장에 처한 김영삼은 자신의 변화를 '신사고에 의한 구국적 결단'이라고 표현하며, "이번의 결단은 위대한 결정이요, 혁명이다"라고 주장하였다.[19] 김영삼은 민주자유당 창당(1990년 2월 9일) 며칠 후인 2월 12일 민자당 최고위원 자격으로 참석한 관훈클럽 토론회에서 3당 합당이 '17·18세기 식 사고방식이 아닌 신사고'에서 비롯한 것임을 역설하였다. "보수연합은 상상할 수도 없는 일"이라는 평소 지론을 손바닥 뒤집듯 너무도 간단하게 바꾸는 현장이었다.

김영삼이 국민을 설득하기 위해 내세운 명분은 "호랑이를 잡으려면 호랑이 굴에 들어가야 한다"였다. 하지만 김영삼이 3당 합당에 대해 속으로 상당한 부끄러움을 느꼈음이 3당 합당 발표 기자회견을 통해서 간접적으로 드러난다. "나는 고독한 선택을 많이 한 사람이다. 나는 일단 결심하고 나면 뒤돌아보지 않고 앞으로만 가는 사람인데 3당 통합

126

때만은 그렇지 않았다. 아침에 결심했다가도 저녁에 마음이 돌아서고, 자고 일어나면 마음이 바뀌었다."

김영삼으로 하여금 자괴감을 극복하고 3당 합당을 결행하는 쪽으로 몰아간 결정적 계기는 신분의 위협 때문이었다. 당시 동해 보궐선거 후보매수 사건 이후 김영삼은 정치적으로 위기에 몰렸을 뿐 아니라 검찰에 의해 사법처리 당할 가능성까지 있었다. 물론 매수 사건을 저지른 건 서석재이었지만, 매수자금이 김영삼의 은행계좌에서 인출되었기 때문에 김영삼은 정치생명에 치명타를 입을 수 있었다.[20] 당시 김영삼의 비서실장 서청원은 "사실 동해 보궐선거 후보매수 사건이 3당 통합의 결정적인 계기가 됐다"고 증언하였다.[21] 김영삼이 "어디를 가든 정치적으로 두 번째를 싫어하는" 기질 때문에 3당 합당을 결심했다는 분석도 있다. 3당 통합을 결행하게 된 원인 중에는 제2야당 처지를 견디지 못했기 때문이라는 것이다.[22] 정치적 위기 때문이었든 기질 때문이었든, 김영삼에게 3당 합당은 '구국의 결단'이라기보다는 자신을 살리기 위한 결단이었음은 분명하다.

민정당에서 3당 합당을 선택한 이유 중 하나는 김대중이었다. 3당 합당을 실무적으로 조율한 주역 박준병(민정당), 황병태(통민당), 김용환(신민주공화당) 중 한 사람인 황병태는 "DJ가 백마를 타고 달려 들어오는 위급한 상황에서 정권 재창출을 해낼 인물은 YS밖에 없으며 이제 YS를 선택하는 것은 여권 전체의 생존이 걸린 필연적 귀결"이라고 주장하였다.[23]

3당 합당의 주체세력은 민자당의 탄생을 진보에 맞서는 보수대연합으로 포장하였다. 하지만 보수대연합은 허울뿐이었고 내용상으로는 민주화의 진전과 민주세력의 성장으로 인한 기득권의 위기를 예방하기 위한 '반동연합'이었다. 민자당의 탄생과 함께 노태우 정권이 여소야대 때의 합의를 번복하고 다시 5공으로 되돌리려는 데서도 증명된다. 더욱 심각한 문제는 3당 합당이 보수대연합이라기보다는 반反호남연합이라는 지역패권주의에 입각하였다는 점이다. 알려진 대로 3당 합당의 핵심주역인 정무장관 박철언은 처음에는 평민당까지 포함하는 '진짜' 보수대연합'을 구상하였다. 평민당의 일부 재야 출신 인사를 배제한 4당 합당으로 일본 자민당 식 보수대연합 구도를 만들겠다는 발상이었다. 박철언의 제안에 김대중은 정책연합을 주장하였고, 김대중의 경쟁자 김영삼이 당연히 평민당의 참여를 반대하면서 종국에 평민당이 합당에서 배제된다. 3당 합당은 반反호남연합과 범凡영남패권주의 지역분할로, 망국병인 지역감정을 확대재생산하는 것으로 귀결한다.[24]

3당 합당이 동상이몽이었음은 곧 드러난다. 특히 3당 합당으로 내각제 개선을 성사시켜 독재세력과 투항한 보수세력이 주구장창 권력을 향유하려던 야심찬 계획은 김영삼이 야욕을 서서히 노골화하면서 좌초하고 만다. 사실 김영삼에게 3당 합당은 자신의 야욕을 실현할 수단 이상의 의미를 갖지 못하였다.

김영삼은 합당시 내각제에 동의하였지만 애초에 약속을 지킬 마음이 없었다. 합당하고 1개월쯤 지나자 민자당 최고위원이 된 김영삼은 노태우의 책사이자 3당 합당 총괄기획자인 박철언을 만나 설득을 시도하였다. "YS는 반갑게 맞이한 뒤 포도주를 내왔다. YS는 '박 장관, 우리 현실에 내각제는 맞지 않아. 그거 없던 일로 합시다'며 내각제 무효화를 설득하기 시작했다. YS는 '나하고 박 장관 당신, 그리고 노 대통령 3명이 힘을 합하면 못할 일이 뭐 있겠노. 박 장관이 지난 대선 때 노 대통령을 밀어준 것처럼 확실하게 날 밀면 내가 당선될 것이고, 당선되면 5년밖에 더 하겠나. 그러고 나면 내가 다음에는 당신을 도와주겠다'며 '차기'까지 은근히 언급했다고 한다. 그렇지만 박 장관은 '내각제는 해야 합니다'라며 오히려 YS를 설득하려 했다. 당연히 YS의 표정이 어두워졌다."[25]

이후 김영삼이 집권할 때까지 이어지는 김영삼과 박철언의 갈등이 시작하는 대목이다. 이념도 명분도 없고 약속도 지켜지지 않는 3당 합당은 대통령병 환자 김영삼의 깽판에 의해 독재 잔당의 백일몽으로 끝나고 만다. 내각제로 '평생권력'을 꿈꾸었던 노태우 등 독재 잔당은 김영삼의 배신에 뒤늦게 가슴을 쥐어뜯었겠지만 자업자득이라고 보아야 하지 않을까. 잠시 이해가 맞아 한자리에 앉아 야합한 이질적인 사람들이 끝까지 파트너로 남을 길은 끝까지 이해가 일치하는 방법밖에 없는데, 이들은 사리사욕이 너무 강해 애초에 지속이 불가능한 결합이었다. 한국 사회에 한국 정치, 또 노태우에게 '잘못된 만남'이었던 셈이다. '잘못된 만남'의 유일한 수혜자가 김영삼이었음은 오래지 않아 드러난다. 김영삼 정권에서 감옥에 가게 된 노태우가 법정에서 3당 합당을 어떤 기분으로 술회하였을까.

∷ 언론과 재벌, 피보호자에서 '좋은 친구'로

6공화국 들어서 정권의 버팀목이자 나팔수 언론에 변화가 생긴다. 1988년 5월 15일 한겨레신문이 출범함으로써 기존 제도권 언론의 담합에 균열이 생기고 1989년 '방송민주화의 원년'[26] 이후 '땡전'의 굴욕스런 방송뉴스에 변화 조짐이 보이기 시작하였다. 마침내 1990년 4월 KBS 총파업으로 언론 본연의 기능을 회복하려는 방송인들의 욕구가 분출하지만 경찰이 투입돼 강제 진압된다.

방송민주화의 와중에도 신문들은 권력의 편이었다. 방송민주화에 우호적인 KBS 사장 서영훈의 사표가 석연치 않은 과정을 통해 1990 3월 2일 KBS 이사회에 의해 수리되고 난 이후 보도성향은 더욱 그랬다. 3월 6일 낮 12시 서울 태평로 언론회관 앞에서는 전국언론노동조합연맹(언노련)과 KBS 노조 공동주관으로 '방송자주권 쟁취결의대회'가 열렸다. 언노련 집행부, 각 언론사 노조위원장, KBS 사원 등 600여 명이 참석한 가운데 열린 이 대회에 대해 한겨레신문과 연합통신을 인용한 일부 지방지를 제외한 모든 중앙지가 아예 보도하지 않았다. 다음 날 국회의원 이철은 'KBS 사태 진상 보고서'를 통해 "KBS의 방송민주화 노력에 대해 호의적인 자세를 견지해온 서영훈 사장에 대한 사퇴압력은 감사원의 감사 실시 전부터 은밀하게 계속되어 왔다"면서 "지난 1월 말과 2월 초순 안기부 요원들이 서 사장 자택인 목동의 아파트 경비실을 수차례 출입하면서 내왕객에 대해 탐문하는 등 불법적 사찰을 자행했다"고 주장했다. 이 발표 또한 한겨레신문과 일부 지방지를 제외하고는 모든 중앙지로부터 외면 받았다.

대신 신문들은 권력의 편에서 방송을 공격했다. 경향신문은 "교조적인 논리에 얽매여 타협 없는 극한투쟁으로 치달을 경우 더 큰 불행을 초래하게 된다"며 KBS 사원들을 꾸짖었다. 국민일보는 "국가에 비상사태가 벌어지거나 쿠데타가 일어나기 전에는 방송이 중단되지 않아야 한다"며 "국민을 경시하고 우롱하는 처사는 당장이라도 중지해야 할 것이다"고 밝혔다. 동아일보는 "나라와 사회의 동맥과도 비유되는 공영방송의 중단은 특별한 비상사태가 아니고서는 상상할 수 없는 것이다"며 "자율권 획득을 위한 비합법과 과격투쟁은 방송인의 품격과 사회적 지위에도 걸맞지 않는다"고 주장했다. 중앙일보는 "사장 취임이라는 내부 문제로 국민의 공유재산인 방송을 포기하는 행위"는 용납될 수 없다고 말했다. 한국일보는 "방송 중단이라는 극한상황을 빚어낸 것은 노조를 넘어 방송인의 자학이 아닌가 하는 우려도 귀담아듣기를 바란다"며 "사회의 심장인 방송의 고동을 어느 누구라도 멈추게 할 수는 없다"고 주장했다.[27]

한국 언론은 독재시절과 달리 이후 자발적으로 권력의 파트너를 자임한다. 독재정권에 길들여진 까닭이라기보다는 스스로 권력의 일부가 되면서 맛본 권력의 달콤함에서 제 발로 걸어 나올 의사가 없었다고 판단된다. 특히 사주들이 권력과 긴밀하게 연결되어 권력의 최상층부를 구성한 신문들의 자발적 굴종이 두드러졌고, 이 같은 태도는 현재까지 이어지고 있다. 신문사들 가운데서 권력에 맞서 언론 본연의 역할을 수행한 곳은 한겨레신문과 그에 이어 화끈하게 반성하고 180도 달라진 경향신문 두 신문사에 불과하다. 두 신문은 사주가 있는 다른 신문과 달라서, 한겨레신문은 국민주, 경향신문은 사원주주 형태이다. 이는 소유구조의 개혁 없이 언론자유가 불가능함을 입증한다. 앞서 전두환 정권에서 살펴보았듯 특히 조선일보는 정치를 감시하기보다는 스스로 정치를 하면서 한국 사회의 최고 권력을 꿈꾸었고 실제로 어느 정도는 그 꿈을 실현한다. 특정한 정치 지도자 중심으로 일사불란하게 권력을 향해 움직이는 정치나, 사주의 통제 아래 기득권 옹호를 위해 기꺼이 곡필을 마다않는 언론의 행태는 묘하게도 닮은꼴이었다.

신문과 달리 사실상 정부에 장악된 방송은 1990년 방송민주화 실패 이후 오랫동안 권력의 첨병 노릇을 수행하게 된다. 이후 내부 구성원들이 언론자유를 추진할 의지의 정도와 권력의 통제 강도가 함수를 형성하며 방송은 부분적 언론자유와 통제 사이에서 위상을 잡느라 고군분투하게 된다. 1990년 방송민주화 투쟁이 실패로 돌아간 뒤 방송은 대체로 권력과 우호적인 관계를 유지하며 가끔씩 언론기능을 회복하곤 하였지만, 이명박 정권에선 결정적인 퇴행을 경험한다. 방송에서 주목할 사건은 1990년 10월 31일 민영 SBS의 출범이다. 신문 시장의 조중동(조선, 동아, 중앙일보)처럼 방송 시장에서 사주가 있는 언론사가 출현한 것이다. 태생적 한계로 인하여 SBS는 자발적 복종을 보도의 기본 태도로 설정하게 된다.

노태우 정부를 묵묵하게 지켜주는 우렁각시는 박정희·전두환 정권 때와 마찬가지로 관료와 재벌이었다. '영혼이 없는 조직'인 관료조직과 비교하면 '영혼을 팔아버린 조직' 또는 '사악한 영혼이 지배하는 조직'이라고 할 수 있는 재벌은 애완견에서 사냥개로 역할의 변경을 경험한 데이어 노태우 정권 하에서는 노태우의 앵벌이 대상으로 격이 높아지게된다. 물론 주먹을 무서워한 까닭이었지만 재벌이 대통령의 앵벌이나구걸을 받아주는 처지가 됐다는 건 근본적으로 갑과 을이 달라졌다는의미이다. 한국의 무신정권 말기에 이르면 재벌은 정권의 실질적인 지배자로 서서히 부상한다.

노태우는 선배 독재자들과 마찬가지로 자연스럽게 정경유착을 받아들인다. 물론 여느 정권과 마찬가지로 노태우도 집권 초기에 토지 초과소유에 대한 누진세 적용, 금융실명제 시도, 기업 여신한도 제한 등 개혁정책을 선보여 재벌의 경제력 집중을 막으려는 시늉을 하였다. 그러나 재계의 반발과 재벌의 개가 된 적잖은 정치인들의 태업으로 기민하게 개혁을 포기하고 재벌과 상생하는 길을 선택하였다. 금융실명제는전두환에 이어 노태우도 추진하였다가 포기하였는데, 금융실명제의 포기는 정경유착을 고착시키는 결정적 요인으로 작용하였고, 이의 최대수혜자는 바로 노태우 자신이었다. 훗날 밝혀진 천문학적 비자금의 존재는 정경유착의 생생한 증거이다.[28] 물론 전두환 또한 금융실명제를채택하지 않은 혜택을 입었을 것이다. 하지만 노태우와 달리 전두환은비자금의 상당 부분을 꼭꼭 은닉해 노태우와 비교해 누가 더 큰 수혜자인지 숫자로 비교하기는 곤란하다.

전두환의 뒤를 이어 노태우가 재벌들에 대해 '조폭-유흥업소' 식의유착 관계를 어떻게 맺었는지는 다음 이야기를 살펴보는 것으로 족하겠다.

"1989년 12월 어느 날 모 유력 신문의 1면 톱으로 '14개 재벌기업에 강력한 세무조사' 제하의 기사가 등장했어. 우리 사회야 반反 재벌 정서가 있으니 "세무당국이 '정의의 칼'을 빼들었구나" 하고 박수는 안칠지라도 국세청 편이 돼.

그러나 그 내막과 진실을 알고 보면 황당하지. 이게 바로 그런 케이스였어. '청와대의 가뭄'을 해소하기 위한 조치였던 거야. 한 푼 두 푼도 아니고 크게는 수천억 원의 세금 추징이 걸리는 문제니 재벌들은 정치적 해결을 시도할 수밖에 없어.

이 정도 수준이면 국회의원이나 각료의 힘으론 안 돼. 청와대가 '직방'이야. 직방의 대가는 물론 돈이지. 대통령은 국세청장을 불러들여 감세나 면세를 고려해 보라는 거지. (……) 가령 100억 원을 들고 청와대로 들어가 추징 세액을 1000억 원 감액 받으면 당해 기업으로는 900억 원을 건져내는 셈이 돼. (……) 이른바 TK(대구·경북)의 울타리를 세력 삼아 권력을 유지하고 있던 노통(노태우)은 이 협박을 통해 비어가는 청와대 금고를 채울 수가 있었어."[29]

▪▪ 지역차별 심화와 지역패권의 강화

3당 합당에서 극적으로 드러났듯 지역주의는 박정희·전두환·노태우 정권에서 공통적으로 채택한 통치전략이다. 소외·배제를 특권·혜택과 쌍으로 묶은 지역주의에 입각했기에 노태우 정권의 인적 구성은 전두환 정권과 큰 차이가 없었다. 6공의 대통령인 노태우는 5공의 대주주 가운데 한 명이었고, 5공의 2인자였으니 당연하다 하겠다. 6월 항쟁이 시작된 1987년 6월 10일 민정당의 대통령 후보로 선출된 노태우는 전임자들과 마찬가지로 체육관 선거를 통해 정권을 잡을 생각이었다. 하지만 6월 항쟁에 직면해 6·29선언으로 위기를 극복한 뒤 계획대로 지역주의에 힘입어 대통령에 당선된다. 체육관과 직선은 엄청나게 큰 차이이지만 무신정권이란 본질은 바뀌지 않았는데, 특히 두 정권의 인적 구성의 동질성이 상징적이다. 5공과 마찬가지로 권력의 중추인 군대, 안기부, 검찰, 당, 정부 등의 요직을 '하나회'와 TK(대구·경북)가 차지하였다.[30]

5공에서 차관급 이상 관료 155명 중 경상도 출신은 67명으로 43.6%(호남 출신은 9.6%)였고, 6공에서는 영남 출신이 전체 각료의 48%, 차관급에선 60%에 이르렀다. 어느 부처를 막론하고 주요 실국장 등 요직을 대부분 TK가 장악하였고, 특히 청와대와 검찰은 영남 출신이 거의 독점하였다.[31]

박정희가 씨앗을 뿌린 뒤 전두환, 노태우 시대에서 쑥쑥 자란 지역주의는 이후에도 뿌리 뽑히지 않고 온존해 한국 사회의 대표적 병폐로 꼽힌다. 이 때문에 노무현은 특별히 지역주의 타파를 평생 정치의 과제들 중 하나로 삼았으나 지금까지도 지역주의는 견고하다. 독재자들이 무신정권을 유지하기 위해 불러낸 지역주의를 일부 국민들이 스스로 체화해 다른 지역 사람들을 욕하고 배척하는 행태를 보면 안타깝기 그지없다.

5장

김영삼
PRESIDENT

나라를 괴물에게 내어주다

대한민국의 역대 대통령이 그러하듯 김영삼은 정치인으로서나 대통령으로서나 그 존재감이 뚜렷한 사람이다. '물태우'라고 불린 전임자 노태우에 비해서는 말할 것도 없고, 대통령 전체를 통틀어 개성이 가장 강한 인물에 속한다고 볼 수 있다. 개인적으로는 한국의 대통령들 가운데 머리는 가장 나빴지만 권력욕은 가장 강했다고 평가할 수 있다. 문민정부를 열어 무신정권을 종식시킨 것을 공으로 내세우지만, 어차피 문민정부가 들어설 시점에 독재 잔당과 야합해 정권을 훔쳐갔다는 게 더 정확한 설명이 아닐까. 이미지에만 신경 쓰고 내실을 외면해 대한민국을 외환위기로 몰고 간 관리부실의 책임도 모면키 힘들다. 양극화 심화와 경쟁만능으로 표현될 수 있는 현재 우리 사회의 부정적 속성의 씨앗이 싹을 틔우고 뿌리를 확고하게 내리게 한 것도 김영삼의 '공로'다. 자신의 아들이 '소통령' 또는 왕자로 행세하게 방치하고 일부 조장한 모습을 보면 이 시대를 왕조시대라고 착각하지 않았나 싶다.

한마디로 김영삼은 대통령이 되지 말았어야 할 인물이다. 그가 대통령이 되어 대한민국과 한국민은 훨씬 더 불행해졌다. 문민정부 출범으로 무신정권이 막을 내렸지만, 문민정부는 군사독재 못지않게 무시무시한 괴물을 호리병 속에서 끄집어낸다. 괴물이 지배하는 지금의 사회가 김영삼이 아니었어도 어차피 올 참이었기에 어쩌면 적어도 이 부분에 대해서는 김영삼에게 큰 책임이 없다는 변명이 성립할지도 모르겠다.

∷ '하나회' 척결로 군을 정치에서 퇴장시키다

김영삼이 집권하면서 군부 숙정은 시간문제였다. 자신의 정권을 '문민정부'라고 표현한 데서 이미 김영삼의 의지가 반영되어 있다고 볼 수 있다. 3당 합당으로 한국 무신정권의 계승자가 되었지만 김영삼은 동시에 무신정권의 척결자의 역할을 수행하는 데 특별히 부담을 느끼지는 않았을 법하다. "호랑이를 잡으러 호랑이굴에 들어갔다"는 그의 말을 액면 그대로 믿는다면 군부 숙정은 당연한 수순이고, 그렇지 않더라도 한번 민주 세력을 배신한 김영삼이 애초에 동질감을 느끼지 않았고 이념적 연대도 부족한 군부를 배신하는 정도야 식은 죽 먹기였다고 할 수 있다.

김영삼은 특유의 저돌성을 발휘해 앞뒤 구분하지 않고 군부를 휘저어 쑥대밭을 만들었다. 김영삼 정권이 출범하고 100일이 될 때까지 김영삼은 군 인사를 여섯 차례 단행하였다. 1993년 3월 8일(김진영 육군총장, 서완수 기무사령관 경질), 4월 2일(안병호 수경사령관, 김형선 특전사령관 경질), 4월 15일 봄 정기인사, 5월 24일 12·12군사반란 관련 장성 해임 등으로 숨 가쁘게 이어졌다. 조남풍 1군사령관은 율곡사건과 관련되어 극비리에 감사원에서 조사를 받고 7월 중순 전역하였다. 문민정부를 표방한 김영삼은 집권 100일 만에 대장 7명을 포함해 장성 19명에게서 42개의 별을 전광석화처럼 떼어내었다. 군사정변이 일어났을 때에 버금가는 군부의 대대적인 변동이었다. 육군의 김진영, 이필섭(합참의장), 구창회(3군사령관), 조남풍, 김연각, 김진선(2군사령관), 해군의 김철우 총장이 조기 퇴진하였다. 이들 중 상당수는 단순히 옷을 벗는 데 그치지 않고 사법처리 대상이 되었다. 인사비리와 관련되어 해병대 1사단장 이재돈, 해군 제독 이연근 등과 공군 전투비행단장 준장 박종선 등 현역 장성 9명이 구속되었다.

대한민국 무신정권의 도방 격인 '하나회'는 이렇게 말로를 맞이하였다. '하나회' 숙정작업은 김영삼 집권 초기 이후에도 지속되어 주요 장성급 인사들이 대부분 강제 예편되었고, 영관급은 인사상 불이익을 받았다. '하나회' 소속 군인들이 낙마하거나 영향력을 상실하면서 문민정부가 들어선 지 1년이 지나면 '하나회'는 완전히 분해되어 버린다. 김영삼은 '하나회'를 중심으로 한 정치군인들을 단죄한 데 이어 율곡비리 사정 등을 통해 군부를 파헤쳐 심판하였다. 이에 따라 대한민국 군대는 권력의 파트너에서 안보를 책임지는 명실상부한 군으로 제자리를 잡게 된다. 김영삼의 군부 숙정으로 군에 대한 문민통제의 원칙이 재확립된다.

'하나회' 청산은 한국 무신정권의 뿌리를 뽑았다는 데 큰 의의가 있다. 물론 부수적으로 다른 문제가 생겨나지 않은 건 아니다. 사정 과정에서 불가피하게 공정성 시비가 있었고, 무엇보다 '하나회'를 핵으로 한 TK군맥을 대신하여 PK(부산·경남)와 일부 학연을 바탕으로 한 새로운 군맥이 생겨났으며, 뇌물수수 같은 군 비리가 발본색원된 건 아니었기 때문이다.[1] 또 이 과정에서 실제로 권력을 좇고 이권을 추구한 일부의 정치군인들만이 아니라 군대 전체가 정치군부나 비리집단으로 취급되는 부정적 결과를 낳았다. 일반 군인들은 사기가 크게 저하될 수밖에 없었다.[2]

김영삼은 일련의 숙군 작업을 통해 군부에 대한 문민 우위를 확고히 하였고, 군부 또한 완전하게 장악하였다. 여기에는 김영삼의 정치력이나 돌파력이 주효하였겠지만, 근본적으로는 사회변동에 따라 군부가 우리 사회의 나침반 역할을 이행하기에는 역부족이란 현실이 반영되었다고 볼 수 있다. 5·16쿠데타 당시에는 군부가 우리 사회 내에서 상당히 선진적이고 우위에 서 있는 집단이었지만, 김영삼 집권 시점에 이르면 민간의 역량이 충분히 강해져 군부는 확고한 열위에 서게 된다. 민주주의 원칙, 헌정질서 등 하드웨어 측면에서뿐 아니라 인적 자원 등 소프트웨어 측면에서도 군은 국방 영역 밖으로 진출할 명분이나 경쟁력을 상실한 것이다. 군부가 퇴진하고 문민통치의 시대가 열렸지만, 문민통치의 내용이 재벌통치 체제로 가는 디딤돌이었다는 관점에서 김영삼의 군부척결에 아쉽게도 부분적인 박수밖에 보낼 수 없다.

⠿ 언론, 정치군인들을 청산한 문민정권에서
　권력지분을 키우다

문민정부 수립과정에서 나타난 흥미로운 현상은 언론이 '주체성'을 확립하였다는 것이다. 과거에는 주인과 공놀이하는 개처럼 권력자의 주문에 수동적으로 반응하는 데 그쳤는데* 문민정부가 출범하는 시점에 이르면 적극적으로 또 주체적으로 정권을 창출하는 데 참여하게 된다. 과거에도 권력의 감시자 기능을 포기하였지만 그때 언론은 단순 하수인에 불과하였다. 김영삼 정권이 등장할 즈음에는, 굴종이 진화를 거듭해 주인을 옹립하고 만들어내는 과정에 주체적으로 뚜렷한 역할을 갖고 뛰어들게 된다.

　언론은 대선과정에서 일관되게 김영삼을 부각시키면서 김대중을 깎아내리는 한편, 노골적으로 정주영을 공격하였다. 보수신문들은 김대중을 흠집 내면서도 1992년에 치러진 제14대 대선을 김영삼과 김대중의 양자구도로 몰아갔다. 양자구도를 만들면서 정주영에게 타격을 가한 이유는 지지성향상 정주영이 김영삼의 표를 갉아먹기 때문이었다. 김대중에 대해서는 전가의 보도인 색깔론으로 시비를 걸어 새롭게 형성된 중산층의 안정희구 심리를 공략하였다. 이 같은 언론의 '선거전략'은 방송에서도 동일하였다.[3]

---

* '뛰어난' 언론인들이라고 해봐야 선제적으로 주문에 대응하는 수준으로, '뛰어난' 애완견 정도로 비유할 수는 있겠다. 요즘 멀쩡하게 사람 행세하고 있는 유력 언론인들 가운데는 과거를 찾아보면 '뛰어난 애완견'의 전력을 지닌 사람을 심심찮게 볼 수 있다.

김영삼이 민자당 경선 출마를 공식 선언한 1992년 3월 28일부터 그가 민자당 대통령 후보로 선출(5월 19일)되고 며칠 뒤인 5월 24일까지 58일 동안 한국 신문의 1면은 민자당 기관지를 방불케 하였다. 경향, 국민, 동아, 세계, 조선, 중앙, 한겨레, 한국의 8개 일간지가 이 기간에 산출한 민자당 관련 머리기사는 190개이다. 1개 신문 당 23.8개꼴이며 가장 적게 보도한 한겨레신문을 제외하면 1개 신문 당 25개이다. 모든 신문이 거의 이틀에 한 번씩 1면 머리기사를 민자당에 배정하였다는 뜻이다. 그 기간에 LA흑인폭동, 남북고위급회담, 태국 유혈시위, 백범 암살 관련 보도 등 대형사건이 터지지 않았다면 민자당 경선 보도가 아예 신문 1면에 똬리를 틀고도 남았을 터이다. 방송은 더 심했다. 《KBS 노보》 1992년 5월 6일자는 "총선이 끝난 3월 25일부터 4월 26일까지 KBS 9시 뉴스에서 안기부 (선거 개입) 사건에 대한 보도는 지난 4월 11일 딱 한 차례 25초 방송된 것이 전부이고 한맥회⁴ 사건은 3월 31일과 4월 8일에 각기 15초씩 30초간 방송된 후 잊힌 사건이 되었다. 또 무더기 부정투표로 현직 공무원이 구속된 칠곡군 부정선거도 4월 22일 15초간 보도된 후 더 이상 다루어지지 않았다. 이러한 사실만으로도 우리는 KBS가 얼마나 권력에 맹종적인지를 충분히 짐작할 수 있다. 안기부의 공작정치, 집권 여당의 불법 선거운동, 대통령에서부터 통·반장에 이르기까지 행정기구에 의한 관권선거 등 한국 사회의 고질적 문제점에 대해서 철저하게 외면하고 있는 방송 언론의 실상이 15초, 25초, 30초의 보도 속에 잘 나타나 있다"고 말했다.⁵ 이런 형편이니 1992년 대통령 선거가 이른바 '언권言權 선거'로 불린 것도 무리가 아니다.

미국《샌프란시스코 이그재미너》편집장을 지낸 어느 미국 언론인은 《아시아 월스트리트저널》8월 22일자 '한국인들은 언론의 자유를 어떻게 탕진하고 있나'라는 제목의 기고문에서 다음과 같이 말했다. "일반적으로 편집국의 간부들은 전두환 체제의 강압 아래서 살아남은 나이 많고 노회한 저널리스트들이다. 그들은 그 야만적 시절, 즉 계엄당국에 의한 검열, 협박, 투옥, 구타, 통폐합이 사행된 그 시절을 견뎌낸 사람들로 당시의 경험을 쉽게 잊지 못하고 있다. 그들은 당시 날카로운 생존감각을 터득했으며 오늘날에는 정부의 바람을 미리 읽어내는 동류의식을 구비하고 있다. 그 결과 정부 검열은 언론사 내 '자기검열'로 대체돼 정부 성명은 변질되지도 의문을 달지도 않은 상태로 신문에 실린다."[6]

통제가 아닌 자기검열이란 지적은 매우 정확해 보인다. 나아가 서슴지 않고 권력의 프락치 노릇을 하는 언론사 간부들이 비일비재하였다. 정주영의 국민당은 선거운동이 한창인 9월 9~10일 거의 모든 일간지에 '공무원과 언론은 공명선거를 가늠하는 두 잣대입니다'라는 제목의 광고를 냈다. 광고는 "언론계에는 '김영삼 장학생'이라는 말이 있습니다. 조직적으로 신문·방송에 영향력을 심고 있는 것은 이제 비밀이 아닙니다"라고 주장했다. '김영삼 장학생'이 가장 많은 것으로 지목된 조선일보와 민자당은 오리발을 내밀었지만 '김영삼 장학생'의 실체가 금세 드러나고 만다. 한국기자협회의 회보인《기자협회보》10월 1일자에서 '김영삼 장학생'의 실체를 밝히는 물증을 공개한 것이다. 연합통신 부국장 김징훈이 작성한 '주요 언론사 기자 접촉상황 보고'는 기자가 작성한 것이라기보다는 국정원 직원이 쓴 것처럼 보인다. 다음은 김영삼 또는 김영삼 측근에게 정기적으로 제출된 보고의 내용 일부이다.

"지난 26일 김 대표께서 이종찬 의원을 전격적으로 방문해 이 의원 탈당의사 철회, 대통령선거협조 등을 끌어낸 것은 참으로 잘된 일입니다. 정말 김 대표만이 할 수 있는 멋진 드라마의 연출이라 할 수 있을 것입니다. 이제 대통령 선거의 승리는 반 이상 이루어 놓은 것이나 다름 없다고 생각합니다. 다만 한 가지 걱정으로 남아 있는 것은 대구·경북의 주요 인사들이 하나로 뭉치지 못하고 각자가 서로 잘났다고 생각하고 있는 점입니다. 이 문제도 적당한 시기에 김 대표께서 이들을 하나로 묶어 화끈하게 지원하도록 만들 것으로 믿습니다. 그러나 한시도 방심하지 말고 더욱 분투, 노력해야 할 것으로 생각합니다. 지난 7일 접촉 상황 보고를 보내드린 이후의 상황을 요약하면 다음과 같습니다. 11일 저녁, 김영구 총장 축하 명분으로 XX에서 회식. 이 자리에는 P, L, L, K 등이 참석했는데 전반적으로 분위기가 좋았으나 P만은 다른 소리를 하고 있어 별도의 대책을 세워야 하겠다고 생각했음. 옛말에 열 번 찍어 안 넘어가는 나무 없다고 했으니 나도 계속 노력하겠음."[7]

고장난명孤掌難鳴이라고, 기자의 본령에서 벗어난 현직 언론사 간부의 충성은, 그 자체로 이미 충분히 문제이지만 비정상적인 방식으로 충성을 요구한 권력자가 존재하였기에 그 충성이 성립하였다는 지적도 가능하다. 김영삼의 상도동계는 기자들을 상대할 때 의도적으로 믿을 사람, 못 믿을 사람으로 금을 그어놓고 차별 대우하였다. "어차피 다 설복시키지 못할 바에는 확실히 믿을 사람만 상대하겠다"는 논리였다. 하지만 유력 매체 소속 기자에 대해서는 집중적으로 포섭하여, 대선정국 때

유력 매체의 K, H기자의 '상도동 전향'을 성사시켰다.[8]

김영삼과 언론의 관계는 부창부수라 할 만하다. 실제로 김영삼은 정계에서 '신문 사설 보고 정치하는 사람', '정치생활 동안 신문 1면 톱을 가장 많이 차지한 사람'으로 평가된다. 알려진 성격 그대로 자신이 여론의 스포트라이트를 받지 않으면 못 견딘다는 뜻이다.[9] 김영삼의 이런 성향을 알고 있는 아랫사람들은 당연히 '스포트라이트'에 신경 쓰게 된다. 14대 대통령 취임식을 하루 앞둔 1993년 2월 24일 "오늘과 내일 이틀 동안 될 수 있으면 보도자료를 내놓지 말아 달라"는 청와대 측의 '협조' 요청이 각 부처에 전달되었다. "이 시점에 내용 있는 기사가 언론에 보도될 경우 새 대통령 취임 기사가 죽는다"는 이유에서였다.[10] 김영삼은 새벽 조깅을 마친 뒤 조간신문을 읽는데, 워낙 꼼꼼하게 읽으니 이런 협조 요청이 내려가지 않을 수 없었다.

김영삼은 1993년 4월 1일 공보처 업무보고를 받는 자리에서 "신한국 창조는 언론의 협조를 얻느냐 못 얻느냐에 성패가 달려 있다"고 말했다. 김영삼은 그해 3~4월에 각 언론사 편집국장, 주필, 경제부장, 시사만화가, 여기자 대표 들을 만났으며, 공보처장관 오인환도 같은 시기에 사회부장, 외신부장, 발행인, 경제부장, 전국부장 등과 회동하였다. 김영삼은 1993년 4월 12일에 역사상 처음으로 일간지 시사만화가 17명을 청와대로 초청하였고, 돌아갈 때 청와대 정문까지 배웅하는 파격을 연출하였다. 김영삼은 언론사 사주 및 간부들을 만나서는 "1년만 봐 달라"면서 이른바 '그레이스 피어리어드'를 요청하였고, "그 이후에 김영삼이가 잘못하거든 죽이든 살리든 마음대로 하라"고 말하였다.

융숭한 대접 뒤에는 그만큼 기대가 있기 마련이다. 어떤 측면에서는 독재시대에 비해 본질이 달라졌다기보다 '통제방법'이 달라졌다고 볼 수 있겠다. 어느 기자가 자신을 '종김從金 위안부'라고 표현하는 대목에 이르면 권언유착이 어느 수준에 이르렀는지 충분히 짐작할 수 있다. 1993년 9월 한겨레신문 논설위원 김종철은 다음과 같이 대통령에 대한 언론의 아첨에 일침을 가했다.

"이제 군사독재 때의 '권력—언론 유착'을 넘어 '밀월'의 시대로 들어간 듯하다. 걱정은 여기서 생긴다. '대통령이 잘한다'는 소리만 들리고 '이런 잘못은 이렇게 고쳐야 한다'는 비판과 충고가 아예 없거나 외면당할 때 '문민독재'가 고개를 들게 된다. '민주'의 이름을 빌린 문민독재는 노골적인 군사독재보다 위험할 수도 있다."[11]

권언유착이 언론의 생존전략이었다는 설명이 있다. 정치인과 관리 다음으로 사정 대상이던 언론은 김영삼 정권에서 기민하게 살길을 모색하였다. 군사 독재 치하에서 철저히 공범자 구실을 하였기에 문민정부 들어서 과거를 청산하려면 응당 언론이 사정 대상에 포함되었어야 한다. 그러나 정권의 속성을 잘 이해하고 있던 언론은 문민정부에 압도적인 지지를 보냄으로써 김영삼에게 동반자임을 확인시키고 사정의 칼날을 피할 수 있었다는 분석이다.[12]

'하나회'를 척결하였듯이 김영삼이 마음만 먹었다면 언론을 개혁할 수 있었을 터이다. 김영삼 정권이 처음에는 청와대 정책기획 수석으로 내정된 전병민을 통하여 강도 높은 언론개혁을 준비한 것으로 전해진다. 사정기관을 동원해 대대적으로 언론사 비리를 조사하기도 하였다.

하지만 언론사 사주들의 반발에 부딪혀 김영삼의 언론개혁 구상은 좌초하고 만다. 전병민은 동향을 감지한 한 언론사주에게 불려가 '꾸중'을 들었으며, 독립운동가 송진우 암살범의 사위라는 이유로 물러나야 하였다. 언론사 사주들은 김영삼에게 거세게 반발하고 매달리는 한편 지면으로는 달콤한 서비스를 제공하여, 김영삼이 떠들썩하게 진행한 사정司正에서 탈출하는 데 성공한다. 그렇게 다정했던 언론이 문민정부 중반부터 낯빛을 바꾸어 사사건건 시비를 걸고 늘어졌으니 김영삼으로선 언론을 열외시킨 '편파사정'을 뒤늦게 후회했을지도 모르겠다. 스포트라이트를 좋아한 이미지 정치인의 자업자득인 셈이다. 이후 언론은 선출되지 않고 감시받지 않는 거대권력으로 점점 더 비대해졌고, 무소불위의 권부로 국민 위에 군림하면서 오늘에 이르게 된다. 시간이 흘러 노무현이 싸움을 걸었을 때면 언론이 이미 대통령도 어쩌지 못할 정도의 막강한 권력을 행사하고 있어 목격하였듯이 노무현은 싸움에서 지게 된다. 그렇다고 지금 언론이 충성을 바치는 주인이 없다는 얘기는 아니다. 짐작할 수 있겠지만, 현재 언론의 대다수에게 유일한 주인은 자본이다. 만국공통어인 자본을 우리말로 번역하면 재벌이다.

▪▪ 토사구팽을 넘어선 거듭된 배신의 스토리 :
   김영삼 대 김종필과 이회창

김종필은 민자당 대통령 후보 선출과정에서 소위 '7인회'에서 민정계 단일후보로 추대[13]한 이종찬 대신 김영삼의 손을 들어주었다. 김종필을 추종하는 공화계는 사실 김영삼의 민주계보다 민정계와 더 동질적이다. 그럼에도 김종필은 1992년 4월 "3당 통합의 근본 취지를 이행하기 위해 김영삼 대표에게 기회를 주는 것이 도리"라며 김영삼 지지를 선언하였다. 김종필이 지지한 김영삼이 대선에서 승리하였으니 김종필에겐 권력의 향배에 관한 본능적인 후각이 있었던 것일까.

김영삼이 대통령에 취임한 후 김종필은 지극정성으로 김영삼을 모셨다. 김종필은 끊임없이 자신을 낮추어 스스로 '조연', '심부름꾼', '윤활유' 등으로 표현하였고, 김영삼을 '어르신네'로 호칭하는가 하면, '윤허'라는 말까지 동원하였다. 또 오래 된 고사에 비유하여 자신을 참새로, 김영삼을 대붕으로 일컬었다. 김종필은 김영삼을 신하가 군왕 모시듯이 하여 "나는 대통령의 그림자도 밟지 않는다" 등 필사적으로 '군왕'에 대한 충성을 드러내고 다짐하였다. 1992년 8월 민자당 대표 취임사에서 "김영삼 총재를 대통령으로 모시기 위해 몸과 마음을 다 바쳐야 한다"고 한 김종필은 "당대표는 주부이다", "내조자는 빛을 받으면 안 된다"며 사랑을 잃지 않으려고 혼신의 힘을 다하였으나, 결국 쫓겨나고 만다. 토사구팽이란 사자성어가 이때의 김종필만큼 잘 어울리는 사례는 찾기 힘들다 하겠다. 민주계는 김종필을 틈나는 대로 핍박하고 모욕을 주었다. 심지어 김종필을 쫓아내는 데에 김영삼 정권의 주요 슬로건인 '세계화'란 명분까지 들이밀었다. 김영삼이 "당도 세계화해야 한다"고 말하자 김영삼의 측근인 내무장관 최형우는 "당의 세계화를 위해서는 대표제 폐지와 경선을 통한 복수 부총재 체제가 필요하다"고 화답하였다.[14]

결국 1995년 2월 민자당을 탈당하여 자유민주연합(자민련)을 창당하여 총재가 되었다. 평소 소신인 내각제를 실현하고, 또 평소 전공인 '2인자 노릇'으로 가늘고 길게 자신의 권력을 유지하려고 응한 3당 합당은, 특별히 김영삼과의 관계에서 김종필에게 크나큰 치욕을 주었다. 김종필은 치욕을 딛고 일어나 나중에 DJP연합을 통해 민자당의 후신 한나라당 대선 후보 이회창을 낙선시키는 데 결정적인 역할을 수행하였다. 권력과 이익에 근거한 결합은 이처럼 무상하기 마련이다.

이회창은 김종필과는 비슷한 듯 다르다. 김종필은 김영삼에게 충성을 다하다가 버림받고 복수하는 나름 안타까운 사연이라면, 이회창은 김영삼에 맞서다가 버림받았고 대립과 갈등 속에서도 어쨌거나 김영삼의 후계자가 되었다는, 얼핏 훈훈한 '막장' 사연이라고 할까. 물론 대통령에 당선되지 못하기에 해피엔딩은 아니다. 국무총리 이회창은 1994년 4월 21일 총리실 간부회의에서 "정부 정책은 내각의 논의를 거친 뒤 결정되어야 한다"며 "통일안보정책조정회의에 회부되어 조정된 정책사항은 관계 장관이 사전에 총리의 승인을 받아 시행해야 한다"고 지시하였다. 정부의 주요 정책이 자신의 결재 없이 발표되는 데 따른 불만의 표출이었다. 이미 이회창은 내무부, 청와대 비서실 등과 사전에 협의하지 않고 단독으로 관변단체 지원 중단을 지시해 여권으로부터 강하게 견제를 당하고 있었다. 게다가 낙동강 수질오염 사태, 우루과이라운드UR 최종이행계획서 수정제출과 관련하여 취임 100여 일 만에 대국민 사과를 두 차례나 하게 되자 "정부 정책이 총리와 충분한 협의 없이 결정된 뒤 막상 문제가 되자 총리에게만 책임을 묻고 있다"고 언급하여 사실상 정면으로 청와대를 들이받았다.

4월 22일 오후 4시 이회창으로부터 청와대 주례보고를 받는 자리에서 김영삼은 이회창의 최근 언동에 불쾌감을 표시하였고, 주례회동을 마치고 총리집무실로 돌아온 이회창은 사표를 냈다. 오후 5시 김영삼은 지체 없이 이회창의 사표를 수리하고 후임 총리에 부총리 겸 통일원장관 이영덕을 내정하였다. 1993년 12월 16일 취임하여 이회창이 128일 만에 물러나던 날의 모습이다. 주례보고를 끝내고 집무실로 돌아온 이회창은 청와대 발표가 있기 전에 공보비서관을 통해 사표 제출 사실을 발표하였다. 청와대 측은 이회창의 사표 수리와 관련하여 "외교안보는 대통령의 고유권한으로서 이 총리가 외교안보 정책 결정의 사전보고를 내각에 지시한 것은 월권"이라고 밝혔다. 전날 이회창의 통일안보정책조정회의 관련 언급이 사표를 수리한 이유임을 분명히 하였다. 청와대 관계자는 "이 총리의 사퇴는 문책성 경질로 보아야 한다"고 언론에 명시적으로 해석까지 달아주었다.[15] 이회창을 감사원장으로 데려다가 율곡비리를 샅샅이 '대쪽'같이 파헤치게 한 뒤 국무총리로 옮긴 다음에는 핑계를 대고 잘라버린 것이니, 김종필에 댈 정도는 아니지만 이회창 입장에서도 토사구팽이란 말을 떠올렸을 법하다.

나중에 민자당에서 신한국당으로 바뀐 김영삼의 집권여당에서 대선 후보가 된 이회창은 대구에서 김영삼의 허수아비 인형을 불로 태우는 화형식을 치렀다. 아무리 선거운동이고 표가 필요하다지만 집권여당 대선 후보가 현직 대통령의 인형을 불태웠으니 김영삼의 분노가 어떠했을지는 짐작이 가고도 남는다. 이회창은 김영삼이 만든 신한국당마저 한

나라당으로 바꿔버렸고, 김영삼은 이인제의 탈당과 독자적 대선출마를 방조하거나 묵인함으로써 이회창의 앞길을 결정적으로 막아버렸다.

∷ 김석원과 정경일체의 정권

화려한 이미지 위주의 정치를 펼친 김영삼은 재임시절 대한민국을 선진국 협의체인 경제협력개발기구OECD에 가입시키고 열정적으로 세계화를 추진하였다. 널리 알려진 대로 결국 김영삼은 임기 말에 나라를 부도로 몰고 가 한국민의 다수를 외환위기의 고통으로 밀어넣는다. '하나회' 척결과 금융실명제 도입이란 나름의 성과를 여러 번 상쇄하고도 남을 책임을 김영삼은 느껴야 하지만 요즘도 김영삼은 책임에 관해 딴소리를 하고 있다는 소식이다. 어쩌면 재벌개혁과 언론개혁이 가능했을 유일한 시기에 대통령이 된 김영삼은 차남 김현철에게 '소통령' 놀이시키고 조 깅하는 것으로 임기를 탕진하였다. 특히 재벌개혁과 관련해서는 개혁은 고사하고 정경유착을 넘어서 '정경일체'를 초래하였다. 쌍용그룹 회장 김석원이 말한 '정경일체'는 사실 본질을 정확하게 포착한 조어造語라고 볼 수 있다. 즉 본인이 의식하지는 못했겠지만 당시 도도하게 몰려오고 있던 경제의 정치화, 또는 경제의 정치지배를 예견한 조어라고 평가할 수 있다. 마찬가지로 김영삼이 의도하지는 않았겠지만, 외환위기를 맞게 됨으로써 우리 사회는 '사회의 경제화' 기제를 작동시키게 된다. 황제(대통령)들 위에 군림할 '삼성'이라는 강력한 교황(재벌)의 즉위식을 준비한 이가 다름 아닌 김영삼이다.

노태우·김영삼·김종필의 민자당, 민자당의 후신인 신한국당은 호남을 배제한 지역주의에다 보수대연합을 얹은 것이어서 기본적으로 친기업적일 수밖에 없다. 물론 대선에서 맞붙은 정주영의 '현대'에 대해서는 적대적이었지만 재벌 전반에 김영삼은 우호적인 태도를 보이고 있었다. 14대 대선을 전후해서는 김영삼을 후원하는 재벌이 2H2L이라는 소문이 나돌았다. 여기서 2H는 한진그룹과 한일그룹, 2L은 롯데그룹과 LG그룹이다. 2H2L을 포함하여 재벌이 김영삼을 물심양면으로 어떻게 도왔는지는 알 길이 없지만 간단하게 정황을 파악할 수는 있다. 조중훈 한진 그룹 회장이 한진중공업에서 LNG선 건조에 착수하면서 "나는 세계에서 제일 좋은 배를 지을 터이니, 여러분은 김영삼 후보를 당선시켜 제일 훌륭한 대통령이 되게 하라"고 연설했다고 하니 대략적인 분위기는 충분히 가늠할 수 있다.

김영삼의 친기업 행보는 김석원 발탁을 통해 정점을 찍는다. 1995년 4월 4일 민자당사 기자회견에서 김영삼이 '전문적인 경영능력'을 중시하여 뽑은 5명의 민자당 신입 지구당 위원장 가운데 쌍용그룹 회장 김석원이 대구 달성 지구당 위원장으로 소개돼 세상을 놀라게 하였다. 민자당은 "재벌이라고 정치에 참여할 수 없다는 주장이 헌법에 보장된 국민의 권리에 반하는 것"이라고 보호막을 쳤는데, 국민들이 보기에 이 같은 주장은 후안무치한 표변이었다. 김영삼은 대통령 선거 유세에서 국민당의 정주영을 겨냥해 "돈으로 정치를 사려고 하는 못된 버르장머리를 고쳐주겠다"고 말했다. 대선 전 관훈토론회에서는 "돈이 지배하는 시대가 오면 군사쿠데타보다 더 나쁘다"고 주장하였다. 김영삼은 틈나는 대로 "이제 부와 명예를 함께하는 시대는 끝났다"느니 "기업인이 정치에 오염되어서는 안 되며 기업경영에 전념해야 한다"고 말했다.

여북하면 중앙일보마저 다음 날 '정경분리 논리 어디로 갔나'라는 사설에서 "정경유착의 폐단을 누구보다 강력하게 지적해온 것도 현 정권이었고, 재계에 대해 늘 기업경영에만 전념해라, 한 우물만 파라고 당부한 것도 현 정부였다. 그래 놓고 이제 와서 대구·경북지역에 세가 불리하다고 해 대그룹 총수를 정치에 끌어들인다면 자기모순이자 이중 잣대의 무원칙한 처사가 되지 않겠는가"라고 물었을까.[16]

김석원은 한 술 더 떴다. 그는 정계입문의 출사표를 던지면서 '정경분리'에 관하여 "앞으로는 정경유착 정도가 아니라 '정경일체'가 필요하다"고 말했다. 지금 우리가 살고 있는 세상이 김석원이 말한, 정치와 경제의 경계가 무너진 '정경일체'의 세상인 걸 보면 김영삼이나 김석원이나 혜안을 가진 모양이다. 경제권력이 사회를 지배하면서 경제논리를 사회이념으로 착근시키기까지 그 뒤로 얼마 걸리지 않았다.

6장

김대중

PRESIDENT

소수정권의 한계를 넘지 못하다

김대중에 대한 평가는 늘 극단적이다. 그럼에도 불구하고 최소한 김대중이 이른바 민주세력 내에서 끝까지 자신의 노선을 지켰고, 평화적 정권교체를 이루어냈다는 점은 인정할 만하지 않을까. 전임 대통령이자 평생의 라이벌인 김영삼과 비교하면 김대중의 일관됨은 두드러진다. 어린 나이에 정치에 입문해 상대적으로 양지를 돌아다닌 김영삼에 비해 김대중은 온갖 간난고초를 다 겪었다. 죽음의 문턱을 넘나들기 여러 번, 그래도 그는 변절하지 않았다. 주류 정치인으로서 김대중이 갖는 행태상의 한계는 있겠지만, 그는 한국 현대사에서 보기 드물게 지조를 지킨, 소명으로서 정치를 실현한 인물이란 평가를 받을 만하다. 하지만 대통령 김대중은 정치인 김대중에 기대를 건 사람들에겐 실망스러웠다. 비록 그가 노무현과 달리 주류 정치인이었지만 소수파였다는 점과, 정권인수기에 이미 한국이 국가 부도 상태였다는 정황 여건이 변명거리가 될지 모르겠으나 김대중은 대한민국을 신자유주의 국가로 바꿔놓고 말았다.

:: DJP연합, 축배인가 독배인가

1997년 15대 대선을 맞이하는 김대중에게는 필승카드가 필요했다. 이미 대통령 선거에서 3번이나 고배를 마신 노정객은 자신의 힘만으로는 4번째 도전하는 대선에서 이길 자신이 없었다. 그래서 들고 나온 것이 '지역연합론'이었다. 오랫동안 한국 사회를 지배한 영남 패권주의에 대항하려면 여타 지역들이 연합해야 한다는 논리다. 그렇게 김대중과 김종필은 일생의 말미에서 서로를 필요로 하게 되었다.

이른바 DJP연합은 3김 시대의 대미를 뜻했다. 이미 권좌에 오른 한 김金이, 협력해서 권좌를 노리는 두 김金을 도와 권좌를 물려주는 '아름다운' 맺음이었다. 물론 한 김金인 김영삼은 두 김金인 김대중과 김종필을 도와줄 의사는 전혀 없었다. 상황논리가 3김金의 클라이맥스를 열어주는 역설을 가능케 하였다. 3당 합당으로 한 지붕 세 가족이 된 민자당에서 권력을 장악해 대통령까지 된 김영삼은 앞서 살펴보았듯 자신을 도운 김종필을 축출하려고 온갖 모욕을 가한다. 참을 만큼 참은 김종필은 민자당을 탈당하여 자신의 고향인 충청도를 기반으로 한 자유민주연합(자민련)을 창당하는데, 자민련에는 노태우 정권의 '황태자' 박철언, 김영삼에게 버림받은 박준규, 김재순 등 대구·경북(TK) 인사들까지 참여하였다. 김영삼에 대한 이들의 극도의 분노와 배신감은 김종필의 자민련과 김대중의 국민회의를 결합시키는 모르타르로 기능하였다. 김대중의 국민회의와 김종필의 자민련은 1996년 4월 11일 실시된 15대 총선에서 민자당에 패배한다. 의석수는 민자당 139석, 국민회의 79석,

자민련 50석으로 여당이 승리하였지만 과반수 확보에는 실패하였다. 이에 당시 여권은 야당 의원을 빼내는 데 힘을 쏟았고 국민회의와 자민련은 총선 패배에 이어 자당 소속 의원들을 방어하느라 분주하였다. 양당은 5월 26일 서울 보라매공원에서 공동으로 대규모 집회를 열어 '야당 파괴' 공작을 규탄하였다.

이후 김내승과 김종필이 1997년 10월 27일 후보단일화에 합의하기까지 1년 반 동안 산통을 겪는다. 후보단일화 합의문은 10월 31일 공식 발표되었는데, 김대중은 대통령 후보를 빼고는 김종필의 요구를 거의 대부분 수용하였다. '대권 도전 4수생' 김대중은 너무 절박했다.[1]

합의사항은 "대통령 후보는 김대중 총재로 단일화하되, 공동집권시 실질적인 각료 임명제청권과 해임건의권을 갖는 실세 총리는 자민련 측에서 맡도록 한다"는 것이었다. 공동정부 출범 후 총리의 권한을 보장하기 위해 별도로 법률을 제정하고 양당 동수로 '공동정부운영협의회'(가칭)도 운영키로 했으며, 내각제 개헌(독일식 순수내각제)을 대선공약으로 채택한 뒤 집권 후, 1999년 말까지 개헌을 완료하기로 했다. 개헌 뒤에도 공조정신에 따라 연립정부를 구성하고 자민련이 대통령이나 수상(총리) 가운데 우선 선택할 수 있도록 김대중과 김종필은 합의하였다.

김대중은 DJP연합으로 한국에서 처음으로 선거를 통한 정권교체에 성공한다. 김대중이 집권하는 데 성공한 15대 대선은 한마디로 3김金의 선거였다. 14대 대선과 15대 대선을 비교하면 우선 투표율은 14대 81.9%, 15대 80.7%로 거의 비슷하다. 김대중의 득표율은 14대 33.8%에서 15대 40.3%로 상승했다. 한나라당 이회창(38.7%)을 간발의 차이로 앞섰다. 14대 대선에서 호남 배제의 보수대연합인 민자당 김영삼이 42%를 얻고 김대중이 33.8%를 득표한 것과 비교하면 15대 대선은 김대중의 신승이라고 할 만하다. DJP연합이 유효하였음을 입증하는 셈이다. 김종필은 14, 15대에 출마하지 않았지만 노태우와 3김이 격돌한 1987년 13대 대선에선 8.1%의 득표율을 기록하였다. 13대 김종필의 득표율과 14대 김대중의 득표율을 합산하면 대충 15대 김대중의 득표율이 된다.

하지만 DJP연합만으로는 김대중이 이회창을 이기지 못하였으리라는 데 대체로 의견이 일치한다. 김영삼의 측면지지를 받은 이인제가 선전하여 15대에서 19.2%나 득표하지 않았다면 김대중의 집권은 불가능했을 것이다. 김영삼으로서는 이인제가 되면 가장 좋았겠지만 자신에게 극도의 적대감을 보인 이회창보다는 차라리 김대중에게 정권을 물려주는 게 낫다고 판단했을 수 있다. 이인제의 득표율(19.2%)은 14대 대선 때 정주

13대 대선 주요 후보별 득표율(1987년)

후보	노태우	김영삼	김대중	김종필
득표율(%)	36.7	28	27.1	8.1

14대 대선 주요 후보별 득표율(1992년)

후보	김영삼	김대중	정주영	박찬종
득표율(%)	42	33.8	16.3	6.4

15대 대선 주요 후보별 득표율(1997년)

후보	김대중	이회창	이인제	권영길
득표율(%)	40.3	38.7	19.2	1.2

영의 득표율 16.3%보다 3%가량 높다. 단순하게 말하면 김대중의 고정표에다 김종필이 자기 표를 얹어주었고, 김영삼은 분신을 내세워 이회창의 표를 깎았다. 그런 의미에서 15대 대선은 3김金의 승리였다. 14대 대선에서 개혁적 이미지로 보이는 박찬종의 득표(6.4%)가 15대에서 어디로 흘러갔는지도 살펴봐야겠지만, 15대가 3김의 합작으로 진행된 대선이라는 큰 틀은 바뀌지 않는다.

이 같은 15대 대선의 성격이 기본적으로 김대중 정권의 성격을 규정하였다. 선거를 통한 최초의 평화적 정권교체라는 점에서는 의의가 있지만, 실상 반쪽짜리 정권교체였던 셈이다. '오래된 보수'에서 상대적으로 오른쪽에 위치한 김영삼계가 '수구적 보수'에 투항하여 '수구적 보수' 진영을 장악하자(또는 '수구적 보수화'하자), '수구적 보수'의 한 축을 차지한 김종필계가 '오래된 보수'를 지키고 있는 김대중계와 제휴한 게 DJP연합이다. 김종필의 세력은 김대중이 정권을 잡는 데 도움을 주었지만 김종필계의 여전한 '수구적 보수' 성향은 보수진영 내에서 상대적으로 개혁적인 김대중계의 '오래된 보수'의 행보를 방해하게 된다.

DJP연합은 이처럼 근본적인 한계와 문제점을 안고 있었다. DJP연합이 없었다면 김대중 정권의 출범은 불가능했다. 동시에 김대중 정권의 탄생을 가능케 한 DJP연합은 역설적이게도 김대중 정권의 발목을 잡는 일차적인 장애물이었던 것이다.[2]

김대중은 DJP연합의 합의에 따라 '국민의 정부' 초대 총리로 김종필을 지명하였다. 1971년 5월부터 1975년 12월까지 제11대 대한민국 국무총리를 지낸 김종필은, 20여 년 만에 다시 31대 국무총리가 된다. 김대중으로서는 자신을 납치하고 핍박한 정권의 총리를 자신의 정권 총리로 임명한 것이니, 역사의 역설이 아닐 수 없다. 하지만 거대 야당 한나라당의 반대로 김종필은 6개월이나 총리 인준을 받지 못하다가 1998년 8월에야 서리 딱지를 떼게 된다. 한동안 한 배를 탔던 사람들이 배를 옮겨 타자 더 치열하게 공격한 꼴이다. 김대중 정권은 출범 직후부터 총리 인준 문제로 야당과 심각하게 대치하였다.

여야 대치보다 더 심각한 문제가 곧 터져나왔다. '오래된 보수'와 '수구적 보수'는 크게 보면 내용상 큰 차이 없는 똑같은 보수이지만 진보의 불모국가인 한국에서 양쪽은 진보와 보수, 혹은 좌와 우 코스프레를 하면서 역할놀이를 하였다.* 그러다 보니 상대적 개혁성의 존재가 더 두드러지게 보이게 되었다. 진보정치를 봉쇄해 놓았다는 근본적 한계 속에서이지만, 어쨌든 한국 현대정치사 50년 역사의 최초의 정치실험은 정치가 아니라 주로 권력 문제로 삐걱거리게 된다. 내각제 개헌이라는 뜨거운 감자 때문이었다.

1998년 12월 28일 김대중은 대통령 선거 1주년 기념식에서 "개헌 약속은 살아 있으나 개헌 시기에 대해서는 여러 이야기가 있다"고 말했다. 내각제 개헌의 시기를 조정할 가능성을 공식적으로 열어놓은 것이다.

---

* 마땅한 용어를 찾아내지 못해 필자가 임의로 붙인 '수구적 보수'와 '오래된 보수'의 결정적 차이는 민주주의의 내용이 아니라, 민주주의의 형식에 관한 것이다. '수구적 보수'는 민주주의 형식마저 무시하고 단지 민주주의를 간판 수준으로 격하한 채 기득권의 이익을 챙겼다면, '오래된 보수'는 합법적 선거, 언론자유 등 최소한 민주주의의 형식만은 존중되어야 한다는 입장이다. '오래된 보수'의 계급적 입장은 그러나 '수구적 보수'와 동일하다는 게 필자의 생각이다. 따라서 형식적 민주주의가 어느 정도 달성된 이후에는 두 세력 사이에 근본적 차이는 존재하지 않는다. 노무현의 대연정 구상은 실상 황당한 주장은 아니었던 셈이다.

공동집권 여당인 국민회의와 자민련이 이후 내각제 개헌을 두고 갈등하고 대립하게 되는 상황은 불문가지이다. DJP연합의 핵인 15대 국회 회기 내 내각제 개헌이 사실상 물 건너가면서 어려워지자 자민련에 내분이 생겼고, 양당 공조체제의 불안으로 이어진다. 무엇보다 여소야대에서는 야당의 협조 없이 내각제 개헌을 성사시킬 수 없었고, 경제상황이 최악의 국면이어서 1999년 7월 21일 대통령 김대중, 국무총리 김종필, 자민련 박태준 총재는 청와대에서 만나 연내 내각제 개헌을 하지 않기로 합의하였다. 자민련에서는 국민회의와 합당이 거론되면서 내분이 격화하였고, 김용환 등 충청권 일부 강경파 의원들은 내각제 유보에 반발하여 자민련 탈당과 신당 창당을 선언한다.

2000년 4월 13일 16대 총선에서 신한국당의 뒤를 이은 한나라당이 133석을 확보해 15대 총선과 마찬가지로 제1당을 차지한다. 김대중의 새천년민주당은 115석을 확보하였으나 자민련은 17석을 얻는 데 그쳐 15대(50석)에 비해 급격한 세의 몰락을 겪는다. 독자적인 원내교섭단체 구성에도 실패한 것이다. 김대중은 양당 공조를 복원하기 위해 한국 정치사 초유의 '의원 임대'를 결행하였다. 빌린 의원들로 2001년 1월 5일 자민련이 원내교섭단체를 구성하게 되자 자민련 명예총재 김종필은 "공동정권이 잘 되도록 총력을 기울이겠다"고 말하였다. 하지만 '의원 임대'에 대해 민주당에서 반발이 터져나왔고, 여론 또한 좋지 않았다. "민주당 김 대통령의 인기가 떨어진 것은 인적·제도적·법적 청산이 어려운 자민련과의 공조 때문"이라는 민주당 이상수 원내총무의 발언과 언론 사주 고발에 대한 김종필의 반대의견 표시 등으로 양당 공조는 균열을 내비치다가 북한 문제에서 결정적으로 파탄에 직면하게 된다.

2001년 8월 "만경대 정신 이어받아 통일위업 이룩하자"는 평양축전 방북단의 만경대 방명록이 문제가 되면서 여야는 통일부장관 임동원의 사퇴를 두고 격돌하게 된다. 이때 김종필은 김대중의 대북화해정책의 현지 사령관 격인 임동원이 물러나야 한다는 한나라당 주장에 동조하였다. 김대중 입장에서는 자신의 햇볕정책에 대한 정면도전이나 다름없었다. 국가보안법 폐지나 국가인권위원회 설치 등에 대한 김종필의 몽니까지는 참을 수 있었지만 김대중의 트레이드마크인 햇볕정책에 대한 반기는 김대중으로서 참기 어려웠을 것이다. 실제로 자민련은 한나라당에 동조하여 한나라당이 제출한 임동원 해임 건의안을 통과시키는 데 협력하였다. 다음 날 김대중은 임대해준 의원 4명을 자민련에서 탈당케 함으로써 김종필의 배신을 응징하였다. 양당 공조가 완전히 파기되는 순간이었다.[3]

▐▌ 국제통화기금(IMF)의 모범국가 대한민국, 신자유주의로 환골탈태하다

1998년 2월 대통령 취임식장에 선 김대중은 마냥 그 순간을 만끽할 기분이 아니었을 터이다. 눈앞의 경제위기를 어떻게 극복해야 할지 마음이 무거웠을 것이고, 전임자 김영삼에 대한 원망이 없지 않았을 것이다. 물론 김영삼이 경제위기를 초래하지 않고, 이회창과 반목하지 않았다면 김대중에게 집권의 기회가 주어지지 않았을지 모른다는 측면에선 김영삼은 고마운 존재이기도 했다. 취임사에서 김대중은 "올 한 해 동안 물가는 오르고 실업은 늘어날 것입니다. 소득은 떨어지고 기업의 도산은 속출할 것입니다. 우리 모두는 지금 땀과 눈물을 요구받고 있습니다"라고 말했다. 현실을 정확히 진단한 것이었지만 해법은 간단히 모색될 상황이 아니었다. 무엇보다 경제위기가 외환위기에서 비롯한 것이었기에 해외 파트너와 협상을 통해 위기타개 수단을 찾아야 했다.

김대중은 《역사비평》 2008년 가을호 박명림 연세대 교수와의 대담에서 취임 초기를 다음과 같이 회상하였다. "1998년 2월 대통령에 취임한 뒤 정부를 맡아보니 한국이라는 나라의 금고에 외화 달러가 불과 39억 달러밖에 없었습니다." 수천억 달러의 빚을 갚으라고 외국인 빚쟁이들이 줄지어 서 있는 상황인데 곳간은 비었고, 유일한 활로는 국제통화기금IMF의 구제금융이었다. 대선을 치르기 전에 1997년 12월 3일 구제금융 제공 협정 타결에 앞서 IMF는 김대중과 함께 이회창, 이인제에게 IMF협정 이행 약속을 받아낸다. 발목이 잡힌 상태로 대선에 승리한 김대중은 당선자 신분으로 추가 협정에 나서 미국 재무부 차관보 데이비드 립턴으로부터 '면접'을 당하는 외교적 수모를 감수하면서 외환위기를 돌파한다. "공짜 점심이 없다"는 신자유주의 금언대로 IMF와 미국은 국가 부도를 막아주는 대가를 요구하였다. 사채업자들이 돈을 빌려주면서 신체포기각서를 요구하는 행태나 크게 다르지 않다. 넥타이를 매고 영어를 쓰는 사채꾼이라는 게 아마 유일한 차이였으리라. 김대중이 이처럼 막다른 골목에 몰려 있었다는 이유로 김대중 정권에서 대대적으로 도입되고 뿌리를 내린 신자유주의에 대해 김대중 면책론이 제기되기도 한다. 알려진 대로 IMF와 미국 금융자본은 한국의 위기를 이용해 '워싱턴 컨센서스'로 불리는 소위 신자유주의 '개혁'을 강요하였고, 한국은 이후 신자유주의 사회로 급속도로 탈바꿈하였다.

그러나 김대중이 단지 수동적으로 IMF의 요구사항을 받아들였다고 해석한다면, 물론 분명 존재하기는 하지만 한국 사회를 신자유주의로 바꾼 데 대해 필경 김대중에게 과도한 알리바이를 제공하는 것이란 비판에 직면하게 된다.

김대중은 취임사에서 "우리가 겪고 있는 오늘의 위기는 민주주의와 시장경제를 병행해서 실천함으로써 극복할 수 있다고 확신합니다"라고 말했다. 과거에 박현채 등과 함께 마련한 '대중경제론'을 '민주적 시장경제론'으로 대체한 것이다. 중소기업 육성과 내수 확충보다는 대기업 지원과 수출진작에 역점을 둘 것이라는 조짐은 이어지는 취임사에 드러난다.

"경제를 살리기 위해서는 먼저 물가를 잡아야 합니다. 물가안정 없이는 어떠한 경제정책도 성공할 수 없습니다. 대기업과 중소기업을 똑같이 중시하되 대기업은 자율성을 보장하고 중소기업은 집중적으로 지원함으로써 양자가 다 같이 발전해 나가도록 하겠습니다. (……) 또한 철저한 경쟁의 원리를 지켜나갈 것입니다. 세계에서 가장 품질 좋고 가장 값싼 상품을 만들어 외화를 많이 벌어들이는 기업인이 존경받는 나라를 만들겠습니다."

이후 김대중이 대한민국을 어떻게 바꾸었는지에 관해서는 적잖은 논의가 있었지만, 권력의 파트너를 주요 논의 대상으로 하는 이 책의 주제에는 벗어난다. 간단히 정리하자면 김대중은 이른바 IMF해법을 받아들여 긴축과 고금리 정책을 폈다. 또 구조조정과 알짜 기업 매각을 진행하였으며, 무엇보다 고용안정의 지반을 흔든 노동시장 유연화 정책을 강도 높게 진행하였다. 나아가 자본시장을 시원하게 개방하였다. 이에 따른 최대 수혜자는 삼성, 현대, LG 등 주요 재벌들이었다. 삼성 등은 외환위기를 거치며 오히려 세계적인 기업으로 성장하여, 물류·생산·판매 등에서 다국적 기업의 면모를 갖추게 된다. 또 다른 수혜자는 미국을 중심으로 한 세계 금융자본이었고, 빗장을 열어버린 뒤로 한국은 세계 금융자본주의에 포섭되어 이후 운신의 폭이 극도로 제한된다. 일각에서 '빨갱이 정권' 소리를 들은 김대중 정권에서 이처럼 화끈하게 신자유주의 '개혁'을 단행한 것이다. 폐쇄된 공간에서 우물 안 개구리로 살아온 재벌들은 김대중표 개혁을 통해 체질을 강화하고 시장을 넓혔으며, 사회 내에서 다방면에 걸쳐 영향력을 확대하여 명실상부하게 한국 사회의 지배자로 군림하게 된다.

애초 김대중의 관심사였던 '대중'은 심화하는 양극화, 상시적 고용불안에 시달리며 점점 노예에 근접한 상태로 전락하였다. 특히 현재 우리 사회의 근본적 질곡으로 지적되는 비정규직 문제에 관한 한 김대중은 결코 그 책임에서 자유로울 수 없어 보인다. 어쩌면 당시에 김대중이나 관료들이 IMF해법을 진정한 개혁방안으로 받아들였을지도 모르겠다. 특히 재벌개혁과 관련하여, 재벌을 자본시장에 노출시켜 공개적이고 투명하게 감시하고 견제할 수 있다는 안이한 생각에 젖었을 가능성은 충분하다. 그들의 착각은 다른 동네 깡패들이 우리 동네 깡패들보다 덜 포악하며, 다른 동네 깡패들이 들어오면 우리 동네 깡패들을 길들일 수 있다고 생각한 데 있지 않을까. 잠바를 걸치든 양복을 입든, 한국어를 쓰든 영어를 쓰든, 깡패는 깡패일 뿐이다. 우리 동네 깡패들이 다른 동네 깡패들과 조직적으로 연대함으로써 우리 동네가 오히려 통제불능의 상태로 빠지게 되지만, 당시에는 미처 예상하지 못한 듯싶다. 그래서 "신자유주의가 민주주의의 '아우라'까지 안고 추진된 것은 한국의 독특한 경험이며, 김대중이 아니었다면 한국 신자유주의 개혁이 성공하기는 어려웠을 것"[4]이라는 평가까지 등장하게 된다. 한국 사회를 현재와 같은 모습으로 만드는 데 김영삼과 김대중 중 누가 더 큰 책임이 있는지, 원인을 제공한 사람인지 수습을 잘못한 사람인지 논란이 예상된다.

같은 맥락에서 미진했던 재벌개혁, 매각에 치우친 금융개혁, 소모적이었던 언론과의 전쟁, 지역성을 극복하지 못한 편중인사, 무리하게 추진한 의약분업, 신용불량자를 양산한 카드정책 등이 김대중 개혁의 한계로 지적된다.[5]

7장

노무현

PRESIDENT

비주류로 시작해
비주류로 끝난 비운의 대통령

노무현은 역대 대통령 가운데 스스로 목숨을 끊은 유일한 대통령이다. 결벽증과 책임감이 맞물려 정치인으로서 굴욕스런 말년을 보내느니 옥쇄를 선택한 것이다. 5공 청문회에서 노무현에게 모욕을 당한 전두환이 지금도 왕성하게 활동하며 파렴치한 언동을 일삼고 있는 것과는 매우 대조적이다. 살아서는 정치인으로서 비주류의 길을 걸은 데 따른 파격과 자유분방함이, 배신과 변절이 판을 치는 한국 현대정치사에서 끝내 바보처럼 제 길을 고집한 우직함과 결합돼 무수히 많은 팬을 만들어냈다. 인간적으로는 큰 매력을 발산한 노무현이지만 대통령으로서는 전임자인 김대중을 답습하는 수준에서 벗어나지 못해 많은 지지자들을 실망시켰다. 집권 기간 내내 실속 없이 떠들썩하기만 하였고, 어렵사리 찾아온 기회도 그냥 흘려보내 이명박 집권의 계기를 제공하고 말았다는 아쉬움을 뒤로하고 노무현은 지금 고향 마을에 편히 누워 있다.

⠿ '바람의 아들', 정치판을 뒤흔들다

월드컵의 해 2002년 새해가 밝을 때만 해도 그해 12월 대선에서 노무현이 민주당 대선 후보가 되고, 나아가 한나라당 대통령 후보 이회창을 꺾고 16대 대통령에 당선되리라고는 누구도 예상하지 못했을 터이다. 그해 대선은 15대 대선에서 2, 3등을 차지한 이회창과 이인제의 패자부활전이 될 것이라는 게 일반적 전망이었다.

하지만 바람이 불었다. 이른바 '노풍'이다. 노풍에 당황한 건 물론 대표적인 철새 정치인 이인제였겠지만* 새롭게 진보정치세력을 만들어가던 민주노동당에게도 충격을 안겨주었던 모양이다. 민주노동당의 어느 지구당 위원장은 다음과 같이 말했다.

"솔직하게 인정하자. 우리는 노무현 바람에 민감하다. 계급적으로나 지역적으로나 우리 당의 지지층이 여러 대통령 후보들 중에서 노무현과 가장 많이 겹친다고 느끼기 때문이다. 3월 16일 당 대회장에 날아든 전화들, 민주당 경선 광주 노무현 1위의 소식에 우리는 뒤통수를 얻어맞아 아무 소리도 들리지 않는 얼얼함을 맛보았다. 그래도 다시 한번 솔직해지자. 우리는 안일했다."

민노당은 〈우리의 주장〉이라는 제목의 기관지 사설을 통해 "문제의 핵심은 그의 개혁성의 유무가 아니라, 그가 속한 정당과 세력이 그의 개

---

* 한국인들에게 정치혐오를 확산시키는 데 이인제만큼 기여한 인물을 찾기도 쉽지는 않다. 2002년 유력한 민주당 대선 후보였던 그는 노풍으로 대선 경선에서 패배할 것이 확실해지자 비겁하게 경선에서 중도에 철수한다. 이인제는 이후 오늘날까지 국회의원직을 유지하며 철새 정치인의 전범을 만들어가고 있다.

혁을 '지지 엄호'할 수 있느냐이다. 다시 말해, 지금 그가 주장하는 정책과 지향이 선거는 물론 집권 이후까지 이어질 수 있을 것인가의 문제다"라고 주장하였다. 이어 "누구나 알고 있듯이, 그의 조직적 기반은 DJ 신자유주의 정책의 담당자인 민주당이다. 설사 그가 바라는 '개혁' 세력 중심의 정계 개편이 이뤄진다 하더라도 그가 속한 정당의 신자유주의적 지향성은 크게 변하지 않는다. 더군다나 공식 대선 후보로 선정된 이후에는 재벌, 고위관료, 보수언론 등 기존의 지배층에 우호적인 제스처를 보일 것이며, 따라서 김대중과 마찬가지로 점차 신자유주의에 경도될 것이다"[1]라고 했다.

민주당 대선 후보 선출을 위한 2002년 국민경선제는 '노사모'라는 노풍의 진원지를 만들어냈다. 고도로 자발적인 정치 집단이라는 점에서 한국 현대정치사의 한 장을 장식한 노사모는, 다른 실천의 가능성을 모두 닫아둔 채 노풍을 만들어내는 것으로 정치적 소임을 다하게 된다. 노사모의 라이벌이 '서태지 팬클럽'이라는 어느 노사모 회원의 언급은 노사모의 폭발력과 한계를 두루 드러낸 셈이다.

노무현의 지지세력을 '과거사 청산파'와 '민생파'로 나누기도 한다. 한나라당과 보수 언론에 강한 증오심을 보이는 과거사 청산 세력이 끝까지 노무현에 열렬한 지지를 보냈다. 반면 민생파는 노무현 지지대열에서 이탈하게 된다. 민생파로 분류될 수 있는 최장집은 "한국 사회의 민주화를 지지했던 세력과 노무현 정부를 구별해야 한다"면서 민주세력이 노무현 정권과 결별해야 한다고 주장하였다.[2]

지나친 단순화의 우려를 논외로 한다면, 노풍의 파괴력을 기질로 설명하는 시각도 있다. 비주류이자 외골수 정치인인 노무현을 가장 확고하게 지지한 세력은 '아웃사이더 기질'을 가진 사람들이라는 것이다. 이 부류에서 노무현에 대한 지지는 강고하다. 노무현을 욕하는 사람들이 많아지면 '아웃사이더 기질'의 지지자들은 더더욱 열성적으로 노무현을 옹위한다. 지지도는 더욱 강고해진다. 이유 같은 건 점차 희미해진다. '아웃사이더 기질'과 진보성은 차이가 있는데, '책임 윤리'가 박약하다는 점이다. 그간 미분화 상태로 진보의 우산 밑에 같이 머무르던 '아웃사이더 기질'파가 사회에 그 모습을 확실하게 드러낸 것도 노무현 시대의 공이라면 공이다.[3] 이러한 분석의 공통점은 노풍과 노사모에서 막대한 사회변동 에너지가 발견된 건 사실이지만 진보에 대한 성찰이 부족하여 아쉽다는 것이겠다. 에너지 자체를 부정적으로 평가하기도 한다. 박정희 향수로 회귀하는 극우집단이나 김대중에 열광하는 향우회와 노사모가 크게 다르지 않으며 노사모가 한 일이라곤 민주·반민주 구도로 협박하며 한국 민주주의를 1987년 6월 항쟁 시기로 후퇴시킨 것뿐이라는 시각이다.[4]

2004년 3월 12일 195명의 야당 의원들 가운데 193명의 찬성으로 탄핵소추안이 기습적으로 가결되자 노풍은 다시 거세게 분다. 3월 12일 오후 5시 15분부터 당시 고건 국무총리가 대통령 권한대행을 맡자, 그날 저녁 노사모를 포함한 시민 1만 2,000여 명이 서울 여의도 국회 정문 앞에 모여 "탄핵 무효"를 외치며 촛불시위를 벌였다. 부산, 대구, 광주, 춘천, 제주 등 지방에서도 탄핵소추안 가결을 규탄하는 집회가 열렸다. 시위 현장에는 '국회가 미쳤다', '탄핵 가결 불복종'이란 내용의 현

수막이 내걸렸다. 시위 참가자들은 "대통령을 탄핵할 것이 아니라 의회 쿠데타를 일으킨 국회를 해산해야 한다"고 주장하였다. 서울 광화문을 중심으로 전국 곳곳의 1987년 6월 항쟁 투쟁 장소에서 집회가 이어졌다. 이후 50대의 남자가 쏘나타를 몰고 국회 정문을 들이받고 진입을 시도하는가 하면 재수생이 "한나라당 대표를 만나 대통령 탄핵 철회를 요구하고 받아들이지 않으면 분신하겠다"며 한나라당 당사 진입을 기도하기도 하였다.

노무현은 청와대 뒷산에서 이 촛불의 물결을 내려다보았다. 노무현의 부인 권양숙은 "우리 편이 저렇게 많이 왔다"고 좋아했지만 노무현은 겁이 났다고 한다. '저 사람들이 저렇게 밤마다 촛불을 들고 와서 나를 탄핵에서 구해줄 것이다. 그리고 그 다음에는 내게 무엇을 요구할까? 저 사람들이 원하는 것을 내가 과연 해낼 수 있을까?' 그런 두려움이 촛불 시민들의 함성에 실려 왔다고 노무현은 술회하였다.[5] 얼마 뒤인 4월 15일 17대 총선까지 노풍은 계속 불어 국민은 노무현의 열린우리당에게 과반이 넘는 의석을 안겨주었다. 하지만 노무현은 국민이 준 기회를 선용하지 못하고 우물쭈물하다가 날려버리고 만다. 그런 측면에서 노무현의 두려움은 일면 타당한 것이었다.

▪▪ 노무현을 도와주고 피박 쓴 남자 정몽준

정몽준과 후보단일화 및 정몽준의 노무현 지지 철회, 그리고 대선 승리는 16대 대선의 클라이맥스였다. 당초 노무현은 "정몽준 의원과의 (대통령 후보) 단일화는 민주화를 주도해온 광주의 대의명분과 원칙을 훼손하는 일이다"고 반대하였지만, 결국 현실과 타협하고 말았다.

16대 대선을 채 한 달을 안 앞둔 2002년 11월 24일 노무현은 정몽준을 제치고 단일 후보로 확정됐다. 2개의 여론조사 중 유효로 인정된 리서치앤리서치 조사에서 노무현은 단일 후보로 46.8%의 지지를 얻어 42.2%에 그친 정몽준을 누르고 결선 무대에 서게 되었다.

노무현은 단일 후보로 결정된 뒤 "불투명한 전망 아래서 단일화를 결단해준 정몽준 후보에게 감사드린다"며 "12월 19일 대선에서 승리해 떳떳한 대통령으로서 국민의 성원에 보답하겠다"고 말했다. 노무현은 또 "나의 승리보다 정치인이 양보하는 페어플레이를 한 데 대해 국민들이 다소 희망을 갖는 계기가 되지 않을까 생각한다"고 덧붙였다. 정몽준도 "노무현 후보의 승리를 축하하며 노 후보가 대선에서 당선될 수 있도록 열심히 노력할 것"이라고 말했다. 노무현과 정몽준은 기자회견을 마치고 여의도 어느 포장마차로 이동하여 소주잔을 기울이는 뒤풀이를 했다. 두 사람이 서로 팔을 걸고 '러브 샷'을 하는 모습은 신문과 방송을 통해 대대적으로 보도되었다. 그러나 '다정했던' 두 사람은 대통령 선거 전날 밤엔, 노무현은 정몽준의 집밖에 서고 정몽준은 자기 집안에 앉아 담 하나를 사이에 두고 외면하는 사이가 된다. 선거 당일 아침에 배달된 조선일보에는 '정몽준, 노무현 버렸다'는 자극적 제목의 사설이 실렸다. 정몽준의 깽판이나 조선일보의 주문呪文에도 불구하고 선거 결과는 우리가 알고 있는 대로다. 2002년 월드컵 바람과 함께 대선정국에 다크

호스로 등장한 정몽준은 막판의 경솔한 판단으로 판돈을 다 날리고 말았다. 정몽준의 배신은 역으로 노무현 지지계층을 단결하게 만들어 김대중과 달리 노무현을 자력으로 정권을 쥔 정치인으로 만들어주었다.

정몽준의 기습적인 배신으로 노무현이 결과적으로 정몽준과 공동정부를 꾸리지는 않게 되었지만, 만일 정몽준이 끝까지 노무현 지지를 철회하지 않고, 공동정부를 노무현과 함께 책임졌다면 어떤 일이 생겼을까. 간단하게 말해 DJP연합으로 집권한 전임 김대중 정권처럼 혼선을 빚을 게 뻔했다. 노무현이라고 뻔한 앞날을 모를 리 없었겠으나 그런데도 소신을 꺾고 후보단일화를 택했으니 권력의 속성이란 게 오묘하다.

∷ 386세대와 함께 국가를 경영하다

노무현에게 중요한 국정의 동반자는 대학생 신분으로 민주화운동을 체험한 386세대였다. 특히 노무현 주변에 포진한 운동권 출신 386세대는 노무현과는 동지의 관계였다. 노무현은 386을 신뢰하였다. 정치역정을 비주류 정치인으로 보내 다양한 인맥을 형성하기가 힘들었고, 성격상 이런 인맥에 불편함을 느꼈을 것이다.

부산상고 출신으로 대학을 나오지 않은 반골 기질의 노무현이 학맥등에 더 부정적인 생각을 갖고 있었을 법하다. 역으로 노무현을 바라보는 사람들도 그 점을 지적하곤 하였다. 노무현이 서울대까지는 아니더라도 이른바 명문 대학을 나온 사람이라면 줄을 선 현역 의원이 여럿 있었을 것이라는 분석이다. "사람이 좋기는 한데……" 하면서도 "글쎄, 대통령감인지는 좀……" 이렇게 토를 다는 것은, 그가 대학을 나오지 않았기 때문이라는 설명은 특이하면서도 매우 현실적인 해석이다."[6]

더불어 현재 사회를 움직이는 기성 인력 풀에 대해 노무현의 심기가 불편했을 수도 있다. 386에 대한 노무현의 신뢰는 노무현의 발언을 통해서도 확인된다.

"내(노무현)가 대통령을 하는 동안에도 386세대와 노사모가 박해를 받고 있다. 우리가 힘이 없고 미디어를 가지고 있지 않기 때문이다. 우리나라에서 국민들을 분열시켜 기득권을 유지해온 사람들에게 눈엣가시 같은 존재가 바로 386이다. 386이 주류가 되는 한 그 사회는 건강하고 도덕적으로 유지될 수 있다. 내가 386을 기용해 요직에서 일을 하게 하는데 폭탄 같은 비난을 받듯이, 노사모 여러분을 만나 청와대에서 삼겹살에 소주 한잔 먹는 것이 두려워서 아직 못하고 있다."[7]

노무현 정권의 등장은 보수에서 진보, 개혁세력으로의 권력이양이라는 측면과 구세대에서 386 또는 486으로 표현되는 신세대로의 권력이양이라는 측면이 함께 포함된다. 결국 기성권력의 전면적인 몰락을 의미하는 것이기에 기득권 세력으로선 권력을 지키기 위해 저항하지 않을 수 없었다. 신구 세력 간의 권력투쟁을 가장 상징적으로 보여주는 사건이 탄핵이었다.[8]

386에 대한 비판의 배경이 세대 간 권력투쟁이라는 설명이다. 분명 권력투쟁 성격이 존재하겠지만, 국정 경험이 전무한 386과 국정을 운영하겠다는 발상은 자칫 독단이나 오기로 비춰질 수 있었다. 훈련받은 인력과 신뢰할 수 있는 인력을 적절하게 혼합해서 기용하는 운용의 묘를 발휘할 수는 없었을까, 하는 아쉬움이 든다. 더 큰 아쉬움은 때 묻지 않은 386을 중용하고도 노무현 정권에서 별다른 개혁적 성과를 내지 못했다는 점이다.

이 때문에 386을 중용한 노무현의 인사 스타일에 대해서는 대체로 비판적인 의견이 많다.

'코드' 인사를 하고, 경험 없는 386을 앞세운 것이 실수였다는 것이다. 세계화의 격랑이 비등하는 무한경쟁시대에 민족과 자주만 앞세우다 보니 글로벌 흐름을 따라가기도, 국가경쟁력을 키우기도 어려웠다. 이념을 좇다가 실용을 놓쳤고, 이것이 경제리더십의 실종을 불렀다는 평가다.[9] 2003년 10월 민주당 의원 정범구가 딴지일보와 한 인터뷰에는 더 직설적인 비판이 나온다.

"노 대통령이 철저하게 코드 중심의 인사를 한다는 건, 좋게 말하면 그쪽에 있는 동질적인 이념과 철학을 공유하는 사람들끼리 같이 간다는 건데, 그거는 찌라시 같이 읽던 애들끼리 그 세계관만 가지고 돌파하겠다는 거야. 이거는 옛날 지하운동 시절의 게릴라 운동 방식이지, 지금 정규군의 육군 참모총장을 다 장악하고 있는 상황에서 하는 전략으로는 안 된다는 거예요. 내가 인제 제도권 정치인의 입장에서 한마디 더 하면, 주변에 노에게 영향을 주는 386 그룹이라는 게 다들 보좌진 출신 아니에요. 하다못해 구의원이나 시의원이라도 해보면, 그게 몇 천 표를 얻든지 대중과 직접 피드백하면서 세상의 굴곡을 경험한 친구들인데. 이 친구들은 한 게 계속 책상에서 뭐 정국 전망, 정세 분석…… 이런 것만 하는 거 아냐. 페이퍼 가지고 어떻게 5000만을 소탕할 수 있냐 이거야."[10]

2003년 10월 24일 대통령 후보 시절 노무현의 국제 특보였던 이충렬은 "참여정부 8개월의 실정은 이광재, 안희정 두 사람의 독주에 의한 예고된 실패"라며 "이들을 배제하지 않으면 두 사람이 다시 인적 쇄신의 틀을 짜는 모순을 범하게 될 것"이라고 주장하였다. 그는 "이들은 '민주개혁 세력 내의 육사 11기'로 선배들을 밀어내고 내부 권력을 장악하는 과정에서 노 대통령에게 엄청난 부담을 지웠다"고 말했다.[11]

386중용에 그치지 않고 마음에 맞는 사람만 골라 쓰는 '코드 인사', 그리고 인사의 부산·경남(PK) 편중은 개혁을 표방한 비주류 출신 대통령에게 어울리지 않는 구태를 연상시켰다. 노무현 정권의 청와대 인사 수석을 지낸 김완기는 2005년 11월 청와대 홈페이지에 올린 글에서 "PK 인사 편중은 조금도 의도된 것이 없는 우연의 연속에 불과하다"라고 주장하였는데, 당시 PK 출신들이 석유공사 사장, 가스공사 사장, 산업은행 총재 등에 연이어 임명된 데 대한 해명이었다. 그러나 조중동으로부터 '우연의 연속'이 계속된다는 비아냥거림을 나중에 듣게 되는 상황은 꼭 조중동의 딴죽걸기라고만 치부할 수는 없어 보인다.

여당에서 두 번 탈당한 대통령

민주당 후보로 대통령에 당선된 노무현은 당내 비주류의 길을 걸은 데다 민주당이 갖고 있는 구태 및 부패 이미지에 염증을 느꼈을 터이다.

또한 선거과정에서 민주당 인사들에 상당한 배신감을 느낀 상태여서, 종국에는 그가 신뢰하는 386과 함께 "100년 가는 정당"을 기치로 새 정당을 창당하게 된다. 노무현은 "원칙과 대의명분, 역사와 정통성을 갖춘 정당으로서 자부심을 지켜나간다면 국민의 지지를 확보할 수 있다"고 민주당에 대한 애정을 표현한 적이 있지만, 이는 2003년 11월 11일 열린우리당 창당으로 결과적으로 식언이 되고 만다.

이에 앞서 4월 28일 민주당 '신주류'인 22인이 신당 창당 선언을 하고, 5월 들어 민주당에 내분이 일어나게 된다. 나중에 탄핵 후폭풍으로 크나큰 곤욕을 치르게 되는 민주당 국회의원 추미애는 신당 추진을 "호남의 뺨을 때려 영남 표를 얻겠다는 정의롭지 못한 일"이라고 비판하였다. 추미애는 또 "노무현 대통령이 과거 영남 출신이라는 이유로 당에서 많은 혜택을 누리고도 대통령에 당선되자 당을 국정 운영에 별다른 도움도 되지 않으면서 귀찮게 하는 존재 정도로 생각하는 것 같다"며 "내가 등을 돌린 게 아니라 노 대통령이 당을 버린 것"이라고 직공을 펼쳤다. 추미애는 이어 "DJ 정권 인물들은 가만 놔둬도 물러날 사람들인데 이 정부가 철저히 정리하려고 나서고 '신주류' 소장파가 인적 청산을 외치는 바람에 그들에게 회생의 기회만 줬다"고 비판하였다. 결국 '구주류'는 광주에 내려가 '반노反盧 궐기대회'를 열었고, '신주류' 핵심 십수 명은 평일인데도 골프장으로 우르르 몰려가 '이젠 마이웨이다'며 신당 창당을 외쳤다. '구주류'는 도로 '호남당' 창당에 나서는 듯하였고, 이슬 먹고 살았던 '신주류'는 평일에도 대놓고 라운딩에 나설 정도로 권력의 단맛에 취한 모습을 국민들에게 보여주었다.

마침내 지역분열 구도를 극복할 전국 정당의 꿈을 목표로 17대 총선을 5개월 앞두고 열린우리당이 창당되었고, 의회권력의 향배를 두고 본격적인 권력투쟁이 전개되었다. 탄핵정국으로 이어진 권력투쟁은 뜨겁게 불타올랐다. 2004년 1월 5일 민주당 대표 조순형은 "역대 어느 대통령도 이렇게 노골적으로 선거운동에 나선 적이 없다. 노 대통령의 선거 개입은 헌법과 법률 위반으로 탄핵 사유"라고 주장하며 탄핵정국의 문을 열었다. 2월 24일 노무현은 방송기자클럽 토론회에서 "대통령이 말해서 열린우리당에 표를 줄 수 있다면 합법적인 그 무엇이든 다하고 싶다"며 "국민들이 총선에서 열린우리당을 압도적으로 지지해줄 것을 기대한다"고 말해 조순형의 엄포를 일축하였다.

양측의 감정대립이 극단으로 치닫다가 드디어 탄핵소추안이 가결되었고, 한나라당과 민주당의 노무현 핍박은 노무현에게 순교자의 이미지를 씌우면서 2004년 4월 15일 17대 총선에서 노무현의 열린우리당을 제1당으로 만들어준다. 투표율은 60.6%로 계속 하락하던 투표율이 처음으로 반전하였다. 이날 자정 무렵 열린우리당의 총선 압승이 확정되

역대 국회의원 선거 투표율(%)

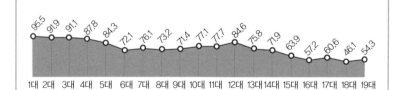

95.5 91.9 91.1 87.8 84.3 72.1 76.1 73.2 71.4 77.1 77.7 84.6 75.8 71.9 63.9 57.2 60.6 46.1 54.3

1대 2대 3대 4대 5대 6대 7대 8대 9대 10대 11대 12대 13대 14대 15대 16대 17대 18대 19대

자료: 중앙선거관리위원회

184

는 순간 원내대표 김근태는 "대한민국 역사상 최초로 민주개혁 세력이 의회권력을 교체했다"며 감격했다.

선거 결과 47석이었던 열린우리당은 과반 의석을 2석 넘긴 152석을 차지하였으며, 한나라당은 개헌 저지선인 100석을 훨씬 넘은 121석을 얻었다. 민주노동당은 10석을 얻어 사상 처음으로 원내에 진입하면서 동시에 제3당의 위치에 올랐다. 반면 총선 전에 61석으로 열린우리당보다 의석이 많던 민주당은 9석으로, 제3당인 자민련은 4석으로 완벽하게 몰락하였다. 열린우리당의 압승으로 13대 총선 이래 16년 만에 여대야소 정국이 조성되었고, 대폭적인 물갈이와 세대교체가 이루어졌다.

노무현은 이렇게 국민이 멍석을 깔아주었지만 자신이 내세운 4대 개혁 입법(국가보안법, 사립학교법, 과거사진상규명법, 언론관계법)을 제대로 통과시키지 못하였다. 4대 개혁입법이 무산되고 여야 간의 적당한 타협으로 말미암아 '누더기 법'으로 전락한 데는, 물론 4대 개혁입법을 '4대 국론 분열법'으로 규정하며 격렬하게 저항한 한나라당 탓이 크겠지만 근본적으로는 노무현에게 귀책사유가 있다 하겠다. 총선 승리 후 청와대에서 "우리 한 번 100년 가는 정당을 만들어보자" 했지만 노무현은 1년 8개월 만에 열린우리당을 탈당하였다. 대통령이 집권 여당을 임기 중에 두 번 탈당한 것이다. 열린우리당도 2006년 5월 31일 지방자치단체장 선거에서 참패한 뒤 17대 국회가 끝나기 전에 찻잔 속 태풍으로 명운을 다하게 된다.

그런 성토에도 노무현 대통령과 친노 직계는 꿈쩍도 하지 않았다. 그들은 자신들이 조중동으로부터 탄압받는 약자이며 부당한 공격에 대항해 싸우는 투사라고 생각하는 듯했다. 그렇게 고투를 벌이는 자신들을 비판하는 열린우리당 내의 반노세력들이 문제이지 자신들의 과오는 없다고 믿었다. 이렇게 되면서 열린우리당은 사실상 식물 정당이 되었고, 지지도가 계속 떨어졌다. 마침내 열린우리당은 백년 정당을 기치로 출범한 지 3년도 못 되어 해산해야 할 위기 상황으로 내몰리고 말았다. 당 내 계파 간의 갈등이 계속되고 당·청 간의 소통문제도 개선되지 않은 상태에서 2006년 5월 31일 실시된 지방자치단체장 선거에서 참패를 당함으로써 당 안팎에서 최소한의 존립기반마저 상실했던 것이다.

∷ 한미 자유무역협정(FTA)을 추진하다

예상과 달리 노무현 정부는 경제정책을 수립하는 데 삼성의 도움을 많이 받는다. 대통령에 당선되고 꾸린 인수위원회 시절부터 한미 자유무역협정FTA의 추진에 이르기까지 "노무현 정부의 핵심 경제정책의 이면에는 삼성경제연구소의 보고서가 있다"는 말이 돌았다. 2003년 2월 인수위 시절 당선자 노무현은 삼성경제연구소 연구진 70여 명이 공동으로 집필한 《국정과제와 국가운영에 관한 아젠다》라는 400여 쪽 분량의 방대한 보고서를 인수위 보고서와 함께 제출받았다. 노무현 정권의 2만 달러 시대론, 동북아 중심국가론, 신 성장동력 개발론, 산업 클러스터론 등의 개념이 사실은 삼성경제연구소의 도움을 받았다는 후문이다.[12]

노무현 정권에서 정부 혁신을 이유로 공무원들을 삼성인력개발연구원에서 교육받고 연수받게 한 것은 삼성과의 유착을 보여주는 단적인 사례이다. 재벌을 관리하고 감독해야 할 정부기관들이 재벌 인력관리회사의 교육 대상이 된 것은 매우 놀라운 일이 아닐 수 없다. 나아가 진대제(삼성전자 부사장 출신으로 정보통신부장관 역임), 홍석현(중앙일보 회장으로 주미대사 역임) 등 삼성과 직간접으로 연관된 사람들이 정권과 관계하게 된다. 고려대 교수 최장집이 "재벌, 관료, 권력엘리트 연합에 의한 지배체제"라고 노무현 정권을 비판하였을 정도였다.[13]

2006년 초 노무현 정권에서 한미 자유무역협정FTA 협상 개시를 선언하는 대목에 이르면 노무현 정권의 성격이 친재벌적이라는 소리를 듣고도 남음이 있었다. 대북송금특검법 수용, 이라크 파병, 대연정 제안에 이어 노무현의 정치적 지지층으로 하여금 노무현에게 등을 돌리게 만든 네 번째 선택이었다.[14]

이즈음에 이르면 노무현은 조중동뿐 아니라 사방에서 공격을 당해 사면초가에 몰리게 된다. "경솔함과 정치 꼼수가 솔직함을 내세웠던 노 후보의 또 다른 얼굴인가. 민주당의 선거 참패보다 더 심각한 것은 노무현의 정체성 위기인 듯싶다"[15]는 말마따나 노무현은 길을 잃은 듯이 보였다. 앞서 노풍을 다루면서 살펴보았던 "문제의 핵심은 노무현의 개혁성의 유무가 아니라, 그가 속한 정당과 세력이 그의 개혁을 '지지 엄호'할 수 있느냐이다"는 민노당의 분석은 한미 FTA까지 나오는 시점이 되면 틀렸음이 확인된다. 문제의 핵심은 오히려 노무현에게 개혁성이 존재하는지로 보는 게 타당하기 때문이다.

노무현이 경제정책을 개혁적인 인사가 아니라 보수적인 경제관료들에게 맡긴 것도 같은 맥락이다. 경제부총리는 김진표, 이헌재, 권오규로 이어졌는데, 이들은 과거 김영삼, 김대중 정권에서 경제정책을 책임진 박재윤, 강경식, 홍재형, 강봉균, 진념 등과 같은 부류의 인물이었다. 공정거래위원장에 강철규, 청와대 정책실장에 이정우 등 일부 '다른' 성향의 인물을 기용하였지만, 이들은 관료들이 장악한 경제정책의 의사결정시스템 속에서 견제만 할 수 있을 뿐 실질적인 집행권을 갖지 못하였다. 노무현은 경제를 자신이 직접 챙길 것이기 때문에 경제정책과 관련된 인사에서는 안정과 개혁의 균형을 이루어야 한다고 보았지만 실상은 관료들이 경제정책을 책임졌다. "경제는 누가 해도 다 마찬가지라"라는 임기 말 노무현의 발언이 경제정책에 관한 그의 입장을 극명하게 보여주는 셈이다.[16] 정치 쪽에서는 386을, 경제 쪽에서는 보수적인 관료들을 중용한 그의 편중 인사정책 때문에 한편에서는 아마추어리즘, 또 다른 한편에서는 신자유주의라는 비판을 받게 된다. 문제는 정체성과 균형의 두 가지를 전반적으로 유지하는 것이었는데, 그다지 성공적이지 않았던 것 같다. 노무현이 나중에 반성하였듯 불필요한 소란을 자초함으로써 그는 실상보다 점수를 더 까먹었다.

노무현의 변명은 이렇다. "보수의 나라에서 진보가 해야 할 일은 너무나 많다. 얕게 뿌리 내린 작은 나무에 너무 많은 과일이 매달린 형국이다. 두 차례의 대선 승리와 10년의 집권도 보수와 진보의 불균형을 크게 바꾸지는 못했다. (……) 진보적인 대통령이라도 보수의 네트워크에 포위되어 고립당하면 힘을 쓰기 어렵다. 변명이 아니다. 김대중 대통령과 나는 그런 조건에서 대통령이 되었고 대통령직을 수행했다. 진보

정당의 지지율이 낮은 것도 같은 원인 때문이다. 기울어진 운동장을 바로잡는 데는 앞으로 많은 시간이 걸릴 것이다."[17]

8장

이명박
PRESIDENT

'고소영' '강부자' 등
연예인을 사랑한 대통령

나중에 이명박 정권을 떠올리면 개인적으론 4대강, 광우병 촛불 시위, 그리고 고소영, 강부자, 만사형통을 떠올릴 것 같다. 17대 대선에서 사실상 압승했다고 할 정도로 이명박은 쉽게 대통령이 되었다. 오히려 박근혜와의 예선이 훨씬 더 치열했다.

　　낙승으로 인해 방심했을까, 이명박은 인사문제로 집권 기간 내내 물의를 빚고 구설수에 올랐다. 한마디로 '정실 인사'와 '보은 인사'로 사람들을 채웠기 때문이다. 인사에도 관련되지만 이명박의 친형 새누리당 의원 이상득의 국정 전반에 걸친 영향력은 만사형통이란 말을 낳았다. 인사와 관련하여 이명박 정권에서 통용된 조어 중 대표적인 게 '고소영 S라인'이었다. '고소영 S라인'은 이명박과 관련 된 연줄을 의미하는 것으로, 알다시피 고려대, 소망교회, 영남, 서울시를 뜻한다. 또 '고소영 S라인' 못지않게 널리 유행한 말이 '강부자'였는데, '강남 땅부자'를 의미한다. 이명박 정권이 얼마나 '강부자'였는지는 2008년 4월 24일에 발표된 내각과 수석의 재산 자료를 보면 금세 알 수 있다. 내각 각료의 평균 재산은 31억 4,000만 원이었고, 수석의 평균 재산은 35억 5,000만 원이었다. 2007년 12월 한나라당 이한구 의원이 발표한 자료에 따르면, 순자산 상위 1% 안에 드는 가구별 순자산액 커트라인은 23억 200만 원이었다. 이명박 정부는 '1퍼센트 플러스 정부'인 셈이다. 사실 자신의 재산으로 354억여 원을 신고한 이명박이 보기에 내각과 수석들의 재산은 소박한 편일 수 있다.

이명박 정권 초대 국무위원 재산 현황(2008년 4월)

(단위: 천 원)

이름	직책	24일 관보	청문회 당시	증감액
한승수	국무총리	2,113,410	2,104,495	8,915
강만수	지행재정부 장관	3,105,526	3,106,196	−670
김도연	교육과학기술부 장관	1,561,390	1,529,007	32,383
유명환	외교통상부 장관	2,593,296	2,613,298	−20,002
김하중	통일부 장관	1,353,307	1,357,500	−4,193
김경한	법무부 장관	5,730,704	5,718,001	12,703
이상희	국방부 장관	843,495	843,495	0
원세훈	행정안전부 장관	2,958,082	2,915,887	42,195
유인촌	문화체육관광부 장관	14,019,518	14,019,796	−278
정운천	농림수산식품부 장관	2,704,689	2,715,826	−11,137
이윤호	지식경제부 장관	5,791,667	5,731,375	60,292
김성이	보건복지가족부 장관	1,126,284	1,148,412	−22,128
이만의	환경부 장관	1,815,042	1,834,472	−19,430
이영희	노동부 장관	4,041,526	4,030,451	11,075
변도윤	여성부 장관	1,395,571	1,419,943	−24,372
정종환	국토해양부 장관	898,823	1,522,523	−623,700
평균		3,253,271	3,288,167	−34,897

자료: 행정안전부, 국회

더 심각한 문제는 대통령 이명박을 비롯해서 내각과 수석의 대다수가 투기와 탈세 의혹을 안고 있었다는 점이다. 청문회 과정에서 내놓은 기상천외한 변명은 국민들을 깊이 좌절시켰다.

국민들로부터 연줄과 재산을 기준으로 인사를 시행한다는 말을 들을 정도로 이명박의 도덕불감증은 심각하였다. 이명박 정권은 출발부터 국민으로부터 신뢰를 잃은 것이다. 광우병 파동으로 인한 촛불 민심에 등 떠밀린 이명박은 스스로 '베스트 오브 베스트'라고 상찬한 청와대 수석과 비서관의 일괄교체를 추진하면서 '비영남, 비고려대, 10억 이하 재산'을 기준으로 제시한 것으로 전해진다. 그래서 세간에는 '명확하게 세 가지가 빈약하다'는 뜻에서 '명세빈'이라는 말이 떠돌았다. '고소영 S라인'과 '강부자'가 문제라면 '명세빈' 또한 문제일 수밖에 없다. 인재를 고르는 기준이 '연예인' 이름만인 정권을 누가 뽑았는지 기절할 지경이다.

소망교회 장로인 이명박의 종교 편향 또한 계속해서 논란의 대상이 되었다. 이미 서울시장 재직 중 서울시를 하나님께 봉헌한다는 발언으로 구설수에 오른 데다 집권 후에는 개신교를 우대하고 다른 종교를 홀대한다는 비판에 직면하였다. 한국 불교가 아무런 이유 없이 2008년 6월 말부터 이명박 정권을 '종교 편파 정부'로 규정하고 정권에 대립적인 자세를 취하고 있지는 않을 것이다. '대운하' 전도사로서 청와대 홍보기획 비서관이었던 추부길은 대운하를 비판하는 전문가들과 시민들을 무지해서 반대한다고 비난한 데 이어, 촛불집회 참가 시민들을 "빨갱이"라고 부르는 금란교회 김홍도 목사의 행사에서는 이들을 "사탄의 무리"라고 부르며 맞장구쳤다.[1]

경제를 살린다는 명분을 내건 이명박은 태생적으로 친기업적이었다. 현대건설 사장 출신인 이명박은 2009년 3월 공정거래법을 개정하여 재벌들이 줄기차게 요구해온 출자총액제한제(출총제)를 폐지하였다. 외환위기 직후인 1998년 2월 외국인의 적대적 인수합병으로부터 국내 기업을 방어한다는 명분으로 폐지된 출총제는 재벌의 문어발식 확장이 다시 문제가 되자 부활됐다가 이명박 정권에서 다시 폐지되었다. 출총제 폐지에 대해서는 투자활성화보다는 가공자본 형성을 통한 총수일가의 지배력 강화와 이에 따른 경제력 집중의 폐해를 키울 수 있다는 비판이 존재한다.[2] 비판의 타당성과 무관하게 이 제도의 폐지 자체가 친기업적인 것만은 분명하다.

실제로 경실련 분석에 따르면 이명박 집권 기간에 계열사 숫자가 급증하였다. 경실련이 공기업을 제외한 삼성, 현대자동차, SK, LG, 롯데, 포스코, GS, 한진, 현대중공업, 한화 등 10대 그룹을 대상으로 계열사를 파악한 결과 10대 재벌 전체 계열사 수는 2012년 4월 기준으로 638 개였다. 2007년 364개와 비교할 때 이명박 집권기인 5년에 273개 사가 증가한 것으로 증가율이 75.3%에 달했다. 100대 재벌이 해마다 평균 54개씩 계열사를 늘렸다는 얘기다.

경실련은 출총제를 폐지한 이후 증가율이 2배로 늘었다고 분석하였다. 1993~2012년 10대 재벌의 계열사 증가 추이를 파악한 결과, 출총제 유지기인 1993~1997년과 출총제 재도입기인 2001~2004년에는 10대 재벌의 계열사 연평균 증가율이 각각 4.3%, 5.1%에 머물렀으나 출총제 완화기인 2004~2009년과 출총제 재폐지기인 2009~2012년에는

기업집단명	2007(a)	2008	2009	2010	2011	2012(b)	증감수 (c=b−a)	증감비율 (c/a)
현대중공업	7	9	15	16	21	24	17	242.90%
포스코	23	31	36	48	61	70	47	204.30%
엘 지	31	36	52	53	59	63	32	103.20%
한 진	25	27	33	37	40	45	20	80.00%
롯 데	44	46	54	60	78	79	35	79.50%
에스케이	57	64	77	75	86	94	37	64.90%
한 화	34	40	44	48	55	53	19	55.90%
현대자동차	36	36	41	42	63	56	20	55.60%
지에스	48	57	64	69	76	73	25	52.10%
삼 성	59	59	63	67	78	81	22	37.30%
합계	364	405	479	515	617	638	274	75.3%

기업집단명	1993~1997 (출총제 유지기)	1997~2001 (출총제 폐지기)	2001~2004 (출총제 재도입기)	2004~2009 (출총제 완화기)	2009~2012 (출총제 재폐지기)
삼성	45.5%	−20.0%	−1.6%	0.0%	28.6%
현대자동차	26.7%	−71.9%	75.0%	46.4%	36.6%
에스케이	43.8%	17.4%	9.3%	30.5%	22.1%
엘지	−9.3%	−12.2%	7.0%	13.0%	21.2%
롯데	−12.5%	10.7%	16.1%	50.0%	46.3%
포스코	−	−	6.7%	125.0%	94.4%
현대중공업	−	−	−	150.0%	60.0%
지에스	−	−	−	−	14.1%
한진	0.0%	−20.8%	21.1%	43.5%	36.4%
한화	14.8%	−19.4%	24.0%	41.9%	20.5%
합계	17.1%	−15.2%	15.4%	55.5%	33.2%
연평균	4.3%	−3.8%	5.1%	11.1%	11.1%

연평균 증가율이 각각 11.1%였다. 계열사 증가율이 2배로 된 것이다. 이명박 정권 출범 이후 재벌 경제력 집중 규제 완화 이후 재벌들이 얼마나 무분별한 계열사 확장을 통해 경제양극화를 심화하였는지 입증하는 한 사례이다.

2009년 말 삼성 회장 이건희를 사면하는가 하면 감세정책을 일관되게 추진하는 등 이명박의 친기업, 친재벌 행보는 노골적이다. 문제는 그렇게 해서 재벌뿐 아니라 서민도 살기 좋아졌냐인데, 부정적인 평가가 주종인 듯하다. 당장 'MB노믹스'에서 주창한 슬로건 '줄푸세 타고 747로'에서 '747공약'(7% 경제성장, 10년 내 국민소득 4만 달러 달성, 세계 7위 경제국 진입)은 무위로 돌아갔다. "세금은 줄이고, 간섭과 규제는 풀고, 법치주의를 확립하여"의 '줄푸세는 어느 정도 실현되었다. 수단은 동원되었지만 결과는 나오지 않고 있는 상황인 셈이다.

이명박 정권에 대한 국민의 부정적 평가는 '지속가능사회를 위한 경제연구소'(ERISS)의 행복지속가능지수(HSI) 조사 결과에서 간접적으로 확인된다. 간단히 말해 이명박 정권 5년 동안 우리나라 국민의 행복도는 후퇴하였다. ERISS · 현대리서치 · 지속가능사회를 위한 젊은 기업가들(YeSS)이 공동으로 기획해 발표하는 '대한민국 행복지속가능지수(HSI)'에 따르면 한국인의 2012년 행복점수는 70.08점으로 이명박 정부 출범 직후인 2008년 3월에 발표된 행복점수(72.04)에 비해 1.96점 하락했다.

ERISS가 현대리서치 · YeSS와 함께 독자적으로 발표한 행복점수는 2008년 72.04점으로 시작해 2009년 62.53점으로 급락한 뒤 2010년

70.50점, 2011년 71.28점으로 회복세를 보이다가 올해 70.08점으로 다시 떨어졌다. 2009년에 행복점수가 10점가량 하락한 데는 세계적으로 불어 닥친 서브프라임 사태가 결정적 영향을 미친 것으로 보인다. 현대리서치는 "5개년 행복점수 조사에서 2009년만 유일하게 100점 만점이 아닌 4점 척도를 활용해 정확하게 이 정도 행복도가 하락했다고 말하기 어렵지만 같은 100점 만점 방식으로 조사한 대학생 행복점수에서 2009년에 5점 이상 점수가 떨어진 것을 감안하면 행복점수 '급락'은 분명하게 확인된다"고 말했다.

이명박 정권 전체로 '행복행정' 성과에 대한 평가는 '많이 미흡'에 가깝다. 세계적인 경제위기라는 외생변수의 영향이 불가항력적인 측면이 있지만, 조사 시점인 2012년 상반기는 아직까지 경제위기 조짐이 전면화하기 전인 만큼 2009년의 행복점수 급락과는 다른 측면에서 해석이 가능하다. 양극화의 심화에다, 연일 보도된 권력층의 비리, 사회갈등의 격화 등으로 국민들의 피로감이 쌓인 결과로 보인다. "다른 건 몰라도 경제만큼은 살릴 것"이라고 공언한 이명박 대통령은 국민생활이나 국민행복을 개선하는 데는 별다르게 기여하지 못하고 재벌들을 살리는 데는 적잖게 공헌했다.

이명박은 2007년 서브프라임 사태, 2008년 금융위기 사태 이후 세계적으로 신자유주의 자본주의에 대한 반성이 나오는 상황에서도 꿋꿋하게 신자유주의 정책을 고집하였다. 이명박 다음을 노리는 대권 주자들이 공통적으로 경제민주화에 관심을 쏟고 있는 상황은 이명박의 신자유주의가 시대착오적이란 방증일 수 있겠다. CEO 출신 대통령으로 경제문제 해결에 관한 기대를 한 몸에 받고 집권한 이명박은 가진 자와 기업만을 대변하는 '계급대통령'으로 인식된 채 퇴임할 전망이다. 특별히 다른 대통령이라 다르지 않았지만 이명박이 대통령이어서 우리 국민은 불행했다.

결론을 대신하여

PRESIDENT

대통령을 거부할 권리

∷ 투표는 민주주의를 말아먹고 있다

서문에서 밝혔듯 나는 1987년 12월, 13대 대선에 참여한 뒤로 2002년 12월 16대 대선일에 투표소를 찾기까지 15년이나 '민주시민의 의무'를 이행하지 않았다. 그러나 그 뒤로는 선거가 있을 때 가끔 투표소에 들른다. 1987년의 기대나 2002년의 감동 같은 건 전혀 없다. 차악(次惡)이라도 뽑아야지 하는 일말의 사명감이 있어서도 아니다. 투표소에 가 투표행위에 참여하는 유일한 이유는, 어린 아들에게 투표의 현장을 보여주기 위해서이다. 기표도 아들에게 시킨다. '민주주의의 살아 있는 현장'을 교육시키는 극성 아빠라고 생각하면 오해다.

초등학교에서(사실은 국가에서) 학생을 통해 학부모에게 투표를 권면하는 데다 아들까지 세뇌되어 투표를 국민이면 당연히 해야 하는 행위로 간주하고 있기 때문이다. 어린 아들에게 나의 정치관을 설명해 이해시키는 것보다 내가 그냥 투표소에 가는 게 더 편하기 때문에 가는 셈이다. 내가 가든 안 가든 (나에게) 아무런 상관이 없다면 아들과 소통을 위해 갈 수 있지 않은가. 엄숙하게 '거부'라는 카드를 꺼내들기에는 나에게 부여된 정치행위 자체가 너무 하찮다. 그러니 "아빠 몇 번을 찍을까요?" 물으면 몇 번이라고 대답하긴 하지만 속내는 '이 자를 찍은들 어떠리, 저 자를 찍은들 어떠리, 어차피 이리 말고 저리 말아 이 나라를 똘똘 말아먹을 텐데'이다. 사실 TV용으로 연출된 박명수가 아닌데, '하찮다'는 판단에 신중할 필요가 있어 보인다. '이 자'와 '저 자'의 차이가 하찮다는 것이지 투표를 하고 하지 않고의 차이가 하찮은 건 아니다. 후자의 차이는 결코 하찮지 않다. 즉 투표하지 않는 게 투표하는 것보다 세상을 훨씬 더 좋게 바꿀 수 있다는 뜻이다.

투표를 '민주주의의 꽃'이라고 하는데, 방귀 꽤나 뀌는 사람들은 너도나도 투표하라고 악다구니인데, 소위 지식인인 나는 투표에 왜 이렇게 삐딱한 태도를 보이게 됐을까. 비겁하게 "기권 또한 권리행사이다"라는 식으로 에둘러가고 싶지 않다. 까놓고 말해서 민주시민의 소중한 한 표를 지키고 싶다면 차라리 투표하지 말아야 한다는 게 내 견해이다. 가능하다면 또 나에게 그런 의지와 열정이 있다면 투표에 참여하지 말라고 주변에 강권하고 싶다. 민주주의를 위해서, 혹은 민주시민의 의무를 다하기 위해서 소중한 한 표를 행사하라는 감언이설에 넘어가는 순간 당신은 또 한 번 사기당하는 것이다. 내가 생각하는 진실은 이렇다.

투표는 민주주의를 말아먹고 있다
투표는 민주시민을 압살하고 있다

웬 생뚱스러운 이야기인가 짜증내는 사람이 있을 법하지만, 투표거부의 논리는 천천히 설명하기로 하고, 우선 이 책의 주제인 대통령에 관한 토론부터 진행하자. 논의의 핵심은, '대한민국의 대통령은 누구인가?'이다. '누구인가?'가 다소 모호하고 포괄적인 질문이라면 이 질문을 '대한민국의 대통령은 누구의 이익을 대변하는가?'로 바꾸어 묻는 것이 한 방법이겠다. 물론 이 질문이 과도한 단순화의 오류를 드러낸다는 즉각적인 반론이 예상된다. 질문의 변형은 논의의 편의를 위한 것으로 받아들이면 좋겠다. 또한 적절한 변형이냐는 반론과 함께 대답이 너무 뻔하지 않느냐는 의문이 예상된다. 응당 대한민국의 대통령이라면 대한민국과 대한민국 국민의 이익을 대변하지 않겠느냐고.

그러나 내 생각은 다르다. '응당'에 동의하지 않는다. 오히려 '전혀'라는 부사를 쓰고 싶다. 내가 생각하는 진실은 이렇다. 그동안 대한민국의 대통령들은 의도적으로, 또는 부지불식간에, 이도저도 아니면 하다 보니 힘에 부쳐서, 그런저런 이유로 소수 기득권 집단의 이익을 대변하고 확대했다. 나처럼 확신에 차 있지는 않겠지만 국민 의식조사 결과를 보면 우리나라 국민들이 어느 정도 내 의견에 동의하는 듯하다.

2008년 동아시아연구원의 국제인권의식조사에 따르면 5개 대륙 19개국 1만 7000여 명의 응답자 중 63%는 자국 정부가 일부 이익집단의 이익을 대변한다고 대답했다. 반면 정부가 전체 국민의 이익을 대변한다는 응답은 30%에 그쳤다. 정부가 전체 국민이 아닌 소수의 이익을 대변한다는 응답은 특히 멕시코(83%), 미국(80%), 한국(78%), 아르헨티나(71%) 등에서 높았다([그림1] 참조). 함께 시행된 정부 신뢰도 조사에서 한

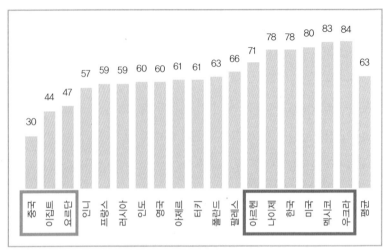

[그림1] 정부는 소수의 거대 이익집단의 이익만을 대변한다(%)

"이 나라가 일부 이익집단의 이익을 위해 운영되고 있다고 보는가? 전체 국민의 이익을 위해 운영된다고 보는가?"라는 질문에 대한 전자의 답변 비율.

국은 조사 대상 국가들 가운데 가장 낮은 점수를 받았다. '(한국)정부가 옳은 일을 하고 있다고 믿는다'는 응답률이 18%에 불과했다([그림2] 참조).

이 같은 조사 결과는 대통령이 국가원수이자 행정부 수반이라는 점에서 대통령에 대한 평가에까지 이어질 가능성이 높아 보인다. 흥미로운 점은 민주적 정통성에 대한 인정 비율이 한국에서 93%나 되었다는 사실이다. 비록 민주적으로 선출되기는 했지만 정부가 보편적 이익이 아닌 특수이익을 대변하고 있으며, 그런 이유에서든 혹은 그런 이유를 포함한 더 포괄적 이유에서든 정부를 신뢰할 수 없다는 게 한국민의 시각이다. 대통령에 대한 시각이라도 별반 다르지 않을 것으로 보인다.

1948년 한반도 남쪽에서 단독정부가 수립된 이후 우리는 자랑스러

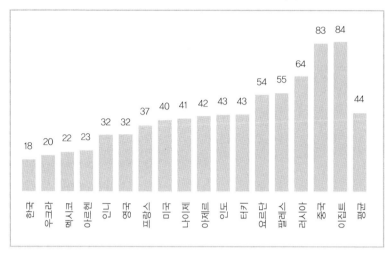

[그림2] 정부가 옳은 일을 하고 있다고 믿는다(%)

'정부가 옳은 일을 하고 있다고 믿을 만한 때가 얼마나 되는가?'라는 질문에 대해 1. 거의 항상, 2. 대부분 그렇다, 3 가끔 그렇다, 4. 전혀 그런 적 없다 중 1과 2번을 답한 응답자 비율.

운 대통령을 가져본 적이 없다. 이른바 '건국의 아버지' 이승만은 자신을 조선의 왕쯤으로 착각한, 한마디로 노망든 노인네로, 망명지 하와이로 쫓겨날 때까지 권력욕을 불태우며 민족정기를 훼손했다. 특히 척결되어 마땅한 친일파를 그가 비호하고 권력의 홍위병으로 활용한 사실은 한국 현대사의 질곡으로 두고두고 우환을 남겼다. 이벤트성으로 어쩌다 격하게 반일을 부르짖었지만 친일파를 청산하기는커녕 그들과 손을 잡은 초대 대통령 이승만은 민족과 민중의 대변자가 되는 명실상부한 '건국의 아버지'가 되기를 포기하고 대신 권력의 화신이 되는 길을 택했다. 만일 이승만 정권에서 친일파 청산이 완료되었다면 만주군 장교 출신인 박정희가 권좌에 오르는 일 또한 없었을 것이다. 이승만은 개인적인 권력욕 때문에 민족분단을 방조하고 나아가 조장했다는 비난에서 자유로울 수 없다.

한 사람은 친일파를 보호하고 이용했고, 또 한 사람은 직접 친일파였던 이승만과 박정희. 두 독재자는 굳이 헌정(憲政)이라는 용어를 쓰자고 한다면, 헌정파괴에 상당한 수완을 발휘했다. 박정희처럼 극적이지 않아서 그렇지 이승만의 헌정파괴 또한 간단치 않다. 사사오입 등 여러 차례 말도 안 되는 방식으로 친위쿠데타를 일으켜 정권을 연장했다. 박정희는 '공식적으로는' 5·16쿠데타와 유신에서 두 차례 헌정을 중단시켰다. 박정희의 딸을 비롯해 적잖은 사람들이 박정희를 미화하려고 하고 있지만, 어떤 미사여구를 동원한다 해도 박정희의 헌정파괴는 헌정파괴일 뿐이다.

박정희가 경제발전에 공헌했다 해도 그것은 헌정파괴와 다른 문제이다. 박정희의 반대파라 할 수 있는 백낙청 교수 등을 포함하여 일각에서는 경제발전에 관한 박정희 기여론이 제기되고 있지만 실제로 그가 경제발전에 기여했는지에 관해서는 여전히 논란거리다. 당장, 쿠데타로 집권한 박정희 정권 같은 폭압적 독재체제가 아니었어도 경제발전이 가능했다는 반론과, 경제발전에 기여한 사실은 인정하지만 그 경제발전이 누구를 위한 경제발전이었는지, 즉 현재의 재벌체제를 만들어주는 데 기여한 경제발전이었을 뿐이라는 반론이 예상된다.

어쨌든 큰 칼 차고 싶어서 일본 제국주의 군대의 군인이 된 사람이 일제로부터 해방된 국가의 원수가 된 상황은 우세스럽다. 상상해보자. 만일 과거 우리나라가 식민지를 보유하였고, 어느 식민지 청년이 우리나라 군인이 되기를 열렬히 희구하기에 군인을 시켜주었는데, 식민지가 해방된 이후 그 청년이 성장해 신생국의 국가수반이 되었다면 우리는 그 신생국을 어떻게 생각할까. 그것도 총칼로 권력을 장악했고, 권력자가 된 이후에는 우리나라를 찾아와 우리나라의 유력자들에게 술을 따르고 잘 부탁한다고 머리를 조아렸다면 그 신생국의 대통령을 어떻게 생각할까.

'쪽팔리는' 대통령은 이승만과 박정희뿐만이 아니다. 지금까지 건재한 채 골프다 뭐다 하며 노익장을 과시하는 전두환은 헌정파괴나 친일 문제보다 더한 만행을 저질렀다. 전두환은 진즉에 사형을 당했거나 적어도 아직 감방에서 지내는 게 마땅한 1980년 5·18광주학살 원흉이다. 싸구려 할리우드 액션영화가 아니고, 과거 왕조 시대가 아닌데, 학살자 혹은 도살자가 대통령인 나라는 어떤 나라였을까. 먼 과거가 아닌 30년 전 대한민국 얘기다. 당시 해외 교포들은 뉴스에서 반복해서 보이는 광주학살 장면을 보며 조국에 대해 어떤 감회를 품었을까. 뉴스에 나오는 그 나라가 조국이며 그 학살을 지휘한 장군이 조국의 대통령이 되었다는 이야기를 주변에 할 수 있었을까. '쪽팔리는' 조국을 생각하면 밤잠을 이루지 못했을 것이다.

전두환의 계승자 노태우라고 다르지 않다. 굳이 차이를 두자면 한 사람은 학살의 수괴이고, 다른 한 사람은 학살자의 꼬붕이라는 정도일까. 일제 패망 이후 아직까지 친일파를 청산하지 못한 데다 민주화 이후에 학살자 도당을 처단하지 못한 현실까지 감안하면 이 나라의 '쪽팔림'은 세계에서 유례를 찾기 어렵다. 도대체 지구상 어떤 나라에서, 침략

자에 빌붙어 자국민을 겁박한 반역자들과, 자국민을 대규모로 학살한 군인들이 징벌 받지 않는단 말인가. 하나의 기계적 시스템뿐만 아니라 근대적 정체성에서도 국가이고자 한다면 말이다.

∷ 세계에서 유례없이 쪽팔리는 나라의 국민으로 살아간다는 것

국민으로서 우리의 쪽팔림은 1987년 민주화항쟁을 거치면서 경감된다. 대한민국 국민은 4·19혁명으로 독재자를 몰아낸 데 이어 1987년 시민혁명으로 죽었던 민주주의를 다시 한 번 살려낸 자랑스러운 국민이다. 남한이 북한과의 체제경쟁에서 먹고사는 문제뿐 아니라 명분에서도 우위에 선 시점은 1987년 민주화항쟁이라는 게 내 판단이다. 솔직히 국민이 스스로 민주주의를 쟁취한 1987년 이전이라면 관점에 따라 남한의 쪽팔림이 북한보다 더할 수도 있었겠다 싶다. 망령 든 노인, 만주군 장교 출신, 그리고 학살자가 차례로 대통령이 된 쪽팔리는 나라의 국민들은 그 쪽팔림을 자신들의 힘으로 걷어차 버림으로써 마침내 자부심을 회복하였다. 하지만 불행히도 우리는 1987년에 그 쪽팔림을 완전히 떨쳐내지는 못한다.

내 개인적인 경험 또한 녹아 있는 그해에 대한민국은 또 다른 학살자를 대통령으로 뽑는다. 과거에 비해 쪽팔림이 더한 게, 부정선거와 관권선거 시비에도 불구하고 노태우는 어쨌든 합법적으로 선출된 대통령이 되었다는 사실이다. 박정희, 전두환과 달리 노태우가 정상적인 선거를 통해 집권함으로써 한국민은 쪽팔림을 청산할 결정적인 기회를 날려버리고 만다.

이어지는 대통령들에게서 대놓은 쪽팔림은 덜해지지만 우리가 이미 국민으로서 민주주의의 영혼을 잃은 뒤였다. 게다가 대한민국에서는 우리가 모르는 사이에 재벌에 의한 새로운 독재가 시작되어 더 강력해지고 있다. 미국의 저능아 대통령 조지 부시보다 결코 지능이 높아 보이지 않는 김영삼은 권력의지에서는 타의 추종을 불허했다. 1987년에 분열로 민주세력 전체를 좌절시킨 김영삼은 1992년엔 투항과 변절로, 어려서부터 꿈꾸어 마지않던 대통령이 되는 데 성공한다. 20대 후반에 국회의원이 되어 평생 정치만 한 김영삼은 종국에 분열과 변절의 아이콘으로 정치역정을 마무리한다. 무식해서 특별히 용감했던 그는 하나회 해체, 금융실명제 등 몇몇 의미 있는 성과를 거두었지만 나라살림을 거덜내면서 동시에 대한민국을 재벌공화국으로 전환케 하는 중요한 초석을 놓는다.

이후 한국 사회는 츠베탕 토도로프의 입을 빌리면 "(신자유주의 기획은) 우리를 한 극단주의에서 다른 극단주의로, 즉 전체주의적인 '국가 우선'에서 극단적인 '개인 우선'으로, 자유를 죽이는 체제에서 사회를 죽이는 체제로 이행"하게 된다.* 박정희가 재벌이란 맹수를 키워냈다면 김영삼은 마침내 재벌의 목줄을 풀어주어 마음 놓고 사회를 휘젓고 다닐 수

---

* 츠베탕 토도로프, 《민주주의 내부의 적》, 반비, 2012, 111쪽.

있게 해주었다. 독재라는 리바이어던 대신 재벌이란 리바이어던이 한국 사회를 지배하게 되고, 대통령은 독재의 주체에서 재벌체제의 마름으로 지위의 변화를 겪게 된다.

일부 정치학자들은 노태우, 김영삼으로 이어지는 과정이 권위주의 체제가 민주주의로 이행하는 불가피한 순서일 수 있다는 입장을 보이곤 한다. 독재에서 민주주의로 한 번에 넘어가는 게 쉽지 않기에 구체제를 점진적으로 탈피하는 방식으로만 전환에 성공할 수 있다는 설명이다. 김영삼이 변절하기는 했지만 또한 김영삼이 '문민'인 것 또한 맞지 않느냐는 지적이다.

이러한 연착륙soft landing론이 민주주의의 절차와 형식에 관한 설명이라면 어느 정도 동의할 수 있다. 하지만 민주주의의 내용에 관한 것이라면 선뜻 동의하기 어렵다. 내가 생각하는 민주주의의 내용은 정치학자들이 말하는 것과 다르다. 민주주의의 형식이 무엇이 되었든 민주주의의 내용은 사회 전체의 부를 균형 있게 나누는 것이어야 한다. 재벌 주도의 경제체제가 확립돼 재벌이 다수 노동자와 서민을 구조적으로 또 지속적으로 빨아먹는 상황이라면 시민권 확립이나 정당정치 발전 같은 논의는 명백한 사기다. 정치적 민주주의가 경제적 독재를 은폐하는 데 동원된다면 그 민주주의는 고유한 정치 기능의 순수성마저 의심받게 마련이다. 그런 민주주의의 확대는 살아 있는 곰에게 쓸개로 이어지는 빨대를 박아놓고는 "서쪽 방에서 지내는 게 쾌적해? 아니면 동쪽 방에서 지내는 게 쾌적해?"라고 묻는 행위만으로 곰에게 민주주의를 구현하였다고 강변하는 것이나 다를 게 없다.

212

따라서 김영삼 이후에 집권한 소위 민주세력 출신 대통령들에게서 실망하게 되는 상황은 불가피하다. 김대중과 노무현이 (두 사람 모두 이미 고인이 되어 현실적으로 이런 일이 가능하지는 않겠지만) 스스로 자신을 어떻게 평가하든 또는 변호하든, 이 두 명의 대통령은 (감금된 곰 신세로 전락한) 우리의 몸에 박힌 빨대를 제거하지 못했고, 재벌을 위시한 기득권 세력이 다수 민중과 서민의 가슴에 더 많은 빨대를 추가로 박는 데, 또 더 많이 빨아먹는 환경을 만드는 데 확고하게 일조했다.

김대중은 주류세력 내의 소수파라는, 노무현은 집권 전이나 후나 끊임없이 주류로부터 왕따를 당한 비주류세력이라는 한계를 끝내 넘어서지 못한 채 불가불 주류(기득권)세력 내 다수파의 이익에 복무하는 것으로 임기를 마치고 말았다. 그리하여 1950년대에 "한국에서 민주주의를 기대하는 건 쓰레기통에서 장미꽃이 피는 것을 기대하는 것과 같다"는 비아냥거림을 들은 이 땅에서 꿈에 그리던 소위 민주세력의 집권이 이루어졌지만 민주주의는 자크 랑시에르의 말마따나 증오의 대상으로 전락하였다. 또한 역설적으로 두 명의 소위 민주세력 출신 대통령은 자본의 명실상부한 하수인인 이명박이 집권하는 길을 닦게 된다.

▪▪ 재벌 기반의 양당 독재체제에서
   민주주의는 기만이자 증오의 대상이다

어쩌면 당연한 귀결일 수 있다. 소위 한국의 민주세력 중 민주당은 친일

지주 집단이 주도한 해방정국의 한민당에 뿌리를 두고 있다. 자력으로 이루어진 정상적인 해방이었다면 한민당은 태어날 수 없는 정당이었다. 남한이 미국에 점령돼 미군정의 지배 아래 놓인 1945~1948년의 결정적 전환기에, 남한의 지배세력과 북한에서 월남한 기득권층은 친일에서 친미로 기민하게 변신하고 반공반소와 남한 단독정부 수립이란 공통분모를 마련해 기득권과 특권을 연장하게 된다. 물론 참여자 전원은 아니겠지만 일제하에서 호의호식하고 동족의 이익과 상반된 길을 걸은 친일반민족도당이, 미국의 후견 아래 대한민국 정통야당으로 변모한 데서 한국 정치의 근본적인 비극이 잉태된다.

'얼굴 마담'으로 이승만과 김구를 두고 저울질하던 한민당은 남한 단독정부 수립에서 공통의 이해를 발견해 이승만을 영입한다. 하지만 결코 '얼굴 마담'으로 만족할 인물이 아니었던 이승만이 독재의 길을 걷게 됨에 따라 한민당은 반독재투쟁에 나서게 되는데, 기실 그 내용은 민주화투쟁이라기보다는 기득권 내부의 권력투쟁에 훨씬 가깝다. 한민당의 변신은 남로당원까지 지낸 박정희만큼이나 화려하다. 일제하 친일파에서 미국의 남한 점령기엔 친미파로 돌아서며 반공과 자본주의를 체화하고, 남한 사회에서 반공전선을 공고히 구축하는 과정에서 생긴 공간에다 일제하에서 경찰·군인·관료 등으로 복무한 이들과 함께 생존의 터전을 마련한다.

친일파로 처단되거나 정치공간에서 소외되는 대신 한민당 일파는 분단 및 단정 추진 세력을 규합하고 이승만을 앞세워 미군정으로부터 정권을 넘겨받는 데 성공한다. 하지만 이승만이 예기치 않게 한민당을 배

대한민국의 시계열적 정당지도

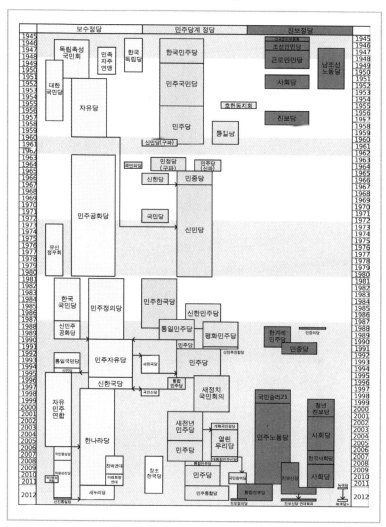

척함으로써 거의 손에 넣은 권력을 잃게 되고, 권력을 되찾아오기 위해 이승만과 대결하게 되는데, 내용상 기득권 내부의 권력투쟁이 반독재투쟁·민주화운동이란 외피를 쓰게 된다. 반공과 반독재라는 거대 프레임을 만들어 자신들의 치부를 감추고 이러한 결정적 국면전환을 통해 한국의 정통야당은 소위 민주세력의 맏형 노릇을 하게 된다.

1987년까지 한국정치에는 한쪽엔 독재자, 또 한쪽엔 한민당(과 후계자)이 자리하는 양립구도가 지속된다. 1987년 민주화운동을 거치면서 독재자블록은 보수라는 문패를 달고 새출발하게 되고, 김대중·노무현 정권을 거치면서 민주당 등 한민당의 후계자는 한국 사회의 이분적 명명법에 따라 어이없게도 진보세력으로 불리게 된다. 그러나 지금 새누리당으로 불리건 또는 민주통합당으로 불리건, 또는 보수로 불리건 진보로 불리건 여당과 야당은 반공·친미라는 틀과, 자본주의뿐 아니라 자본주의적 사회질서의 숭상이라는 콘텐츠를 공유하는, 조상이 같은 기득권 세력에 불과하다.

물론 그동안 정치권에 진짜 민주세력과 진짜 진보세력이 가담하기도 하였지만 가담자들의 의욕 및 사회의 기대와 달리 헌 부대에 담긴 새 술은 곧바로 헌 술에 동화同化하곤 하였다. 양당제로 역할 구분한 한국의 정치세력은 게다가 세계 공통어로는 자본, 우리말로는 재벌을 새로운 공통의 주인으로 섬기기에 이른다. 과거에는 반독재라는 최소한 다수 국민이 공감할 만한 허울뿐이라도 명분이 있었지만 지금 한국의 정치권은 재벌이란 새로운 절대자 앞에 나란히 무릎을 꿇고 경배를 드리느라 시늉으로라도 국민을 거들떠볼 틈이 없다.

한국의 정치세력 중 어쩌면 일부는 비록 최소 수준이지만 국민의 이익과 기대에 부합하는 정치의제를 내세우고 실천하려고 노력하였을지 모르지만, 소위 민주화 이후에는 이제 국민이 더 이상 정치의 고려사항이 아니다. 극언하자면 한국 정치에서 어떠한 '의식 있는 정치인'도 국민 다수의 이익에 반하는 정치체제에서 벗어나지 못하였다.

한국의 정치인은 정치적으로든 일상적으로든 딱 두 가지 일을 한다. 일상적으로는 틈나는 대로 남을 헐뜯고 여유가 생기면 자기 자랑에 몰입한다. 정치적으로는 주로 자신의 이익을 추구하고, 대체로 소수 특권층의 이익을 옹호하면서 자신의 이익을 부수적으로 챙긴다. 해방공간에서 한민당이 잽싸게 제 살길을 모색하였듯이, 무술의 약속대련을 연상시키는 양당체제의 플랫폼을 정립한 정치권은 오랜 기간에 걸쳐 그들만의 리그를 강화해 진입장벽이 매우 높은, 그들이 평소 내세우는 시장가치에 상반되는 폐쇄형 정치(인)시장을 만들어 운영하고 있다. 한국 정치인에게 정치는 직업일 뿐 전혀 소명이 아니다.

재벌을 신으로 추앙하는 자기실현적인 양당체제에 잠시 균열이 생긴 적이 있지만 2012년을 거치면서 그것은 균열이 아니라 현 체제의 성장흔이었다는 사실이 밝혀진다. 소위 '진짜 진보' 세력 내의 구태정치는 재벌 기반의 양당 독재체제가 '플랜 B'로 유사진보를 양성해놓은 게 아닌가 하는 의구심을 불러일으키기에 충분했다. 소위 '진짜 진보' 세력 가운데 특히 주사파라고 분류된 집단은 소명으로서의 운동이 아니라 직업으로서의 운동을 실천하다가 2012년엔 그 운동마저 포기하고 직업으로서의 정치로 전환한다. 주지하다시피 그들은 엄청난 역풍을 맞지만 역풍마저도 일말의 부끄러움 없이 위대한 성취를 위한 시련으로 손쉽게 치환하는 광신을 발휘한다. 사실 개인적으론 그들이 실제로 주체사상을 신봉하는지조차 의심스럽다. 주체적으로 밥그릇 챙기는 무리가 그들의 실체가 아닐까. 그들이 진보를 외치는 모습과 해방정국에서 한민당이 민족을 부르짖는 모습이 그렇게 다른 것일까.

다른 나라는 모르겠지만, 적어도 한국에선 직업으로서 정치 말고는 어떠한 정치도 존재하지 않았다. 한국에서 민주주의를 기대하는 건 쓰레기통에서 장미꽃이 피기를 기대하는 것이나 같다는 1950년대 어느 외국인 기자의 탄식은 틀렸다. 주지하다시피 한국에선 민주주의가 활짝 꽃피었다. 그러나 그 민주주의는 '민주'가 없는 민주주의이며 독재체제와 동일하게 다수의 이익을 침해하고 제한함으로써 소수의 이익을 지속적으로 보장하고 확장하는 민주주의이다. 그런 의미에서 이 땅의 정치는 한 번도 싹을 틔운 적이 없다.

많은 애국지사와 진보 지식인이 대한민국을 소수가 아니라 다수가 살기 좋은 나라로 만들겠다는 꿈을 꾸었고 실천했고 목숨까지 바쳤지만 이 나라의 정치는 여태껏 왜 이 모양 이 꼴일까. 왜 착하고 노력하는 사람은 착함과 노력에 비례해 더 살기 힘들어지고 사악한 모리배는 그 악함과 악행에 비례해 더 살기 편해지는 걸까. 가진 자의 몫은 점점 더 커지고 있지만 가진 자는 더 갖겠다고 패악질을 부리고, 가지지 못한 자의 몫은 점점 더 줄어들고 있지만 응당 자신의 것이어야 하는 것에 대한 권리를 주장하는 데에 가지지 못한 자는 왜 갈수록 주눅이 드는 걸까.

내가 내린 잠정적인 결론은 이렇다. 현재 이 나라엔 도둑들이 만들고 도둑들의 이익만을 위해 존재하는 강력한 매트릭스가 작동하고 있는 상황이어서 영화 〈매트릭스〉와 마찬가지로 매트릭스 속에 존재하는 한 매트릭스를 넘어설 수 없다. 만일 매트릭스를 넘어서고자 한다면 말이다. 누구나 자신의 세계에 합리적인 의문, 또는 감각적인 의문을 품지는 않는다. 자신 앞에 빨간 약과 파란 약이 주어졌을 때 영화 〈매트릭스〉의 주인공 네오처럼 빨간 약을 고를 확률이 얼마나 될까. 또 빨간 약을 골랐어도 영화 〈매트릭스〉 속 등장인물 '사이퍼'처럼 누군가는 빨간 약을 고른 걸 후회할 수 있고, 나아가 허위인줄 알지만 다시 기를 쓰고 매트릭스로 돌아올 수 있다.*

영화를 바탕으로 한 논의를 계속 이어가자면 매트릭스 내에서 매트릭스와 싸우는 건 백년하청百年河淸이나 다름없다. 진심으로 매트릭스를 넘어서기를 바란다면 매트릭스 자체를 해체하지 않으면 안 된다.

공식적인 미국 점령기에 남한 사회에 설치되고 이후 남한 단독정부 출범 이후 미국의 인큐베이팅에 의해 작동되고 정교화한 이 매트릭스는 우리가 선택한 것이 아니다. 미국이란 거대 도둑국가의 이익과 다수의 이익을 훔쳐온 남한 내 한줌 도둑집단의 이익을 동시에 극대화하도록 설계된 이 매트릭스는 응당 다중의 이익에 반할 수밖에 없다. 도둑들이 아니라 대다수 국민의 이익을 신장할 수 있는 전혀 새로운 체제를 도모

---

* 우리가 속한 이 세계를 영화적으로 설명한 작품 가운데 〈매트릭스〉는 대중적으로 가장 큰 설명력을 가진 작품 같다. 대사 가운데 현실과 관련해 매트릭스를 잘 표현한 단어는 개인적으로 "컨트롤(control)"이라고 생각한다. 매트릭스는 "control"이다.

해야 하며, 그러기 위해선 현재의 매트릭스를 완전히 해체해야만 한다. 사실 현재 남한 사회를 지배하는 이 매트릭스는 구성원들로부터 어떠한 동의를 받은 적이 없이, 백번 양보해도 동의라는 형식적 절차를 거쳐 일방적으로 강제되었다. 다중의 의사에 반할뿐더러 이익에도 반하는 이 매트릭스를 해체하는 데는 사실 이유가 필요 없다. 매트릭스의 존재 자체가 비록 합법적일지는 모르지만 불합리하고 부당하고 부조리하기에 해체는 정당성을 갖는다. 제대로 정치가 작동하지 않는 사회에서 합법이란 깡패의 논리에 불과하다.

∷ 해체, 도둑 잡기, 대통령 죽이기

그렇다. 이 도둑정치, 도둑경제, 도둑사회, 즉 도둑맞은 시대*를 바로 잡기 위해서는 일단 해체하고 볼 일이다. 해체일 수도 있고, 전복일 수도 있겠으나 해체야말로 더 본질적인 전복이다. 역사적 경험을 통해 목도하였듯 전복은 현실을 더 강력하게 업그레이드된 또 다른 현실로 바꾸어놓을 때가 많다. 언제 어디서부터 시작해 어디까지 또 누가 어떻게 해체할지는 논의를 거쳐야 하겠지만 우리의 왕성한 민주주의는 누구나 동의할 수 있는 '해체 1순위'이다. 거꾸로 선 민주주의를 해체(또는 이때는 아쉬운 대로 전복이란 말을 써도 되겠다)하려면, 대표성을 체계적으로 왜

---

* 나는 우리 시대를 '도둑맞은 시대'로, 우리 세대를 '도둑맞은 세대'로 규정하였다. '도둑맞은 세대'에 관한 더 상세한 논의는 《아프니까 어쩌라고》(안치용, 서해문집, 2012) 참조.

곡시키고 소수의 특권을 합법적이고 조직적으로 대변하게 돼 있는 선거를 당장 무력화해야 한다.

우리가 '차악선택'이란 그럴듯한 논리에 속아 투표하는 순간, 우리는 거악을 피하는 데 성공하는 게 아니라 그저 악惡을 선택하는 것이다. 차악을 선택하란 말은 우리에게 선善이란 선택지가 배제되어 있다는 뜻이다. 그렇다면 길못된 문제시를 거부하고 오류를 범한 출제자를 벌할 일이지 정답과의 거리가 가장 덜 먼 선택지를 고를 일은 아니다. 차악선택의 권유는 골목길에서 깡패들이나 쓰는 말로, 쉽게 풀어 쓰면 "선생님, 여기서 죽도록 맞은 다음에 지갑을 내어놓고 귀가하시겠습니까, 아니면 옷매무새 멀쩡한 상태로 지갑만 내어놓고 귀가하시겠습니까?"와 비슷한 말이다.

투표로 한국의 민주주의를 지켜낼 수 있겠지만, 한국이 이미 다수 국민의 나라가 아닌 마당에 이미 도둑맞은 나라 대한민국을 지키도록 돕는 행위는 물건을 도둑맞은 데 이어 장물의 운송까지 도와주는 격이다. 대한민국이 명실상부하게 민주주의 국가이고, 대한민국이 대한민국 국민의 나라라면 투표가 우리에게 자랑스러운 행위이자 시민의 신성한 의무이겠지만 도둑맞은 나라에서 투표는 노예의 사역과 다를 바 없다. 우리 국민 다수는 참정권 없이 노동을 착취당하는 그리스의 노예와 다를 바 없다. 18세기, 19세기, 또는 왕조시대에나 어울릴 법한 착취라는 용어가 21세기 대한민국에 잘 어울린단 생각에 경악하지 않을 수 없다. 우리에게 주어진 참정권이란 노예제에 동의한다는 배서에 불과하다.

선거의 해체는 우리 입장에선 현실적으로 선거의 거부일 수밖에 없다. 독재시대가 끝나고 소위 민주주의가 시작된 이래 매번 대통령에 출마하는 정치인들은 다수 국민이 잘사는 나라를 역설했지만, 대통령이 된 이후엔 애초에 허위였든 아니면 역부족이었든 그들이 다수 국민을 배신했다는 사실을 떠올리면 우리에게 주어진 가장 현실적인 응징방법은 투표거부밖에 없다. 독재시대와 달리 민주주의가 좋은 점은 적어도 우리에게 투표를 거부할 역량이 주어졌다는 사실이다.

투표거부의 첫 번째 목표는 한마디로 '대통령 죽이기'이다. 대통령 선거 투표율을 50%, 40% 밑으로 끌어내릴 수 있고 나아가 다중이 참여하는 전면적 투표거부가 가능하다면 도둑들로부터 도둑맞은 우리 물건을 되찾아올 발판을 마련할 수 있다. 낮은 투표율로 대통령에 당선돼도 당선자는 일단 기뻐하겠지만, 우리 입장에서도 사실상 선거무력화를 성취했기에 함께 기뻐할 수 있다. 물론 지속적인 투표거부를 비롯한 다양한 행동을 힘 있게 이어가야 한다. '대통령 죽이기'는 '정치인 죽이기'로 확대되어야 하며, 그 폐허에서 원래의 민주주의를 살려내야 한다.

우리*가 '대통령 죽이기'를 결행해야 하는 까닭은 이명박처럼 본인이 자각하든 김대중처럼 본인이 자각하지 못하든 한국 사회에서 대통령은 도둑집단의 하수인에 불과하기 때문이다. 대통령이 되는 순간 대통령이 된 개인이 거부한다고 해서 그가 하수인 역할에서 벗어날 수 있는 게 아니다. 마찬가지로 우리가 투표지 어딘가에 동그라미를 표시함으로써

---

* 여기서 반복해 쓰는 '우리'라는 말은 도둑들이 아닌 사람들, 도둑맞은 사람들을 뜻하며 조직되지 않은 개인들이지만 조직화한 역량을 구현할 수 있는 진정한 민주 사회의 시민들이다.

우리의 희망을 발산하는 게 아니다. 우리는 우리가 노예이며 도둑들의 세상을 인정하고 기꺼이 받아들인다고 고백하는 게 된다.

점진적이고 전면적인 해체만이 잘못된 세상을 바로잡는 유일한 방편이 될 터이다. 총체적 전복은 대체로 또 다른 형태의 괴물을 불러올 뿐이며, 솔직히 매혹적인 수단인 테러리즘은 통쾌함과 잠시나마 정의가 실현됐다는 다중의 만족감을 가능케 하겠지만 곧바로 새살이 돋아날 도둑에게 치명적 타격을 가하지는 못한다. 폭넓은 공감대를 형성해 다중을 해체에 참여시킬 수 있는, 또는 해체에 참여하는, 나아가 해체하는 유력한 전선은 대통령 선거일 수 있다.

도둑맞은 나라의 대통령은 어떤 형태로든 죽임을 당한다. 애초에 사냥개였기에 사냥이 끝나면 도둑들이 죽일 테고, 아니면 사냥감인 우리로부터 우리의 생존을 위협한 대가로 죽임을 당할 수 있다. 대한민국에서 민주주의가 이런 경로로 계속 발전하면 멀지 않아 김구나 여운형 등과 달리 정치적이지 않은 이유로, 비유가 아니라 실제로 암살당하는 불행한 대통령이 출현할 수도 있다.

결국 우리 입장에서 도둑집단의 우두머리 사냥개인 대통령을 대하는 전략은 죽이거나 길들이기라 할 수 있는데, 비유로든 실제로든 죽이는 건 온전한 해법이 되지 못하겠지만 길들여서 원래 주인인 도둑들을 사냥하도록 만드는 일은 훨씬 더 어렵다. 죽이든 길들이든, 그 첫걸음은 투표거부이며 성공한다면 가장 확실하게 효과를 거둘 수 있다. 동시에 국회의원 선거의 거부 및 무력화가 추진되어야 한다. 우리나라에서 가장 큰 도둑들이 모여 사는 소굴이 있다면 첫 번째가 청와대요, 두 번째가 여의도 국회이며, 재벌총수들이 있는 회장실은 '콘트롤 타워'이다. 회장실에서 뼈다귀를 던져주면 떨어져라 꼬리를 흔들며 무슨 일이라도 다하는 하급 사냥개인 국회의원들 또한 처리대상이다. 플라톤은 《국가》에서 국가를 운영하는 철인哲人들의 조건을 여러모로 제시하는데, 그중 재산을 공유하도록 한 점은 의미심장하다. 사리사욕이 판치는 여의도를 보면 사유를 금지한 플라톤의 혜안에 새삼 경탄하게 된다. 지금 플라톤이 살아난다면 모르긴 몰라도 여의도에다 보신탕집을 차리지 않을까.

국회의원과 관련한 나의 생각은 간단히 아이디어만 말하자면 선거제의 폐지 및 추첨제의 도입이다. 더 정교한 논의가 필요하겠지만 추첨제로 뽑힌 국회의원이 이끌어가는 국회는 지금의 국회보다 100배는 나을 것이다. 민주주의를 포기함으로써(민주주의를 포기하는 것도 민주주의이다) 민주주의를 살려내야 하는 역설적 상황은 모두 그동안 민주주의를 책임진 정치인들이 초래했다.

거짓 민주주의를 몰아내고 진짜 민주주의를 복원하기 위한 기술적인 논의는 많다. 그러나 지금 필요한 논의는 기술적인 게 아니라 본질적인 것이다. 말하자면 '왕자와 거지'의 상황과 비슷한데, 거지를 밀어내고 저잣거리를 헤매고 있는 왕자를 불러와야 하는 국면이다. 정치와 경제, 그리고 사회의 전면적이고 점진적인 해체로 진짜 민주주의를 작동시키는 희망을 논의하고 희망의 형태를 토론하여야 한다. 도둑들이 우리 사회를 민주주의의 외양을 띤 완전한 노예제 사회로 바꿔버리기 전에 움직여야 하기에 한시가 급하고 어쩌면 이미 늦었을지 모르겠지만, 우리가 자유민인 징표는 권리로서 주어진다기보다는 행동으로 쟁취되는 것이기에 우리가 연결된 실존적 개인임을 자각하고 상응한 행동을 기획하는 순간 죽었던 민주주의는 기적처럼 부활해 우리 옆을 지키게 되리란 기대를 놓을 수는 없다.

사족 | 살불살조殺佛殺祖란 말이 있다. 중국 당나라 말의 고승 임제臨濟 의현義玄의 법어法語로, "부처를 만나면 부처를 죽이고 조사祖師를 만나면 조사를 죽여라"는 뜻이다. 깨달음을 위해선 모든 권위와 현존 질서를 타파하거나 의심해야 한다는 절대 정진을 제시한 것이니 도를 향한 결기가 예사롭지 않다. 한데 그 깨달음이 또한 부처 죽이기[殺佛]를 통해 부처 살리기[生佛]를 도모하는 것이니, 죽음과 삶이 뫼비우스 띠처럼 연결되어 있다.

"대통령을 만나면 대통령을 죽이고 정치인을 만나면 정치인을 죽여야 한다"는 필자의 생각이 현실적으로 부담스럽다면 살불살조의 의미를 떠올리거나, 그래도 못마땅하면 어조를 낮춰 받아들여도 무방하겠다. 영화 〈혐오스런 마츠코의 일생〉의 키워드는 혐오가 아니라 일생이 아니겠는가.

보론
PRESIDENT

대한민국 역대 대통령에 관한
국민 · 대학생 인식조사

대한민국 역대 대통령에 관한 국민·대학생 인식조사

'대한민국 역대 대통령에 관한 국민·대학생 인식조사'는, 일반인 조사는 현대리서치에서, 대학생 조사는 '대통령 인식 대학생 리서치팀'에서 맡아서 진행하였다. 일반인 조사는 리서치회사에서 흔히 사용하는 쿼터 배분으로 표본을 선정하였기에, 그 조사 결과가 대체로 국민 통념과 유사할 것으로 추정된다. 대학생 조사는 페이스북을 통하여 자발적 참여자를 대상으로 조사하였기에 연령과 성향을 감안할 때 일반인보다 훨씬 더 진보적일 것으로 예상하였고, 결과도 그러하였다.

우연찮은 기회로 나와 협업하게 된 '대학생 리서치팀'은 보론의 원고를 직접 작성하였다. 물론 내용에 관해서는 전적으로 저자 안치용에게 책임이 있고, 저자는 보론 원고를 수정·보완하였다. 기초적인 자료 수집 등 이 책을 쓰는 데 있어 '대학생 리서치팀'으로부터 큰 도움을 받았고, 이 자리를 빌어 감사의 말씀을 전한다.

'대학생 리서치팀' 참가자는 권효정(경희대), 김용재(성균관대), 김진두(숭실대), 신윤정(이화여대), 윤송이(이화여대), 민혜원(서강대), 정민석(서강대), 정현진(서강대), 최석모(단국대)이다.

대한민국 성인 1000명과 대학생 1174명에게 역대 대통령에 관한 생각을 물었다. 2011년 12월 2일부터 19일까지 시행된 설문조사는 일반

〈역대 대통령 평가—일반인〉								
	1) 전체 국민 대표	2) 부패한 정권*	3) 경제 성장	4) 한반도 평화와 남북관계	5) 사회 통합	6) 민주주의 구현	7) 세계 속 한국의 위상	8) 시대 정신
전체 평균	59.28	50.14	58.87	54.10	55.52	55.36	57.96	58.28
이승만	56.74	46.46	50.78	44.12	49.06	46.56	49.72	53.38
박정희	78.16	58.58	88.64	53.12	64.96	51.66	74.76	77.40
전두환	48.64	37.52	54.86	43.06	46.18	40.48	47.74	50.86
노태우	45.06	40.12	46.98	43.86	46.34	46.64	44.82	46.06
김영삼	51.96	46.46	49.46	50.40	52.92	57.62	50.56	51.50
김대중	69.80	58.98	64.08	82.14	66.86	73.74	73.40	66.84
노무현	71.98	65.54	63.12	71.80	69.18	74.96	65.06	66.92
이명박	51.88	47.42	53.02	44.28	48.64	51.18	57.62	53.30

* 부패한 정권 설문은 역지수로 다른 항목에 맞춰 점수를 뒤집어 놓았다. 점수가 낮을수록 부패했고, 높을수록 덜 부패했다는 뜻이다.

인과 대학생을 나눠서 시행했다. 일반인 설문조사는 20세 이상 전국 성인을 대상으로, 대학생은 수도권에 있는 대학교의 학생을 대상으로 실시했다. 설문조사는 민주주의 구현·전체국민대표·한반도 평화 기여 등 8개의 역대 대통령 평가 문항과, 선호도·가상투표 등의 문항으로 구성되었다. 내각제 하의 대통령으로 실권이 없었던 4대 대통령 윤보선과 재임기간 동안 군부의 통제 아래 있었던 10대 대통령 최규하는 설문조사 응답 보기에서 제외했다.

일반인 설문조사

20대 이상 대한민국 국민들은 역대 대통령의 '전체국민대표' '사회통합' '경제성장' '한반도 평화' 등의 8개 항목 모두 100점 만점에 50점 이상의 점수를 부여했다. 역대 대통령들이 정치, 경제, 안보 등의 여러 분야에서 보통 이상의 역할은 수행했다는 의미로 볼 수 있다. 반대로 대통령의 업무수행에 대해 중간 이상으로 만족하지 못한다는 의미이기도 하다. 8개 항목 가운데도 전체국민대표(59.28점) 점수가 가장 높았다. 이어 경제성장(58.87점), 시대정신(58.28점), 세계 속 한국 위상 제고(57.96점) 순이었다. 국민들은 부패도(50.14점) 항목에서 가장 낮은 점수를 줬다.

국민들은 '재임기간 전체 국민을 잘 대표한 대통령'으로 박정희를 선택했다. 박정희 대통령의 국민대표성 점수는 100점 만점 중 78.16점으로 전체 평균 점수 59.28점보다 19점가량 높았다. 박정희의 국민대표성에 대한 평가 점수는 연령대가 높아질수록 상승했다. 20대(67.91점)와 60대 이상(86점)의 점수 차는 20점 가까이 났다. 지금의 60대 이상 대부분의 국민에게 박정희는 배곯던 시절, 삼시 세끼 밥 먹게 해준 대통령이었다. 1950~60년대의 지독한 가난을 경험해보지 않은 젊은 세대로서는 노년 세대가 느끼는 박정희에 대한 향수를 이해하기 어렵다. 20~30대는 박정희의 경제적 '공'보다 정치적 '과'에 더 주목해 국민대표성 평가에서 박정희에게 상대적으로 낮은 점수를 준 것으로 보인다. 박정희의 국민대표성에 대한 평가 점수는 지역별 편차가 컸다. 박정희의 고향이자 정치적 기반인 대구·경북(84.62점)에서 가장 좋은 점수를 줬다. 이어 부산·경남(82.93점), 수도권(79.27점) 순이었다. 반면 광주·전라(64.27점) 지역의 점수가 가장 낮았다.

이어 노무현(71.98점), 김대중(69.8점), 이승만 (56.74점) 순이었다. 국민대표성 부분에서 역대 대통령 전체 평균(59.28점)보다 높은 점수를 받은 대통령은 박정희·노무현·김대중뿐이었다. 노무현은 박정희와 반대로 연령대가 높아질수록 점수가 낮아졌다. 20대(78.72점)와 60대(65.3점)의 점수 차는 13점이었다. 노무현은 광주·전라(82.33점)와 고향인 부산·경남(73.38점)에서는 평균 점수보다 높은 점수를 받았다. 반면 수도권(69.19점)과 대구·경북(69.23점)의 점수는 낮았다.

김대중 역시 연령대가 높아질수록 점수가 낮아졌지만 노무현에 비해 20대(73.48점)와 60대(66.4점) 간의 점수 차이는 작았다. 김대중은 고향이자 정치적 기반인 광주·전라(86.41점)에서 가장 높은 점수를 받았고 대구·경북(60.58점)에서 가장 낮은 점수를 받았다. 노무현과 달리 김대중의 수도권 점수는 평균 점수(69.8점)보다 1점가량 낮은 68.78점이었다.

국민대표성 분야에서 가장 낮은 점수를 받은 대통령은 노태우(45.06

재임기간 전체 국민을 잘 대표했다

	Total	성별		연령					수도권 여부별		권역별					
		남성	여성	만 19~29세	만 30~39세	만 40~49세	만 50~59세	만 60세 이상	수도권	지방	수도권	부산/경남	대구/경북	광주/전라	대전/충청	강원/제주
이승만	56.74	55.77	57.7	54.76	55.38	54.63	58.41	60.7	59.23	54.33	59.23	55.03	51.73	53.4	58.06	51.22
박정희	78.16	78.87	77.46	67.91	73.75	79.63	83.17	86	79.27	77.09	79.27	82.93	84.62	64.27	76.7	68.78
전두환	48.64	49.8	47.5	43.85	44.13	50.65	51.01	53.4	46.91	50.31	46.91	51.46	60.38	41.55	49.9	43.41
노태우	45.06	44.27	45.83	44.39	42.31	45.56	45.5	47.6	42.44	47.6	42.44	48.92	48.46	44.08	49.9	43.41
김영삼	51.96	52.02	51.9	53.16	50.29	50.28	53.44	53	48.54	55.28	48.54	59.62	50.38	54.37	56.7	49.76
김대중	69.8	70.24	69.37	73.48	72.5	68.43	68.36	66.4	68.78	70.79	68.78	68.54	60.58	86.41	72.43	61.95
노무현	71.98	73.19	70.79	78.72	75.19	72.5	68.25	65.3	69.19	74.69	69.19	73.38	69.23	82.33	76.31	70.24
이명박	51.88	51.01	52.74	49.73	50.29	50.19	53.44	55.9	52.52	51.26	52.52	56.94	53.85	44.27	49.13	45.85

점)였다. 이어 약 3점차로 전두환 대통령(48.64점)이 밑에서 2위를 차지하였다. 두 사람 모두 광주학살의 원흉이지만, 체육관 선거(전두환)를 통한 사람보다 직선제(노태우)를 통한 사람의 국민대표성을 더 낮게 평가한 것은 흥미롭다.

국민들이 선택한 '가장 부패한 정권'은 전두환 정권이었다. 이 문항은 점수가 낮을수록 더 부패한 정권임을 의미한다. 전두환은 37.52점을 받아 '비리공화국'의 오명에서 여전히 자유롭지 못했다. 역대 대통령 전체 평균 점수인 50.14점보다 13점가량 낮았다. 전두환의 동생 전경환은 새마을운동중앙본부 회장 재직 시 공금을 횡령한 혐의로 구속됐다. 형 전기환, 사촌형 전순환, 사촌동생 전우환 등도 '친인척비리'를 저질렀다. 게다가 아직까지 '전 재산이 29만 원'이라는 이유로 추징금을 납부하지 않고 있는 전두환에 대해 국민의 평가가 후할 수 없어 보인다. 대전·충청지역에서 전두환의 부패에 대한 평가는 평균 점수보다 9점가량 높은 46.02점이었다. 전두환의 고향인 경남 합천이 위치한 부산·경남지역의 부패 점수는 평균 점수보다 1점가량 낮은 36.82점이었다.

전두환 다음으로 부패한 대통령으로는 노태우(40.12점)가 뽑혔다. 천문학적 규모의 비자금을 조성했던 전두환·노태우에 대한 평가가 점수를 통해서도 보이는 셈이다. 노태우 정권의 부정부패에 대한 평가는 전두환과 마찬가지로 대전·충청지역에서 상대적으로 높은 50.12점을 받았다. 반면 그의 고향인 대구·경북지역에서 가장 낮은 점수인 36.35점을 받아 대구·경북 국민들이 노태우의 부패문제에서 만큼은 엄격하게 평가하고 있음을 알 수 있다.

이승만과 김영삼이 나란히 46.46점을 받았다. 이승만은 초대 대통령이었지만 그의 도덕적·윤리적 성숙도는 높지 않았다. 이승만은 반민특위를 가로막고 친일인사들을 그대로 기용했다. 국민방위군 사건, 3·15 부정선거 등 이후 그의 행적을 쫓아가봐도 청렴과는 거리가 멀었음을 알 수 있다. 하지만 연령이 높아질수록 이승만 정권의 부패에 대한 평가는 상대적으로 온건했다.

김영삼 정권의 부패는 소통령으로 불렸던 아들 김현철로 상징된다. 김영삼의 부정부패에 대한 평가는 수도권 여부에 따라 편차가 컸다. 수도권(43.74점)과 비수도권(49.09점)의 점수 차는 약 6점으로 역대 정권 가운데 수도권과 비수도권 점수 차가 가장 컸다.

이명박은 부패도에서 47.42점을 받았다. 이 대통령은 '만사형통'이라는 풍자를 나았던 친형 이상득 의원의 비리와 내곡동 사저 문제 등의 영향으로 정권부패 부분에서 낮은 점수를 받은 것으로 보인다.

박정희(58.58점)와 김대중(58.98점)의 점수 차이는 크지 않았다. 박정희가 독재정권을 유지했지만, 친인척비리 문제 등에서는 투명하게 관리했던 점이 높은 점수를 받는 데 영향을 미친 것으로 보인다. 김대중은 '홍삼트리오'로 불린 아들들이 모두 부정부패에 연루되었음에도 불구하고 정권 부패 부분에서 역대 대통령의 평균 점수(50.14점)보다 높은 점수를 얻었다. 김 대통령 집권 5년 차에 '부패방지위원회'를 출범시키는 등의 노력이 반영된 결과로 보인다.

대한민국 역대 대통령 중 가장 덜 부패한, 반대로 해석하면 가장 청렴한 대통령은 노무현이었다. 노무현은 65.54점을 받아 평균 점수보다

부패한 정권이다

	Total	성별		연령					수도권 여부별		권역별					
		남성	여성	만 19~29세	만 30~39세	만 40~49세	만 50~59세	만 60세 이상	수도권	지방	수도권	부산/경남	대구/경북	광주/전라	대전/충청	강원/제주
이승만	46.46	45.65	47.26	42.14	45.1	45.28	49.74	50.1	45.69	47.2	45.69	49.68	47.69	40.78	51.26	42.44
박정희	58.58	59.11	58.06	50.59	52.5	61.48	64.55	63.6	57.64	59.49	57.64	64.71	59.42	47.38	65.05	56.1
전두환	37.52	38.19	36.87	36.04	33.27	38.52	40.21	39.7	35.73	39.25	35.73	36.82	37.12	38.25	46.02	39.51
노태우	40.12	40.12	40.12	40.53	36.44	40.09	41.27	42.5	38.66	41.54	38.66	40	36.35	41.17	50.1	40
김영삼	46.46	47.5	45.44	46.1	45.38	45.46	48.36	47.2	43.74	49.09	43.74	50.7	43.85	46.6	54.37	49.27
김대중	58.98	59.44	58.53	60.53	60.19	59.72	58.2	56.2	57.07	60.83	57.07	59.11	52.88	68.93	63.88	59.51
노무현	65.54	66.69	64.4	68.45	69.62	67.22	61.38	60.7	63.09	67.91	63.09	68.41	68.08	69.32	66.6	65.37
이명박	47.42	47.3	47.54	44.39	44.81	47.69	48.78	51.4	44.84	49.92	44.84	50.45	49.42	43.5	56.89	47.8

15점가량 높았다. 노무현은 김대중 정권 시절 만들어진 '부패방지위원회'의 이름을 바꿔 '국가청렴위원회'를 만드는 등 부패관리에 노력을 기울였다. 그럼에도 노무현 역시 부정부패의 대표 항목으로 거론되는 '친인척비리'에서 자유롭지 못했다. 노무현의 형인 노건평이 세종증권 매각 로비에 개입해 수십 억 원을 챙긴 혐의로 구속됐다. 노무현은 취임 전부터 "인사 청탁하면 패가망신할 것"이라고 말했다. 하지만 정작 자신의 주위를 챙기는 데는 소홀했던 것일까. 역대 대통령 중 가장 청렴한 대통령으로 노무현이 선택된 것으로 보아 국민들은 부패를 척결하겠다는 노 대통령의 의지만큼은 높이 사주고 있는 것으로 보인다. '자살'을 선택한 전 대통령에 대한 안타까움도 반영되어 있을 테다.

국민들은 '재임기간 우리나라의 경제성장에 가장 기여한 대통령'으로 박정희를 꼽았다. 박정희는 역대 대통령 경제성장기여 평균 점수인 58.87점보다 30점가량 높은 88.64점을 받았다. 박정희가 경제부문에서만큼은 국민들의 압도적인 지지를 받고 있는 것으로 보인다. 박 정권의 경제성장은 민주적 가치를 훼손함으로써 이루어졌다. 국민들은 박 정권 시절 경제성장이 일어났다는 사실과 박정희의 경제성장 기여를 등치하는 것으로 보인다. 박정희의 경제성장 기여에 대한 평가 점수는 연령대가 높아질수록 상승했다. 20대 역시 박정희의 경제성장 기여도에 83.96점을 줄 정도로 그의 경제적 공에 대해서는 상당 부분 동의하고 있었다. 50대(91.64점)와 60대(92.3점) 모두 90점 이상의 점수를 줬다. 지역별로 살펴보면 박정희의 경제성장 기여도를 대구·경북(93.85점)에서 가장 높게 평가했고, 반면 광주·전라(73.01점)에서 가장 낮게 평가했다. 하지만 박정희 정권 시절 일어난 우리나라의 경제성장이 과연 박 대통령의 성과 인가는 논쟁 중이다. 진보 경제학자 유종일은 "박정희 정권의 고속성장 은 위험한 과속질주와 같은 것이었으며, 지속 가능하지 못한 것이었다" 라고 평가했다. 오늘날의 양극화와 재벌중심 경제구조 등이 박정희 개 발독재의 산물이라는 시각이다.

이어 김대중이 64.08점을 얻어 경제성장에 기여한 두 번째 대통령으 로 선정됐다. 박 대통령과는 20점 정도의 점수 차가 벌어졌다. 노무현 은 63.12점을 얻어 1점가량의 근소한 차이로 경제성장에 기여한 세 번 째 대통령으로 평가받았다. 의도치 않았지만, 민주정부 10년간의 경제 정책으로 인해 '신자유주의'를 불러왔다는 비난에서 자유롭지 못한 것 에 비해 긍정적인 평가로 보인다. 두 대통령 모두 수도권보다는 지방에 서 좋은 평가를 받았다. 김대중 대통령은 수도권에서 60.69점을 받았지 만 지방에서는 그보다 7점가량 높은 67.36점을 받았다. 노 대통령은 수 도권에서 58.86점을 지방에서는 9점가량 높은 67.24점을 얻었다.

이른바 7·4·7정책(경제성장률 7%, 국민소득 4만 달러, 7대 강국)을 내세우 며 경제대통령을 자임했던 이명박에 대한 평가는 좋지 않았다. 이명박 은 53.02점을 받아 전두환(54.86점)보다 낮은 평가를 받았다. 경제 성장 에 대한 기대가 컸던 만큼 국민들의 실망이 큰 것으로 보인다. 실제 이 명박 정부 집권기 동안 국민소득 2만 달러를 달성했다. 하지만 성장의 과실은 대부분 재벌 대기업이 가져갔다. 국민들이 경제성장을 체감하지 못하고 있는 것이다. 결혼·육아 등으로 생활 전반의 비용 증가를 경험 하는 30대(49.95점)가 이명박 정권의 경제 성장 평가에 가장 낮은 점수를

재임기간 우리나라의 경제성장에 기여했다

	Total	성별		연령					수도권 여부별		권역별					
		남성	여성	만19~29세	만30~39세	만40~49세	만50~59세	만60세이상	수도권	지방	수도권	부산/경남	대구/경북	광주/전라	대전/충청	강원/제주
이승만	50.78	49.23	52.3	52.19	49.33	48.52	50.16	54	51.14	50.43	51.14	51.97	49.42	45.44	57.67	41.46
박정희	88.64	89.03	88.25	83.96	85.87	89.35	91.64	92.3	90.85	86.5	90.85	89.04	93.85	73.01	89.51	84.39
전두환	54.86	55.97	53.77	50.27	52.6	59.26	54.18	57.4	52.85	56.81	52.85	58.09	69.62	46.6	53.59	53.17
노태우	46.98	46.98	46.98	45.78	46.25	46.94	46.24	49.6	44.02	49.84	44.02	53.5	52.88	43.88	48.74	45.85
김영삼	49.46	48.95	49.96	49.84	47.4	49.44	48.99	51.7	45.69	53.11	45.69	57.71	50.58	48.74	56.31	44.88
김대중	64.08	64.68	63.49	67.91	64.33	61.94	62.22	64.3	60.69	67.36	60.69	65.1	58.27	82.91	69.32	55.12
노무현	63.12	63.55	62.7	68.13	64.9	61.39	61.38	60.1	58.86	67.24	58.86	66.62	60.77	77.48	68.54	57.07
이명박	53.02	53.23	52.82	49.95	48.75	52.5	56.3	57.8	53.7	52.36	53.7	57.2	58.65	42.52	49.51	49.76

줬다. 이는 20대(48.75점)보다 낮은 점수다. 광주·전라(42.52점), 대전·충청(49.51점), 강원·제주(49.76점) 권역 등에서는 이명박 경제정책에 대한 점수가 50점에 미치지 못했다.

외환위기 상황에서 IMF체제를 수용한 김영삼은 49.46점을 받아 간신히 꼴찌 자리를 면했다. 경제성장의 공이 가장 적다고 평가받은 대통령은 노태우였다. 노태우는 46.98점을 받았다. 실제 노태우 대통령의 정책의 우선순위는 북방외교 등이 앞자리를 차지했던 반면 경제는 뒷전이었던 것으로 평가된다. 노 대통령은 부산·경남(53.5점)과 대구·경북(52.88점)지역에서는 상대적으로 높은 점수를 받았지만 수도권(44.02점)과 광주·전라(43.88점)에서는 낮은 점수를 받았다.

국민들은 '한반도 평화와 남북관계 개선에 기여'한 대통령의 첫 순위로 김대중을 꼽았다. 김대중의 한반도 평화 기여도는 81.04점으로 역대 대통령 평균 54.10점보다 27점가량 높았다. 김대중은 일관되게 '햇볕정책'을 추진하며 남북정상회담을 성사시켰다. 전 연령대에 걸쳐 김대중은 한반도 평화 기여도에 있어 좋은 평가를 받았다. 그의 고향이자 정치적 기반인 광주·전라지역에서 최고점인 91.08점을 받았다. 반면 부산·경남(78.22점)과 대구·경북(78.27점)에서는 점수가 낮았다. 부산·경남과 대구·경북에서도 전체 대통령 가운데 김대중의 한반도 평화 기여 점수가 가장 높았다.

노무현이 71.08점을 받아 두 번째로 한반도 평화에 기여한 대통령으로 평가됐다. 김대중의 대북정책을 계승한 노무현은 대북포용정책을 기조로 2007년 10·4선언을 채택했다. 노무현의 한반도 평화 기여에 대한

한반도 평화와 남북한 관계 개선에 기여했다

	Total	성별		연령					수도권 여부별		권역별					
		남성	여성	만 19~29세	만 30~39세	만 40~49세	만 50~59세	만 60세 이상	수도권	지방	수도권	부산/경남	대구/경북	광주/전라	대전/충청	강원/제주
이승만	44.12	42.82	45.4	42.03	45.19	41.85	43.81	47.7	41.63	46.54	41.63	49.17	45	43.3	51.07	37.07
박정희	53.12	52.7	53.53	46.31	50.48	53.89	54.92	59.7	48.46	57.64	48.46	56.05	61.73	50.29	66.21	50.24
전두환	43.06	43.43	42.7	41.18	42.02	43.24	41.8	46.9	39.31	46.69	39.31	44.84	54.04	40.58	49.32	43.9
노태우	43.86	43.91	43.81	42.99	42.21	43.33	44.02	46.8	40.12	47.48	40.12	47.52	48.65	44.08	51.46	42.93
김영삼	50.4	50.77	50.04	48.13	50.29	49.26	50.26	54	45.57	55.08	45.57	56.82	52.5	52.43	57.86	54.63
김대중	82.14	82.38	81.9	84.6	82.4	82.22	79.89	81.6	82.2	82.09	82.2	78.22	78.27	91.07	83.69	80
노무현	71.8	72.82	70.79	74.76	72.6	72.69	69.21	69.7	71.54	72.05	71.54	69.55	67.88	80.39	73.4	67.8
이명박	44.28	43.23	45.32	41.39	42.31	43.52	44.97	49.2	42.6	45.91	42.6	49.55	46.73	36.7	49.51	43.9

240

평가는 김대중과 마찬가지로 광주·전라(80.39점)지역에서 가장 점수가 높았다.

이어 박정희(53.12점), 김영삼(50.40점), 이명박(44.28점), 이승만(44.12점) 순이었다. 이들은 모두 전체 평균점(54.10점)보다 낮았다. 박정희는 1972년 7·4남북공동성명을 발표했지만, 실제로는 남북 모두 각각 국내 체제를 강화하기 위해 쓰였다는 비판을 받았다. 박정희가 상대적으로 한반도 평화 항목에서 좋은 평가를 받은 이유는 평화를 위한 '안보'정책에서 비롯된 것으로 보인다. 임기 내내 반공정책을 강조하는 등 북한에 대한 공격과 방어태세에 만전을 기한 박정희는 역설적으로 평화의 수호자 분위기를 조성했던 셈이다.

이명박은 민주정부 10년의 대북정책을 '퍼주기 정책'이라고 비판하며, '비핵개방 3000', '그랜드바겐' 등을 통해 강력한 상호주의 원칙을 견지했다. 연평도 포격, 천안함 사태 등으로 인해 남북관계가 냉각된 상태에서 북한은 계속해서 남한에 대한 도발을 이어갔다. 개선 기미를 보이지 않던 남북관계는 경제협력 분야에도 부정적인 영향을 미쳐 개성공단에 입주한 남한의 중소기업 상당수가 피해를 봤다. 실용주의 원칙을 앞세워 북한을 강제적으로 변화시키려 했던 이명박 정부의 대북정책이 실효성을 잃음으로서, 한반도 평화와 남북관계개선 평가에서 낮은 점수를 받은 것으로 보인다.

노태우(43.86점)와 전두환(43.06점)이 남북관계 개선 부분에서 최하위권을 차지했다. 노태우 정권은 1991년 남북기본합의서를 채택해 1991년 9월 16일 남북한이 만장일치로 유엔에 동시 가입하는 성과를 이루

제임기간 사회통합의 정도가 높다

	Total	성별		연령					수도권 여부별		권역별					
		남성	여성	만 19~29세	만 30~39세	만 40~49세	만 50~59세	만 60세 이상	수도권	지방	수도권	부산/경남	대구/경북	광주/전라	대전/충청	강원/제주
이승만	49.06	48.15	49.96	47.81	49.23	47.22	48.36	52.7	49.27	48.86	49.27	51.08	46.73	44.85	53.79	43.41
박정희	64.96	64.76	65.16	59.89	62.4	65.37	66.03	70.9	62.15	67.68	62.15	68.15	71.92	55.73	73.98	69.27
전두환	46.18	46.85	45.52	44.28	41.73	48.24	45.61	50.9	43.62	48.66	43.62	47.13	57.5	38.45	52.43	48.29
노태우	46.34	46.29	46.39	44.81	43.65	46.76	46.24	50.2	44.59	48.03	44.59	50.19	47.12	43.5	51.46	44.88
김영삼	52.92	53.39	52.46	52.51	51.06	51.3	53.54	56.4	49.84	55.91	49.84	59.87	52.31	51.46	57.09	58.05
김대중	66.86	67.82	65.91	68.34	67.69	66.2	64.97	67.1	64.72	68.94	64.72	68.03	61.73	76.12	72.82	62.93
노무현	69.18	69.88	68.49	71.02	71.44	70.09	68.57	64.7	66.59	71.69	66.59	71.72	67.5	75.15	73.59	68.78
이명박	48.64	47.38	49.88	47.06	44.71	48.15	49.31	54.1	46.67	50.55	46.67	57.2	50	41.55	50.49	49.27

기도 했다. 이후 1993년 북한이 핵확산금지조약NPT에서 탈퇴하며 남북 관계는 경색됐다. 노태우는 북방외교를 추진하는 등의 노력을 보였지 만 대북관계에 있어 실질적인 변화를 이끌어내지 못했다는 점에서 좋지 않은 평가를 받은 것으로 보인다. 전두환 정권은 남북관계 개선을 위한 구체적인 정책이 없었고 냉전분위기 속에서 박정희 정권의 반공정책을 답습하였다.

대한민국 국민들은 '사회통합'이 잘 되었던 정권으로 노무현 정권을 선택했다. 노무현 정권은 역대 정권 평균점인 55.52점보다 14점가량 높 은 69.18점을 받았다. 노무현의 사회통합 기여도에 대한 평가는 30대 (71.44점)에서 가장 높았다. 20대(71.02점)와 40대(70.09점)도 상대적으로 높은 점수를 줬다. 반면 60대 이상의 국민들은 노무현의 사회통합 정 도에 64.7점을 줬다. 수도권(66.59점)보다 지방(71.69점)에서 점수가 높았 다. 지방 권역별로는 광주·전라(75.15점), 대전·충청(73.59점), 부산·경 남(71.72점)에서 지방 평균 점수보다 높은 점수를 받았다. 지역주의와 권 위주의 타파를 내세웠던 노무현의 정책적 노력을 국민들이 높이 사고 있는 것으로 보인다.

이어 김대중(66.86점), 박정희(64.96점) 순으로 사회통합 기여도가 높은 것으로 평가됐다. 김영삼(52.92점), 전두환(46.18점)과 노태우(46.34점)는 사회통합 평균점보다 점수가 낮았다.

'재임 기간 중 민주주의 구현' 정도가 가장 높았던 대통령은 노무현이 었다. 노무현(74.96점)과 김대중(73.24점)의 점수 차이는 2점 남짓이었다. 두 대통령 모두 연령대가 낮을수록 높은 점수를 받았다. 연령대별 점수

차는 노무현은 30대(76.92점)와 40대(76.11점)의 점수 차가, 김대중은 20대(76.36점)와 30대(75.38점)간의 차이가 가장 작았다. 지역별로 보면 대구·경북지역에서는 노무현에 대한 평가가 74.04점으로 김대중(63.65점)보다 월등하게 높았다. 반면 광주·전라지역에서는 김대중이 87.38점을 받아 노무현(82.14점)보다 민주주의 구현에서 긍정적인 평가를 받았다.

김영삼은 평균(55.36점)보다 2점가량 높은 57.62점을 받았다. 김대중·노무현 두 대통령과 점수 차가 15점 이상 벌어졌다. 헌정 사상 처음으로 직업 군인 출신이 아닌 일반 국민이 대통령에 당선되며 얻은 '문민정부'라는 타이틀이 평가에 영향을 미친 것으로 보인다. 김영삼 정부의 민주주의 구현에 대한 평가는 40대(54.72점)에서 가장 낮았고 60대 이상(60점)에서 가장 높았다.

이어 박정희(51.66점), 이명박(51.18점) 순이었다. 헌법을 유린해 쿠데타를 일으킨 박정희가 민주주의 구현 부분에서 보통(50점) 이상의 점수를 받고 평균 점수보다 4점밖에 낮지 않은 것은 주목할 만한 부분이다. 연령별로 살펴보면 20대 46.1점, 30대 49.23점, 40대 49.91점, 50대 55.24점, 60대 57.9점으로, 연령이 높아질수록 박정희 정권의 민주주의 구현에 대한 평가가 긍정적이었다. 박정희 정권의 민주주의에 대한 인식이 세대 별로 뚜렷하게 차이가 나는 것을 알 수 있다. 지역별로도 제주·강원(44.39점), 광주·전라(46.8점) 순으로 점수가 낮았지만 대구·경북(55.96점), 부산·경남(55.16점)에서는 점수가 비교적 높았다. 이를 박정희 정권의 경제발전을 평가하는 부분과 연관해 해석할 수 있다. 박정희 정권의 경제적 평가에 대한 점수가 높을수록 민주주의 구현 정도에 대

제왕기간 민주주의 구현 정도가 높다

	Total	성별		연령					수도권 여부별		권역별					
		남성	여성	만 19~29세	만 30~39세	만 40~49세	만 50~59세	만 60세 이상	수도권	지방	수도권	부산/경남	대구/경북	광주/전라	대전/충청	강원/제주
이승만	46.56	45.2	47.9	44.06	45.29	45.19	47.09	51.2	44.11	48.94	44.11	52.74	44.62	44.66	56.89	36.1
박정희	51.66	50.16	53.13	46.1	49.23	49.91	55.24	57.9	49.67	53.58	49.67	55.16	55.96	46.8	59.22	44.39
전두환	40.48	40.4	40.56	36.9	39.33	40.09	40.42	45.5	38.41	42.48	38.41	44.08	45.38	34.37	46.21	40
노태우	46.64	45.24	48.02	45.45	45.19	46.02	47.09	49.5	43.9	49.29	43.9	50.83	51.15	43.88	52.23	44.88
김영삼	57.62	57.7	57.54	56.15	57.88	54.72	59.58	60	56.34	58.86	56.34	61.78	55.19	54.56	62.72	58.05
김대중	73.74	74.48	73.02	76.36	75.38	72.5	72.7	71.9	72.44	75	72.44	71.21	63.65	87.38	80.97	72.2
노무현	74.96	75.97	73.97	78.29	76.92	76.11	71.75	71.6	72.64	77.2	72.64	75.8	74.04	82.14	78.06	76.1
이명박	51.18	50.77	51.59	49.95	49.23	48.7	52.17	56.1	50.85	51.5	50.85	57.96	50.38	43.11	53.79	44.88

한 점수가 높은 경향을 보였다.

이명박 정권이 민주주의 구현 부문에서 낮은 점수를 받은 것은 방송통제 등으로 여론을 옥죄려고 하였기 때문으로 보인다. 이명박 정권이 낙하산 사장으로 언론을 장악했고, 그 결과 KBS, MBC 등이 장기파업을 벌였다. '미네르바 사건'과 '박정근 사건'에서 볼 수 있듯 여론을 통제하려는 움직임이 계속해서 일어났다. 이명박의 민주주의 구현에 대해 20대는 49.95점, 30대 49.23점, 40대 48.7점으로 평가했다.

노태우(46.64점), 이승만(46.56점), 전두환(40.48점) 등은 100점 만점 중 절반에도 미치지 못하는 점수를 받았다. 역대 대통령 가운데 가장 낮은 점수를 받은 전두환은 광주민주화운동을 벌이는 시민들을 학살한 '도살자'이다. 예상대로 광주·전라(34.37점)지역에서 가장 낮은 점수를 받았다. 전두환은 50대(40.42점)와 60대 이상(45.5점)에서도 민주주의 구현 부분에 대해 낮은 점수를 받았다. 50대 이상의 중·장년층에서 박정희 정권의 민주주의에 대한 평가에 비해 전두환 대통령에 대한 평가가 상대적으로 엄격하게 나타났다. 박정희 정권의 민주주의 구현에 대한 평가는 50대는 55.24점 60대 이상은 57.9점을 줬다. 전두환 정권과 모두 10점 이상의 차이가 난다. 재임기간 국민의 기억에 남을 만한 성과가 없었던 전두환 정권은 그의 '과'를 상쇄할 만한 그 무엇도 가지고 있지 못한 것이다. 무엇보다 학살의 기억이 국민들 뇌리에서 떠나기는 쉽지 않을 것이다.

'재임기간 세계에서 한국의 위상을 높인' 대통령으로는 박정희를 선택했다. 박정희 대통령은 100점 만점 중 74.76점을 받았다. 역대 대통

재임기간 세계에서 한국의 위상을 높였다

	Total	성별		연령					수도권 여부별		권역별					
		남성	여성	만 19~29세	만 30~39세	만 40~49세	만 50~59세	만 60세 이상	수도권	지방	수도권	부산/경남	대구/경북	광주/전라	대전/충청	강원/제주
이승만	49.72	48.99	50.44	48.56	49.23	47.41	50.26	53.3	51.18	48.31	51.18	49.94	48.27	44.08	52.82	41.46
박정희	74.76	75.73	73.81	68.66	71.54	76.11	77.78	79.5	74.55	74.96	74.55	78.73	81.54	60.58	80.39	66.34
전두환	47.74	48.59	46.9	43.96	44.62	50	47.94	51.9	44.47	50.91	44.47	51.97	60	40.58	48.93	54.63
노태우	44.82	44.92	44.72	44.06	43.27	45.19	43.7	47.8	40.98	48.54	40.98	50.06	50.77	42.91	51.26	44.39
김영삼	50.56	50.12	50.99	49.84	49.9	48.7	50.9	53.6	46.87	54.13	46.87	57.07	52.69	49.9	56.89	50.24
김대중	73.4	72.82	73.97	76.68	75.58	72.59	69.63	72.5	72.97	73.82	72.97	71.08	66.92	82.52	75.34	76.1
노무현	65.06	65.97	64.17	70.59	68.46	63.98	62.22	60.2	61.38	68.62	61.38	66.88	63.85	75.73	70.29	65.37
이명박	57.62	57.86	57.38	55.4	54.81	56.76	58.31	62.9	59.55	55.75	59.55	63.18	59.04	44.47	52.62	55.12

령 평균 점수는 57.96점이다. 박정희 정권 시절 일어난 경제 성장이 세계 속 한국의 위상 제고 평가에 긍정적인 영향을 미친 것으로 보인다. 하지만 지역별 평가를 살펴보면 '위상'의 의미에는 경제적인 요소만 포함하는 것이 아님을 알 수 있다. 광주·전라(60.58점)와 강원·제주(66.34점)의 점수는 평균 점수보다 각각 14점, 8점가량 낮았다. 두 권역은 박정희 정권의 민주주의 구현에 대해서도 각각 광주·전라 46.8점, 강원·제주 44.39점으로 가장 낮게 줬다. 상당수 국민들이 '세계 속 한국의 위상'을 경제적 성과뿐만 아니라 정치적 성숙을 함께 평가하고 있음을 의미한다.

김대중은 박정희와 1점가량의 차이로 73.4점을 받았다. 김대중은 대한민국 최초로 노벨평화상을 받았다. 한반도 평화를 위한 새로운 길을 마련한 김대중의 정책들이 세계 속 한국의 위상을 높인 대통령이라는 평가로 이어진 것으로 보인다. 60대 이상의 국민에게서도 김대중 대통령의 세계 위상 제고에 대한 점수가 높았다. 60대 이상(72.5점)의 평가는 20대(76.68점)와 30대(75.58점)보다는 낮았지만 40대(72.59점)와는 점수 차가 1점 내로 크지 않았고 50대(69.63점)보다는 높았다. 전쟁을 경험한 60대 이상 국민들에게 '평화'라는 가치가 얼마나 중요한 것인지 읽을 수 있는 대목이다.

이어 노무현(65.05점), 이명박(57.62점), 김영삼(50.56점) 등의 순이었다. 이승만(49.72점), 전두환(47.74점), 노태우(44.82점) 등은 세계 위상 제고 부분에서 상대적으로 낮은 점수를 받았다.

'시대상황에 맞추어 정권의 목표와 방향'을 가장 적절하게 설정한 대

시대상황에 맞추어 정권의 목표와 방향을 적절하게 설정했다

	Total	성별		연령					수도권 여부별		권역별					
		남성	여성	만 19~29세	만 30~39세	만 40~49세	만 50~59세	만 60세 이상	수도권	지방	수도권	부산/경남	대구/경북	광주/전라	대전/충청	강원/제주
이승만	53.38	51.77	54.96	51.66	53.85	50.56	53.12	57.8	55.45	51.38	55.45	55.41	47.5	46.6	57.09	43.41
박정희	77.4	78.06	76.75	70.59	73.08	79.17	79.37	84.5	78.98	75.87	78.98	77.32	84.42	60.58	81.55	72.68
전두환	50.86	52.02	49.72	45.56	47.31	53.43	52.28	55.4	49.55	52.13	49.55	52.23	63.08	40.19	50.68	57.56
노태우	46.06	46.49	45.63	44.6	44.52	46.3	46.88	48	44.35	47.72	44.35	50.06	48.85	43.69	50.29	39.51
김영삼	51.5	51.37	51.63	51.02	50.96	51.02	52.06	52.5	48.82	54.09	48.82	57.58	50.38	53.4	55.15	49.27
김대중	66.84	67.34	66.35	69.52	68.75	66.3	64.02	65.6	65.53	68.11	65.53	63.57	58.65	81.17	72.82	64.88
노무현	66.92	67.78	66.07	71.76	72.02	68.06	62.54	60	63.29	70.43	63.29	69.04	64.42	76.31	72.82	70.24
이명박	53.3	53.02	53.57	50.59	49.52	51.67	55.56	59.4	54.63	52.01	54.63	57.71	53.85	45.44	49.71	47.8

통령, 즉 시대정신을 가장 제대로 구현한 대통령은 박정희였다. 국가 주도의 경제발전을 이끈 박정희가 시대정신 구현 항목에서도 높은 점수를 받은 것으로 보인다. 하지만 연령별로 살펴보면 경제성장 평가 때보다 편차가 컸다. 시대정신 구현 항목에서 20대(70.59점)와 60대 이상(84.5점)의 차이는 14점이었다. 경제성장 부분에서 20대(83.96점)와 60대 이상(92.3점)의 점수 차이는 9점이었다. 박정희는 국민이 더 이상 밥만 먹고 살지 않는다는 것을 이해하지 못했는지, 정권이 끝나는 순간까지 민주주의를 유린했다. 박정희의 반민주적인 행적이 시대정신 구현 항목의 청년층의 평가에 영향을 미친 것으로 보인다.

이어 노무현(66.92점)과 김대중(66.84점)이 시대정신 부분에서 상위권에 포함됐다. 초대 대통령인 이승만의 시대정신 구현 정도 점수는 53.38점이었다. 혼란한 상황을 수습하며 나라를 안정시키기는 데 골몰하기보다는 부정선거를 자행하며 권력 지키기에 매몰되었던 이 대통령을 바라보는 국민들의 평가가 그리 긍정적일 수만은 없는 것으로 해석할 수 있다.

경제성장을 정권의 최우선 과제로 내걸었던 이명박은 53.3점을 받아 이승만과 0.08점이라는 근소한 점수 차를 보였다. 경제가 성장되어야 한다는 데 국민들의 이견은 없었을 테지만, 동반성장은 구호에 그쳤고 서민들의 삶이 더욱 팍팍해졌던 현실을 반영한 결과로 풀이된다.

시대정신 구현에서도 김영삼(51.5점), 전두환(50.86점), 노태우(46.06점)가 낮은 점수를 받았다. 전두환과 노태우의 행적 중에 재임 기간 국민들의 기억 속에 각인된 긍정적인 무언가가 없다는 방증이다. 이는 대통령 선호도 평가에서 전두환(100점 만점에서 9.1점)과 노태우(8.3점)가 최하위권을 차지하고 있는 것과 같은 맥락이다.

설문조사 가운데 '만일 올해 대선에 제시된 역대 대통령들이 다시 출마한다고 가정한다면 어떤 후보에게 투표하시겠습니까?'(이하 역대 대통령 가상투표선호도)라는 질문에는 박정희가 45.5%로 역대 대통령 가운데 1위를 차지했다. 박정희에 이어 노무현이 29.5%, 김대중이 16%였다. 대통령 선거와는 관계없다는 전제하에 역대 대통령 개인 선호도를 물었을 때도 마찬가지로 박정희(18.3%)-노무현(16.4%)-김대중(15.5%) 순으로 나타났다.

역대 대통령 가상투표선호도(%)

		이승만	박정희	전두환	노태우	김영삼	김대중	노무현	이명박
	전체	1.2	45.5	3	0.5	1	16	29.5	3.3
성별	남성	1.4	45.2	3.6	0.4	1	14.7	30.6	3
	여성	1	45.8	2.4	0.6	1	17.3	28.4	3.6
연령	만 19~29세	0.5	23.5	1.1	0.5	0.5	21.4	47.6	4.8
	만 30~39세	1.9	29.3	2.9	1	1	16.3	44.2	3.4
	만 40~49세	0.9	44.9	5.1	0.5	2.8	13.4	31.5	0.9
	만 50~59세	1.1	59.3	3.7	0.5	0.5	15.3	14.8	4.8
	만 60세 이상	1.5	70.5	2	0	0	14	9	3

역대 대통령 가상투표선호도와 개인선호도(이하 역대 대통령 선호도)는 연령별, 지역별 설문조사에서 비슷한 형태로 나타났다. 그러나 역대 대통령 간 편차는 개인선호도가 가상투표선호도에 비해 낮은 것으로 조사되었다. 역대 대통령의 개인선호도는 가상투표선호도에 비해 전체적으로 표가 분산되었다. 두 지표 모두 평균 점수는 12.5%였지만 가상투

표선호도에서는 1위인 박정희가 45.5%, 8위인 노태우가 0.5%로 편차가 큰 반면, 개인선호도에서는 1위인 박정희가 18.3%, 8위인 노태우가 8.3%로 편차가 작았다. 이는 개인적으로 선호하는 후보자와 실제 선거 시 선택하는 후보자가 다르기 때문에 이러한 현상이 나타나는 것으로 보인다. '선거'라는 변수가 두 지표의 차이를 가져온 것이다. 이 때문에 가상투표선호도에서는 당선 가능성이 높은 박정희-김대중-노무현이 집중적인 지지를 받았다.

		이승만	박정희	전두환	노태우	김영삼	김대중	노무현	이명박	무응답
전체(%)	가상투표선호도	1.2	45.5	3	0.5	1	16	29.5	3.3	0
	개인선호도	10.9	18.3	9.1	8.3	11.2	15.5	16.4	9.9	0.4

연령별로 역대 대통령 선호도는 큰 차이를 보였다. 박정희는 20대에서 60대 이상으로 갈수록 계속해서 지지도가 증가하는 것으로 나타났다. 박정희 가상투표선호도는 20대 23.5%, 30대 29.3%, 40대 44.9%, 50대 59.3%, 60대 이상 70.5%로 계속해서 증가하는 추세를 보였다. 60대 이상에서 가장 점수가 높아 가상투표선호도 박정희 평균인 45.5%를 훌쩍 넘었다. 이에 반해, 노무현의 가상투표선호도와 개인선호도는 20대에서 60대로 갈수록 점차 감소하는 결과를 보였다. 노무현의 가상투표선호도는 20대 47.6%로 시작해 30대 44.2%, 40대 31.5%, 50대 14.8%, 마지막으로 60대 이상은 9%로 가장 낮았다. 이러한 결과는 개인선호도에서도 같은 양상을 보인다.

역대 대통령 선호도에서 가장 눈에 띄는 점은 지역별 차이다. 전국 16개 광역지방자치단체 중 절반 정도는 전체 평균과 큰 차이를 보이지 않았으나 매번 선거에서 지역주의 감정이 들어나는 곳인 박정희의 고향 대구·경북의 대통령 선호도와 전라도의 선호도가 큰 차이를 보였다. 대구와 경북이 각각 70%와 74.1%라는 평균보다 훨씬 높은 가상투표 선호도 점수를 박정희에게 주었다. 지역주의의 영향으로 대구, 경북지역에서 김대중의 선호도는 대구 6%, 경북 5.6%였다. 반면 전라지역(전북/전남/광주)은 김대중과 노무현의 선호도가 높고 박정희의 선호도가 낮았다. 특히 이 세 지역은 김대중의 선호도(가상투표선호도 전북54.1%/전남56.4%/광주66.7%)가 높은 편이었다. 도시인 광주는 박정희에게 14.8%를, 전북은 5.4%를 주었다. 특히 전남은 가상투표선호도에서 김대중에게 56.4%, 노무현에게 43.6%를 주고 박정희를 비롯한 다른 역대 대통령은 지지율이 0%였다.

지역단위별로는 대도시에서는 박정희, 중소 도시에서는 노무현, 군 지역에서는 김대중의 가상투표선호도가 오른 것으로 나타났다. 대도시에서의 박정희 선호도는 48.2%로 평균에 비해 2.7%포인트 상승했다. 중소 도시에서는 노무현의 선호도가 32.8%로 평균에 비해 3%포인트 이상 높아졌다. 군 단위 주민에게 22.7%을 받은 김대중은 대도시에서는 13.9%, 중소도시에서는 16.9%를 받았다. 김대중은 지방에서 18.7%로 수도권 13.2%에 비해 5.5%포인트나 높아 지방, 군 단위 거주하는 주민들이 김대중을 선호하는 것으로 나타났다. 이는 전라도의 지역적 특성이 반영된 결과이기도 하다.

역대 대통령 가상투표선호도(%)

		이승만	박정희	전두환	노태우	김영삼	김대중	노무현	이명박
지역	서울	0.5	45.9	3.8	0.5	1.4	15.3	26.8	5.7
	부산	4.2	54.9	1.4	0	4.2	4.2	26.8	4.2
	대구	0	70	8	0	0	6	16	0
	인천	0	46.3	5.6	0	0	5.6	37	5.6
	광주	0	14.8	0	0	0	66.7	18.5	0
	대전	0	41.4	0	0	0	10.3	48.3	0
	울산	0	52.4	4.8	0	0	9.5	23.8	9.5
	경기	3.1	45.9	1.7	1.3	1.3	13.1	30.1	3.5
	강원	0	35.5	6.5	0	3.2	3.2	48.4	3.2
	충북	3.2	45.2	6.5	0	0	22.6	19.4	3.2
	충남	0	53.5	4.7	0	0	11.6	30.2	0
	전북	0	5.4	0	0	0	54.1	40.5	0
	전남	0	0	0	0	0	56.4	43.6	0
	경북	0	74.1	1.9	1.9	0	5.6	11.1	5.6
	경남	0	47.7	3.1	0	0	9.2	40	0
	제주	0	70	0	0	0	20	10	0
지역 규모	대도시	0.9	48.2	3.7	0.2	1.3	13.9	27.5	4.3
	중소 도시	1.3	42.8	2	0.9	0.9	16.9	32.8	2.4
	군 지역 (읍/면)	2.3	45.5	4.5	0	0	22.7	22.7	2.3
수도권 여부별	수도권	1.6	45.9	3	0.8	1.2	13.2	29.5	4.7
	지방	0.8	45.1	3	0.2	0.8	18.7	29.5	2

대학생 설문조사

우리나라 대학생들은 역대 대통령의 '국민대표성', '사회통합', '경제성장', '한반도 평화' 등의 8개 항목 가운데 경제성장(40.98점)을 제외하고 30점대의 점수를 줬다. 일반인보다 20점가량 낮은 수치다. 20대이고 1986~1993년에 태어난 지금의 대학생은 1997년 유치원, 초등학교 시절 IMF를 겪었다. 인터넷과 모바일 혁명을 두루 경험하며 온라인 문화에 친숙하다. 항간에서는 '20대 개새끼론'이 나올 만큼 정치 참여도가 낮고 개인적이며 이기적이라는 비난을 받기도 한다. 하지만 낮은 정치 참여 수준과는 별개로, 대학생들은 대통령에 대한 낮은 평가를 통해 자신들이 대한민국 정치에 가지고 있는 '불신'을 보여준다고 할 수 있다. 대학생들의 대통령 평가 점수가 높은 순서는 경제성장에 이어 시대정신(39.28점), 세계 속 한국 위상(38.14점) 순이었다.

〈역대 대통령 평가—대학생〉								
	1) 국민 대표성	2) 부패한 정권	3) 경제 성장	4) 한반도 평화와 남북관계	5) 사회 통합	6) 민주주의 구현	7) 세계 속 한국 위상	8) 시대 정신
평균	32.03	32.84	40.98	32.53	32.03	32.86	38.14	39.28
이승만	16.92	17.09	28.05	9.36	18.3	11.37	17.32	25.72
박정희	30.46	25.15	74.28	14.05	31.18	6.96	48.67	56.07
전두환	8.95	12.67	37.47	12.31	16.48	5.34	20.3	20.2
노태우	15.12	19.4	29.87	19.91	21.21	17.87	23.37	22.74
김영삼	34.33	37.55	22.81	31.13	34.93	43.92	28.46	34.8
김대중	64.5	59.4	56.64	84.42	59.86	73.84	76.14	67.12
노무현	67.43	68.32	52.72	72.44	57.44	81.3	59.34	62.67
이명박	18.89	23.15	26.05	16.59	16.87	22.31	31.56	24.92

우리나라 대학생들은 국민을 가장 잘 대표하는 대통령으로 노무현을 선택했다. 노무현은 100점 만점 중 67.43점을 받아 평균 32.03점보다 35점가량 높은 점수를 기록했다. 국민대표성 점수는 사회통합 점수와 함께 8개의 평가 항목 중 전체 평균 점수가 가장 낮았다. 노무현의 인권변호사 활동과, 대통령 임기 중 권위주의 타파 노력, 대통령 퇴임 이후의 보통사람으로서의 삶의 모습 등이 대학생의 평가에 좋은 영향을 미친 것으로 보인다. 이어 김대중(64.50점)이 노무현과 3점가량의 차이로 국민을 가장 잘 대표하는 두 번째 대통령이었다. 김영삼(34.33), 박정희(30.46점)는 30점대의 점수를 기록했다. 이명박(18.89점), 이승만(16.92점), 노태우(15.12점)는 10점대의 점수를 기록했다. 100점 만점 기준으로 10점대의 대통령이 절반 이상이라는 사실은 우리나라 대학생들이 역대 대통령에 대해 가지고 있는 반감을 여실히 보여주는 대목이다. 민주적인 방법으로 정권을 획득했음에도 이명박의 국민대표성이 20점에 채 미치지 못한다는 결과는 이명박 정권의 계급성을 젊은 세대가 엄격하게 인식하고 있음을 보여준다. 가장 최근에 재임한 대통령에 대한 평가가 전임 대통령들에 대한 것보다 더욱 냉정할 수 있다는 정황을 감안하더라도, 어쨌거나 공식적으로 대한민국을 대표하는 대통령이 받은 점수라기에는 너무 낮아 냉소를 넘어 안타까움을 느끼게 한다. 대학생들은 국민대표성이 가장 낮은 대통령으로 전두환(8.59점)을 꼽았다.

노무현 정권이 68.32점을 받아 부패도가 가장 낮은 정권으로 뽑혔다. 이 문항은 점수가 높을수록 부패도가 낮은 것을 의미한다. 노무현 정권은 역대 정권의 부패도 평균 점수인 32.84점보다 2배 이상 높은 점수를 기록했다. 노무현 정권 하에서 형인 노건평 등의 친인척비리가 일어났음에도 대학생들은 상대적으로 노무현 정권을 청렴하게 평가하는 것으로 보인다. 이어 김대중 59.40점, 김영삼 37.55점을 받았다. 부패도 평가 항목에서도 국민대표성 평가점수 순서와 같이 노무현-김대중-김영삼 순이 유지되었다. 김대중 정권의 '홍삼트리오' 등의 친인척비리가 대학생집단에서는 부패도 평가에 크게 영향을 미치지 않은 것으로 보인다. 박정희(25.15점), 이명박(23.15점)은 20점대의 낮은 점수를 받았다. 다음은 노태우(19.40점), 이승만(17.09점), 전두환(12.67점) 순이었다. 노태우와 전두환의 재임 중 비리와 막대한 비자금 조성이 대학생들의 평가에 상당 부분 영향을 미친 것으로 보인다.

대학생들은 경제성장 기여도가 가장 높은 대통령으로 박정희를 꼽았다. 박정희는 평균 점수인 40.98점보다 34점가량 높은 74.28점을 받았다. 대학생들이 박정희 정권의 대표성에 대해 30점 정도로 낮게 부여했지만, 그의 경제적 공에 대해서 만큼은 상당부분 인정하고 있는 것으로 해석할 수 있다. 이는 학계의 박정희 경제발전 기여 논쟁이 대학생집단에게 별 영향을 끼치지 못한 것으로 풀이할 수 있다. 박정희에 이어 김대중(56.64점), 노무현(52.72점)이 그 뒤를 이어 50점대의 점수를 받았다. 전두환이 37.47점을 받았고 노태우(29.87점), 이승만(28.05점), 이명박(26.05점)이 20점대를 기록했다. 이명박 정권 하에서 경제상황을 직접적으로 체감한 대학생들은, 녹록하지 않은 취업현실과 취업 후에도 암담한 미래상황을 마주하고 있다. 이명박 정부에 대한 평가는, 비단 이명박 정부의 과실이라고 단정할 수는 없겠지만, 등록금 천만원 시대에 각종 알바에 내몰리며 빚지고 사는 대학생들의 고통스런 현실을 반영하고 있다. 2012년에 대학에 재학 중인 학생들은 1997년 외환위기 당시에 유치원생, 초등학교 저학년생이었다. 이들이 당시 경제위기를 온몸으로 겪었다고 말할 수는 없다. 하지만 IMF체제 하에서 많은 가정들이 경제적인 문제로 파탄 났던 상황을 감안하면 외환위기는 지금의 대학생들에게도 고통스러운 기억이다. 김영삼의 경제성장 기여도 점수가 대학생 집단에서도 22.81점으로 낮을 수밖에 없는 이유다.

대학생들은 한반도 평화와 남북한 관계 개선에 가장 기여한 대통령으로 김대중을 선택했다. 김대중은 한반도 평화 기여 부분에서 84.42점을 받았다. 남북관계 항목의 평균점인 32.52점보다 50점 이상 높은 수치다. 이는 또한 전 항목을 통틀어 역대 대통령이 받은 점수 가운데 가장 높다. 노무현 대통령 역시 72.44점으로 한반도 평화 기여에 높은 점수를 받았다. 지금의 대학생들이 초등·중등 재학시절, 6·15남북정상회담과 남북교류 등을 직접 목격한 것이 김대중·노무현의 한반도 평화 기여 평가 점수에 긍정적인 영향을 끼친 것으로 보인다. 이어 김영삼(31.13점), 노태우(19.91점), 이명박(16.59점), 박정희(14.05점), 전두환(12.31점) 순이었다. 박정희, 전두환, 노태우 정권은 냉전 분위기 속에서 체제유지를 위해 '반공'을 기치로 내걸었다. 지금의 대학생들이 반공교육을 직접적으로 받으며 자란 세대는 아니지만 역사교육을 통해 접한 당시 정권들의 대북정책이 낮은 점수를 주는 데 일정부문 관계한 것으로 풀이된다. 대학생들은 이명박 정권 하에서 일어난 천안함 사태 등을 경험하며 자신들과 비슷한 연령의 청년들이 북한의 폭격으로 목숨을 잃은 것을 경험했다. 하지만 이명박 정권이 북한에 대해 강력한 사과를 요구할 뿐, 남북관계 개선을 위한 실질적인 성과를 보여주지 못한 것이 낮은 점수로 이어진 것으로 풀이 된다. 6·25전쟁 당시 대통령이었던 이승만은 9.36점으로 한반도 평화 개선과 남북관계 기여도에서 가장 낮은 점수를 받았다.

대학생들의 평가에 따르면, 재임기간 중 사회통합 정도가 가장 높은 대통령은 노무현이었다. 노무현은 59.86점을 받아 평균 점수인 32.03 점보다 27점가량 높았다. 이어 김대중은 57.44점으로 노무현과 2점 차이로 선두권에 들었다. 김영삼(34.93점)과 박정희(31.18점)는 30점대의 점수를 받았다. 노태우(21.21점), 이승만(18.30점), 이명박(16.87점), 전두환 (16.48점)은 저조한 점수를 받았다. 대표성 점수와 함께 전체 항목 중 32.03이라는 가장 낮은 평균 점수를 기록한 사회통합 항목은 지금의 대학생들이 그동안 대한민국이 얼마나 '분열'되어 있다고 인식하는지를 보여준다. 특히 현 정권인 이명박 정권의 사회통합 점수가 16.87점이라는 것은 대한민국의 정치가 역행하고 있음을 입증한다. 이명박 정권 하에서 일어난 공영방송 장악 시도뿐 아니라, 이명박 정권이 한진중공업 사태 등으로 대표되는 노동 문제 등 사회 곳곳엣 일어나는 갈등을 조정하고 관리하지 못한 책임으로부터 기인한 결과다.

대학생들은 민주주의 구현 정도가 가장 높은 대통령으로 노무현을 선택했다. 노무현은 81.3점을 받아 평균 32.86점보다 50점가량 높았다. '사람'을 중시하며 권력에서 자유롭고 싶었던 노무현에 대해 대학생들의 호감도가 높은 것으로 보인다. 이어 김대중이 73.84점을 받아 비교적 높은 점수를 기록했다. 노무현과 김대중을 제외한 다른 대통령들의 점수는 매우 저조했다. 이명박의 민주주의 구현 점수는 22.31점이었다. 광장에서 일어난 시민들의 외침을 '명박산성'으로 막으려 했던 이명박 식 민주주의를 젊은 세대가 긍정적으로 볼 수 없었던 것이다. 3·15부정선 거와 사사오입개헌 등으로 유명한 이승만은 11.37점을 받았다. 군사정 권의 대통령이었던 박정희(6.96점), 전두환(5.34점), 노태우(17.87점) 모두 매우 낮은 점수를 받았다. 문민정부를 출범시킨 김영삼의 점수는 43.92 점이었다.

대학생들은 세계 속 한 한국의 위상을 높인 대통령으로 김대중을 선 택했다. 김대중은 76.14점을 받아 평균 38.14점보다 2배가량 높은 점 수를 받았다. 이어 노무현이 59.34점, 박정희가 48.67점을 받았다. 김 대중–노무현–박정희만이 역대 대통령들의 평균보다 높은 점수를 받았 다. G20 회의를 개최했다고 대대적으로 선전한 이명박은 31.56점을 받 았다. G20 개최가 가장 최근의 일임에도 대학생들이 이명박 정권 류의 국제외교 노력에 높은 점수를 부여하지 않음을 알 수 있다. 이어 김영삼 (28.46점), 노태우(23.37점), 전두환(20.30점) 순이었다. 한국의 위상과 관 련된 문항에서 이승만은 초대 대통령임에도 17.32점이라는 가장 낮은 점수를 받았다.

정권의 목표와 방향에 대한 문항에서 김대중이 67.12점으로 가장 높 은 점수를 받았다. 대학생들이 김대중을 시대정신을 가장 잘 구현한 대 통령으로 평가한 셈이다. 시대정신 문항의 평균 점수는 39.28점이었다. 노무현(62.67점)과 박정희(56.07점)가 김대중에 이어 상위권에 들었다. 평

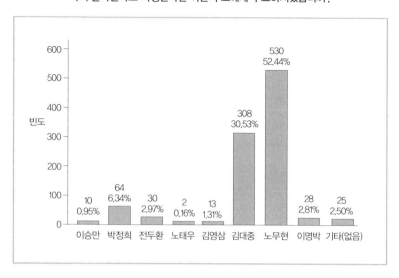

만일 대통령 선거에 제시된 역대 대통령들이
다시 출마한다고 가정한다면 어떤 후보에게 투표하시겠습니까?

균 점수를 하회한 나머지 대통령들의 점수를 통해 대학생들은 대한민국 대통령들이 국정운영의 철학과 비전이 부재했다고 평가함을 알 수 있다. 김영삼 34.80점, 이승만 25.72점, 이명박은 24.92점을 받았다. 이명박 정권의 경제성장 목표에 임기 중반 이후 동반성장이라는 구호가 추가되었지만, 대학생들은 이를 그리 의미 있는 변화라고 보지 않은 듯하다. 노태우, 전두환의 시대정신 항목 점수는 각각 22.74점과 20.20점으로 최하위권을 형성했다.

'만일 대통령 선거에 제시된 역대 대통령들이 다시 출마한다고 가정한다면 어떤 후보에게 투표하시겠습니까?'라는 질문에 대학생은 노무현을 1위로 뽑았다. 노무현은 가상투표선호도에서 52.44%의 지지를 받았다. 2위는 30.53%를 얻은 김대중이었다. 역대 대통령이 살아 있고 대선에 다시 출마한다는 가정 하에 이루어진 가상투표선호도에서 1, 2위가 민주화 세력의 정권으로 대분류되는 노무현과 김대중 정부인 것은 대학생이라는 집단의 특성상 정권의 정당성을 중시하기 때문인 것으로 보인다. 두 대통령은 민주주의, 사회통합, 남북관계 등 대부분의 항목에서 높은 점수를 받았다.

역대 대통령 가상투표선호도에서 남·녀의 응답을 비교해 봤을 때 1위 노무현의 지지율은 별 차이를 보이지 않으나 2위인 김대중의 지지율에는 다소 차이가 있었다. 여대생의 39.76%가 김대중 대통령을 지지한 것에 비해 남학생은 21.12%만 지지해 약 18% 포인트라는 큰 차이를 보였다. 이는 대학생 중에서도 남녀 간에 김대중 선호도의 차이가 크고 특히 여대생의 김대중 선호도가 높다는 것을 나타내고 있다. 또한 여학생의 4.24%가 박정희에게 투표하겠다고 응답한 것에 비해 남학생은 8.48%가 박정희에게 투표하겠다고 답했다. 이같이 여학생이 상대적으로 김대중을 더 선호하고 남학생이 박정희를 더 선호하는 현상은, 대통령 선거 시 여학생은 민주주의나 한반도 평화와 같은 부문에, 남학생은 여학생에 비해 경제 부문에 더 많은 관심을 기울이기 때문으로 해석된다.

가상투표선호도와는 상관없이 역대 대통령을 개인적으로 선호하는 순서대로 나열하라는 질문에 대학생들은 노무현에게 86점을 주어 1위로 뽑았다. 2위는 82.42점으로 김대중, 3위는 63.66점으로 김영삼이었다. 박정희는 60.40점으로 4위를 차지했다. 가상투표선호도에서 3위를 차지한 박정희가 가상투표선호도 6위였던 김영삼에게 개인선호도 부문에서 한 순위 밀린 것은 민주주의를 강조해 배웠던 지금 대학생 집단의 특성 때문인 것으로 보인다. 5위 노태우(50.54점), 6위 이명박(47.43점), 7위 이승만(43.98점), 8위 전두환(34.80점)으로 각 대통령들의 선호도는 다른 항목별 평가와 크게 다르지 않음을 보여줬다.

일반인 / 대학생 비교

일반인과 대학생의 '역대 대통령에 관한 인식'을 비교한 결과 20세 이상의 대한민국 국민들은 대학생들에 비해 '국민대표성', '부패도', '경제성장' 등 8개 전 항목에서 15점 이상 높은 점수를 줬다. 그중에서도 국민대표성(약 27점) 항목에서 점수 차가 가장 컸다. 사회통합, 민주주의 구현(약 23점), 한반도 평화와 남북관계(22점) 등에서도 점수 차가 20점 이상 벌어졌다.

우선 8명의 역대 대통령 중 국민을 잘 대표한 대통령으로는, 일반인은 박정희를, 대학생은 노무현을 1위로 뽑았다. 일반인에게 78.16점을 받은 박정희는 대학생에게는 30.46점을 받아 전체 8명의 대통령 중 4위를 기록했다. 역대 대통령에 대한 대한민국 전체 국민과 대학생들 간의 인식 차가 뚜렷함을 보여준다. 반면 67.43점을 받아 대학생이 뽑은 국민 대표성 1위를 차지한 노무현은 일반인으로부터는 71.98점을 받아 2위를 기록했다. 일반인과 대학생의 노무현 대통령에 대한 점수 차는 4점 남짓으로, 박정희 대통령의 48점에 비해 매우 작았다.

역대 대통령의 부패 정도는 일반인들이 전체 항목 중 가장 낮은 점수(평균 50.14점)를 준 항목이다. 이는 그동안 있어왔던 대통령의 각종 부정부패 사건들로 인해 대통령에 대한 신뢰가 하락하며 나타난 현상으로

	1) 국민대표성		2) 부패도(높을수록 반부패)	
	일반인	대학생	일반인	대학생
전체 평균	59.28	32.03	50.14	32.84
이승만	56.74	16.92	46.46	17.09
박정희	78.16	30.46	58.58	25.15
전두환	48.64	8.59	37.52	12.67
노태우	45.06	15.12	40.12	19.40
김영삼	51.96	34.33	46.46	37.55
김대중	69.8	64.50	58.98	59.40
노무현	71.98	67.43	65.54	68.32
이명박	51.88	18.89	47.42	23.15

보인다. 일반인과 대학생이 뽑은 가장 부패한 대통령으로는 전두환(일반인 37.52점/대학생 12.67점)으로 일치했으며 부패도가 낮은 대통령 또한 노무현(일반인 65.54점/대학생 68.32점)으로 같았다.

대한민국의 경제성장에 역대 대통령이 기여한 정도를 묻는 질문에는 일반인과 대학생 모두 박정희를 뽑았다. 박정희는 일반인에게는 88.64점, 대학생에게는 74.28점을 받으며 경제 성장 부문에 있어 역대 대통령 중 압도적으로 높은 점수를 받았다. 박정희의 경제성장 기여도 점수가 얼마나 압도적인지는 8위와의 격차에서도 살펴볼 수 있다. 일반인은 노태우에게 46.98점, 대학생은 김영삼에게 22.81점을 줘 대한민국 경제성장에 가장 기여하지 못한 대통령으로 뽑았다. 이는 1위 박정희와 40점 이상(일반인), 50점 이상(대학생) 차이가 나는 것으로 일반인과 대학생 모두 경제성장에 대한 박정희의 높은 기여를 인정하였다.

일반인과 대학생 설문 결과에 따르면 역대 대통령의 경제성장 기여도

	3) 경제성장		4) 한반도 평화와 남북관계	
	일반인	대학생	일반인	대학생
전체 평균	58.87	40.98	54.10	32.53
이승만	50.78	28.05	44.12	9.36
박정희	88.64	74.28	53.12	14.05
전두환	54.86	37.47	43.06	12.31
노태우	46.98	29.87	43.86	19.91
김영삼	49.46	22.81	50.4	31.13
김대중	64.08	56.64	82.14	84.42
노무현	63.12	52.72	71.8	72.44
이명박	53.02	26.05	44.28	16.59

항목은 다른 항목에 비해 평균이 공통적으로 높게 나타났다. 경제성장 기여도는 일반인 평균 58.87점, 대학생 평균 40.98점으로 모든 항목을 통틀어 가장 높다. 일반인에게서 가장 낮은 점수를 받은 노태우(46.98점)와 대학생에게서 가장 낮은 점수를 받은 김영삼(22.81점)의 점수가 전체 항목의 최하점 중 가장 높은 것으로 보아 한국 국민은 다른 항목에 비해 지난 50년간 이루어진 경제성장에 정부의 역할이 컸으며 긍정적이었다고 평가하였다.

한반도 평화와 남북관계 개선에 기여를 한 대통령으로는 6·15 남북정상회담을 성사시키고 노벨평화상을 받은 김대중이 일반인(82.14점)과 대학생(84.42점)에게서 가장 높은 점수를 받았다. 대학생이 일반인에 비해 김대중에게 2점가량 높은 점수를 주었다. 이 항목에서 가장 낮은 점수를 받은 대통령으로, 일반인은 전두환(43.06점), 대학생은 이승만(9.36점)을 뽑았다. 경제성장 기여도 부문과 마찬가지로 남북관계 개선도 부

	5) 사회통합		6) 민주주의 구현	
	일반인	대학생	일반인	대학생
전체 평균	55.12	32.03	55.36	32.86
이승만	49.06	18.30	46.56	11.37
박정희	64.96	31.18	51.66	6.96
전두환	46.18	16.48	40.48	5.34
노태우	46.34	21.21	46.64	17.87
김영삼	52.92	34.93	57.62	43.92
김대중	66.86	59.86	73.74	73.84
노무현	69.18	57.44	74.96	81.30
이명박	48.64	16.87	51.18	22.31

문은 1위와 8위 간의 차이가 크고 1위의 점수가 높았다.

정권별 사회통합 점수 부문에서 일반인은 노무현 정권(69.18점), 대학생은 김대중 정권(59.86점)이 사회통합 정도가 가장 높았다고 생각한 것으로 분석됐다. 1위의 차이는 있으나 대체적으로 일반인과 대학생의 생각이 사회통합 부문에서 유사했다. 일반인, 대학생 모두 이명박 정부를 제외한 문민정부 이후를 군부독재 시절에 비해 사회통합 정도가 높다고 생각하고 있었다. 그뿐 아니라 일반인과 대학생은 박정희의 사회통합 점수를 높게 주어(일반인 3위/대학생 4위) 경제성장을 위한 박정희 정부의 정책들이 사회통합을 이끌어냈다고 평가했다. 가장 낮은 점수를 받은 대통령은 전두환으로, 일반인에게 46.18점, 대학생에게 16.48점을 받았다.

역대 대통령별 민주주의 구현 정도에 있어서도 일반인과 대학생은 생각이 같았다. 가장 높은 점수를 받은 대통령은 일반인 74.96점, 대학생

81.30점을 받은 노무현이었다. 다른 항목과 마찬가지로 대학생 집단이 노무현에게 상대적으로 더 높은 점수를 부여했다. 가장 낮은 점수를 받은 대통령은 일반인 74.96점, 대학생 5.34점을 받은 전두환이었다. 일반인과 대학생은 문민정부 김영삼이 국민의 정부 김대중과 참여정부 노무현에 비해 민주주의 구현 정도가 낮았던 것으로 평가했다. 대학생은 김영삼에게 43.92점을 주어 1위인 노무현과 37점 이상 차이가 났고 일반인은 김영삼에게 57.62점을 주어 17점이라는 격차를 보였다.

한국의 위상을 세계에서 가장 높인 대통령으로 일반인은 박정희 (74.76점), 대학생은 김대중(76.14점)을 뽑았다. 박정희가 일반인에게서 가장 높은 점수를 받은 데는 한국 경제를 고속 성장시킨 것이 가장 크게 영향을 미친 것으로 보인다. 대학생 1위인 김대중은 한국의 민주화와 남북관계 개선을 위해 세계적으로 활동하고 노벨평화상을 받으며 세계에서 한국의 위상을 높인 것이 좋은 평가의 배경으로 해석된다. 김대중

	7) 세계 속 한국의 위상		8) 시대정신	
	일반인	대학생	일반인	대학생
전체 평균	57.96	38.14	58.28	39.28
이승만	49.72	17.32	53.38	25.72
박정희	74.76	48.67	77.4	56.07
전두환	47.74	20.30	50.86	20.20
노태우	44.82	23.37	46.06	22.74
김영삼	50.56	28.46	51.5	34.80
김대중	73.4	76.14	66.84	67.12
노무현	65.06	59.34	66.92	62.67
이명박	57.62	31.56	53.3	24.92

(73.4점)은 일반인 부문에서는 2위를 차지했지만 박정희와는 1점 정도밖에 차이가 나지 않았다. 반면 대학생은 2위로 노무현(59.34점)을 뽑았다. 세계에서 한국의 위상을 판단할 때 일반인이 대학생에 비해 경제적 성과를 중시하기 때문으로 보인다.

재임기간 동안 대통령이 설정한 시대적 목표와 방향에 점수를 주는 질문에서 일반인은 경제성장을 추구했던 박정희에게 1위(77.4점), 대학생은 국민의 정부 김대중에게 1위(67.12점)를 주었다. 일반인은 2위 노무현(66.92)보다 박정희 대통령에게 10점 이상 점수를 더 주어 경제 성장이라는 목표가 당시 대한민국 상황과 시대적 흐름에 부합했다고 공감을 표시하였다. 이에 비해 대학생은 2위 노무현(62.67점), 3위 박정희(56.07점)로 나타나 상대적으로 박정희에 대한 평가가 박했다.

전반적으로 대학생은 집단의 성격상 문민정부 이후의 정부에 대한 호감도가 문민정부 이전의 정부에 대한 호감도보다 높은 편이다. 이러한 경향은 세 개의 항목에서 살펴볼 수 있다. 대학생은 사회통합 정도, 세계 속에서 한국의 위상, 시대적 목표와 방향설정 부문에서 일반인에 비해 민주화 정권에 높은 점수를 주며 기본적으로 민주주의 정도를 고려하여 전 항목을 평가한 것으로 나타난다. 일반인은 박정희에 대한 호감도가 높았다. 대학생에 비해 경제성장에 초점을 맞춘 일반인은 앞서 언급한 세 개 중 사회통합 정도를 제외한 두 개의 항목에서 박정희에게 1위를 주었다.

만약 역대 대통령이 대선에 다시 나온다면 누구를 뽑겠느냐는 질문에 일반인과 대학생이 뽑은 인물은 박정희, 김대중, 노무현이 '빅3'를 차지하였다. 순서에는 큰 차이가 있었는데, 일반인은 박정희(45.5%)−노무현(29.5%)−김대중(16%) 순으로, 대학생은 노무현(52.44%)−김대중(30.53%)−박정희(6.34%) 순으로 선호했다. 경제발전을 이룬 박정희에 대한 선호가 일반인 사이에서 크게 자리한 반면 대학생 집단에서는 민주주의 구현 정도, 한반도 평화 등 비경제적 요소를 중심으로 대통령 선호도가 결정되는 것으로 보인다.

1장 이승만, 미국의 후견 아래 친일세력을 규합해 반공 파시스트 국가를 세우다

1 1973년 미국의 역사학자 슐레징거가 그의 저서 《제국의 대통령직 *The Imperial Presidency*》에서 닉슨 행정부의 막강한 권위를 묘사하면서 처음으로 사용하였는데, 삼권분립에서 행정부의 권한이 상대적으로 막강하다는 맥락의 '제왕적 대통령'은 닉슨을 염두에 두지만, 애초에 삼권분립에서 항상 '수퍼갑'에 해당하는 한국의 대통령은 줄곧 제왕적 대통령이었다.

2 이상호는 해방공간에서 미군정을 대표성을 가진 하나의 인격체로 보는 게 잘못이라고 지적한다. 미국 정부 내에서도 국무부와 국방부 사이에 갈등이 존재했고, 맥아더 사령부로부터 지휘를 받지만 한국의 미군정은 도쿄의 미군정과는 별개라는 것이다. 이상호, 《맥아더와 한국전쟁》, 푸른역사, 2012.

3 임영태, 《대한민국사 1945~2000》, 들녘, 2008, 37쪽.

4 김호진, 《한국의 대통령과 리더십》, 청림출판, 2010, 145쪽.

5 같은 책, 152쪽.

6 브루스 커밍스, 《한국현대사》, 창비, 2001, 272쪽. '낙인'과 관련한 베닝호프의 전망은 틀렸다. 이후 역사의 전개에서 친일의 낙인은 아주 잠깐을 빼고는 전혀 낙인으로 기능하지 못했기 때문이다.

7 같은 책, 274~275쪽.

8 김호진, 《한국의 대통령과 리더십》, 청림출판, 2010, 152쪽.

9 한홍구, 《대한민국사 ①》, 한겨레신문사, 2003, 218~221쪽.

10 서중석, 《이승만과 제1공화국—해방에서 4월혁명까지》, 역사비평사, 2007, 248쪽.

11 브루스 커밍스, 《한국현대사》, 창비, 2001, 263쪽.

12 이상호, 《맥아더와 한국전쟁》, 푸른역사, 2012.

13 임영태, 《대한민국사 1945~2000》, 들녘, 2008, 117~118쪽.

14 정윤재, 《정치리더십과 한국민주주의》, 나남출판, 2003, 185~186쪽.

15 임영태, 《대한민국사 1945~2000》, 들녘, 2008, 118~119쪽.

16 같은 책, 118~123쪽.

17 같은 책, 123쪽.

18 같은 책, 142~143쪽.

19 유석춘·이우영·장덕진, '한국전쟁과 남한 사회의 구조화', 《한국과 국제정치》 6권 1호 (1990, 가을), 76쪽.

20 서중석, 《이승만과 제1공화국─해방에서 4월혁명까지》, 역사비평사, 2007, 36~37쪽.

21 정윤재, 《정치리더십과 한국민주주의》, 나남출판, 2003, 190~191쪽.

22 서중석, 《이승만과 제1공화국─해방에서 4월혁명까지》, 역사비평사, 2007, 170쪽.

23 같은 책, 271~272쪽.

24 한홍구, 《대한민국사 1》, 한겨레신문사, 2003, 102쪽.

25 서울신문, 1951년 8월 15일자.

26 정윤재, 《정치리더십과 한국민주주의》, 나남출판, 2003, 200~203쪽.

27 서중석, 《이승만과 제1공화국─해방에서 4월혁명까지》, 역사비평사, 2007, 101~103쪽.

28 같은 책, 55~56쪽.

29 김호진, 《한국의 대통령과 리더십》, 청림출판, 2010, 152쪽.

30 서중석, 《이승만과 제1공화국─해방에서 4월혁명까지》, 역사비평사, 2007, 156~157쪽.

2장 박정희, 만주군 장교, 남로당원, 한국군 장성, 쿠데타 수괴를 거쳐 독재자로

1 조희연, 《박정희와 개발독재시대─5·16에서 10·26까지》, 역사비평사, 2007, 23쪽.

2 같은 책, 40~42쪽.

3 같은 책, 52~54쪽.

4 같은 책, 51쪽.

5 임영태, 《대한민국사 1945~2000》, 들녘, 2008, 296쪽.

6 김호진, 《한국의 대통령과 리더십》, 청림출판, 2010, 236쪽.

7 같은 책, 237쪽.

8 임영태, 《대한민국사 1945~2000》, 들녘, 2008, 411쪽.

9 경향신문, 1996년 12월 16일자, '실록 하나회'.

10 김호진, 《한국의 대통령과 리더십》, 청림출판, 2010, 234~235쪽.

11 임영태, 《대한민국사 1945~2000》, 들녘, 2008, 300~302쪽.

12 백기완, 《한국현대사의 라이벌》, 역사비평사, 1991, 211~212쪽.

13 윤재걸, 《청와대 밀명: 윤재걸 르포집》, 흔겨레, 1987, 47~48쪽.

14 임영태, 《대한민국사 1945~2000》, 들녘, 2008, 343쪽.

15 같은 책, 413~414쪽.

16 김충식, 《남산의 부장들 1》, 동아일보사, 1992, 297쪽.

17 임영태, 《대한민국사 1945~2000》, 들녘, 2008, 414~416쪽.

18 강준만, 《한국 현대사 산책 1970년대편 1권》, 인물과사상사, 2009, 95쪽.

19 김충식, 《남산의 부장들 1》, 동아일보사, 1992, 286쪽.

20 임영태, 《대한민국사 1945~2000》, 들녘, 2008, 416~419쪽.

21 같은 책, 420~421쪽.

22 서중석, 《이승만과 제1공화국—해방에서 4월혁명까지》, 역사비평사, 2007, 293~294쪽.

23 김충식, 《남산의 부장들 2》, 동아일보사, 1992, 150~151쪽.

24 정병진, 《실록 청와대: 궁정동 총소리》, 한국일보, 1992, 340쪽.

25 조희연, 《박정희와 개발독재시대—5·16에서 10·26까지》, 역사비평사, 2007, 45~47쪽.

26 김충식, 《남산의 부장들 1》, 동아일보사, 1992, 181~182쪽.

27 이호갑, 〈단독공개 김계원 육군교도소 접견록: "김종필 세력을 벌초하라"〉, 《신동아》, 1996년 5월, 270쪽.

28 김충식, 《남산의 부장들 1》, 동아일보사, 1992, 244~246쪽.

29 강준만, 《한국 현대사 산책 1970년대편 1권》, 인물과사상사, 2009, 145~146쪽.

30 서중석, 《대한민국 선거이야기》, 역사비평사, 2008, 144쪽.

31 김충식, 《남산의 부장들 2》, 동아일보사, 1992, 214쪽.

32 〈집중연재 박정희 육성증언: 선우연 공보비서관, 8년간의 육성 비망록 여섯 권, 역사적인 대공개!〉, 《월간조선》, 1993년 3월, 180~181쪽.

33 강준만, 《한국 현대사 산책 1970년대편 3권》, 인물과사상사, 2009, 35~36쪽.

34 이영훈, 《파벌로 보는 한국야당사: 정치파벌에 대한 심층적 분석》, 에디터, 2000, 140쪽.

35 김충식, 《남산의 부장들 2》, 동아일보사, 1992, 216쪽.

36 강준만, 《한국 현대사 산책 1970년대편 2권》, 인물과사상사, 2009, 256쪽.

37 김교식, 《다큐멘터리 박정희 4》, 평민사, 1990, 48쪽.

38 김충식, 《남산의 부장들 2》, 동아일보사, 1992, 197~198쪽.

39 같은 책, 198쪽에서 재인용.

40 《월간조선》, 1995년 6월호.

41 김영삼, 《김영삼 회고록: 민주주의를 위한 나의 투쟁 2》, 백산서당, 2000, 89쪽.

42 조희연, 《박정희와 개발독재시대-5·16에서 10·26까지》, 역사비평사, 2007, 125쪽.

43 김호진, 《한국의 대통령과 리더십》, 청림출판, 2010, 235쪽.

44 정윤재, 《정치리더십과 한국민주주의》, 나남출판, 2003, 312~313쪽.

45 정정길, 《대통령의 경제리더십: 박정희·전두환·노태우 정부의 경제정책관리》, 한국경제신
   문사, 1994, 72~82쪽 참조.

46 임영태, 《대한민국사 1945~2000》, 들녘, 2008, 364~367쪽.

47 김호진, 《한국의 대통령과 리더십》, 청림출판, 2010, 239쪽.

48 임영태, 《대한민국사 1945~2000》, 들녘, 2008, 368쪽.

49 김창훈, 《한국외교 어제와 오늘》, 다락원, 2002, 137~138쪽; 특별취재팀, 〈실록 박정희 시
   대·수출 제일주의: 수출업자 특대…밀수에 걸려도 "봐줘라"〉, 중앙일보, 1997년 9월 8일
   자, 5면.

50 조희연, 《박정희와 개발독재시대-5·16에서 10·26까지》, 역사비평사, 2007, 73~74쪽.

51 특별취재팀, 〈실록 박정희 시대·수출 제일주의: 수출업자 특대…밀수에 걸려도 "봐줘라"〉,
   《중앙일보》, 1997년 9월 8일자, 5면.

52 조희연, 《박정희와 개발독재시대-5·16에서 10·26까지》, 역사비평사, 2007, 129쪽.

53 한상진, 《한국 사회와 관료적 권위주의》, 문학과지성사, 1988, 136쪽.

54 서중석, 《비극의 현대 지도자: 그들은 민족주의자인가 반민족주의자인가》, 성균관대학교
   출판부, 2002, 295쪽.

55 한배호, 《한국정치변동론》, 법문사, 1994, 343쪽.

56 임영태, 《대한민국사 1945~2000》, 들녘, 2008, 222쪽.

57 같은 책, 490~491쪽.

58 조희연, 《박정희와 개발독재시대-5·16에서 10·26까지》, 역사비평사, 2007, 147쪽.

59 김동민, 〈역사가 말하는 조선일보의 진실〉, 《조선일보를 아십니까?》, 개마고원, 1999, 85
   쪽.

60 민주언론운동시민연합 신문모니터분과, 〈'체육관 대통령' 뽑으려고 선포한 계엄령도 '구국의 영단'〉, 《월간 말》, 1998년 11월, 146~149쪽.

61 조희연, 《박정희와 개발독재시대—5·16에서 10·26까지》, 역사비평사, 2007, 191쪽.

62 강준만, 《한국 현대사 산책 1970년대편 1권》, 인물과사상사, 2009, 139쪽.

63 이상우, 《박 정권 18년: 그 권력의 내막》(동아일보사, 1986), 170쪽.

64 방우영, 《조선일보와 45년》, 조선일보사, 1998, 211쪽.

65 경향신문사 시사편찬위원회, 《경향신문 50년사》, 경향신문사, 1996, 287쪽.

66 송건호, 《한국현대언론사》, 삼민사, 1990, 177~178쪽.

67 조항제, 〈1970년대 한국 텔레비전의 구조적 성격에 관한 연구: 국가정책과 텔레비전 자본 간의 관계를 중심으로〉, 서울대학교 대학원 신문학과 박사학위 논문, 1994년 2월, 58쪽.

68 조희연, 《박정희와 개발독재시대~5·16에서 10·26까지》, 역사비평사, 2007, 191쪽.

3장 전두환, 인간백정에서 부패공화국의 국가원수가 된 남자

1 한용원, 《한국의 군부정치》, 대왕사, 1993, 369~370쪽.

2 임영태, 《대한민국사 1945~2000》, 들녘, 2008, 519쪽.

3 정해구, 《전두환과 80년대 민주화 운동》, 역사비평사, 2011, 31~33쪽.

4 같은 책, 51~53쪽.

5 채의식, 《99일간의 진실: 어느 해직 기자의 뒤늦은 고백》, 개마고원, 2000, 32~33쪽.

6 임영태, 《대한민국사 1945~2000》, 들녘, 2008, 523쪽.

7 정해구, 《전두환과 80년대 민주화 운동》, 역사비평사, 2011, 78쪽.

8 '하나회'의 이권집단화는 박정희 정권에서 보안사령관을 지낸 강창성이 조사한 결과를 보면 극명하게 드러난다. "하나회는 ①정규 육사 출신을 매 기별로 정원제를 유지하여 가입시키되, 약 5% 수준인 10여 명 내외로 하고, ②회원의 다수는 영남 출신이 점하고, 여타 지역 출신은 상징적으로 가입시키며, ③비밀 점조직 방식으로 조직하되, 가입시 조직에 신명을 바쳐 충성할 것을 맹세케 하고, ④고위층으로부터 활동비를 지급받거나 재벌로부터 자금을 수령하며, ⑤회원이 누릴 수 있는 가장 큰 혜택은 진급 및 보직상의 특혜라고 하는데, 당시 육군에는 인사 정체가 심해서 정규 육사 출신들은 의무복무기간 5년이 끝나고 장기복무에 들어가게 되면 매 기별 현역 총원의 1/2씩만 상위계급으로 승진할 수 있었기 때문에 '하나회' 가입은 군부 내에서의 출세가 보장된 것이나 다름없었다." 한용원, 《한국의 군부정치》, 대왕

사, 1993, 321쪽.

9 임영태, 《대한민국사 1945~2000》, 들녘, 2008, 527쪽.

10 김성익, 《전두환 육성증언》, 조선일보사, 1992, 380쪽.

11 김준엽, 《장정(長征) 4: 나의 무직 시절》, 나남, 1990, 2쇄 1991, 120쪽.

12 돈 오버더퍼, 이종길 역, 《두 개의 한국》, 길산, 2002, 268쪽.

13 같은 책, 269쪽.

14 노재현, 《청와대 비서실 2》, 중앙일보사, 1994년 초판 6쇄, 391쪽에서 재인용; 김성익, 《전두환 육성증언》, 조선일보사, 1992, 441쪽.

15 정해구, 《전두환과 80년대 민주화 운동》, 역사비평사, 2011, 41~43쪽.

16 조항제, 《한국의 민주화와 미디어 권력》, 한울아카데미, 2003, 166쪽.

17 이도성, 〈K(king)-공작계획〉. 김충식·이도성 공저, 《남산의 부장들 3》, 동아일보사, 1993, 149쪽.

18 강준만, 《한국 현대사 산책 1980년대편 1권》, 인물과사상사, 2009, 57~29쪽.

19 채의석, 《99일간의 진실: 어느 해직기자의 뒤늦은 고백》, 개마고원, 2000, 156쪽.

20 김재홍, 〈80년대 신군부와 6공의 민군관계〉, 《군부와 권력》, 나남, 1992, 160쪽.

21 김삼웅, 〈제5공화국 출범 이전의 곡필사〉, 《곡필로 본 해방 50년》, 한울, 1995, 366쪽.

22 김호진, 《한국의 대통령과 리더십》, 청림출판, 2010, 282~283쪽.

23 한국기자협회·80년 해직언론인협의회 공편, 《80년 5월의 민주언론: 80년 언론인 해직백서》, 나남, 1997, 57~59쪽.

24 정운현, 〈광주의 굴레 못 벗은 한국언론〉, 대한매일, 2001년 5월 19일자, 15면.

25 강준만, 《한국 현대사 산책 1980년대편 1권》, 인물과사상사, 2009, 172~173쪽.

26 《월간조선》, 1993년 3월; 《기자협회보》, 1993년 3월 1일.

27 민주언론운동시민연합 신문모니터분과, 〈조선일보의 전두환 보도기사는 '현대판 용비어천가'〉, 《말》, 1998년 10월, 135~136쪽.

28 방우영, 《조선일보와 45년: 권력과 언론 사이에서》, 조선일보사, 1998, 202~203쪽.

29 강준만, 《한국 현대사 산책 1980년대편 3권》, 인물과사상사, 2009, 261쪽.

30 강준만, 〈조선일보를 해부한다〉, 《한국언론과 민주주의의 위기》, 아침, 1992, 144~166쪽.

31 조선일보사, 《조선일보 칠십년사 제3권》, 조선일보사, 1990, 1922~1941쪽.

32 조선일보, 1998년 12월 6일자.

33 김호진, 《한국정치체제론》, 박영사, 1997, 수정 7판, 310쪽.

34 정해구, 《전두환과 80년대 민주화 운동》, 역사비평사, 2011, 89~91쪽.

35 김호진, 《한국의 대통령과 리더십》, 청림출판, 2010, 282쪽.

36 같은 책, 278~279쪽.

37 같은 책, 283~284쪽.

38 임영태, 《대한민국사 1945~2000》, 들녘, 2008, 584쪽.

39 이계성, 《지는 별 뜨는 별: 청와대 실록》, 한국문원, 1993, 296~298쪽; 오연호, 《우리 현대사의 숨은그림찾기: 미국의 한반도 정치공작》, 월간 말, 1994, 195~196쪽.

40 오연호, 같은 책, 195쪽.

41 윌리엄 글라이스틴, 황정일 역, 《알려지지 않은 역사》, 중앙 M&B, 1999, 138쪽.

42 오연호, 《우리 현대사의 숨은그림찾기: 미국의 한반도 정치공작》, 월간 말, 1994, 191~192쪽.

43 정해구, 《전두환과 80년대 민주화 운동》, 역사비평사, 2011, 72쪽~75쪽.

44 같은 책, 97쪽.

45 김인걸 외, 〈1980년대 한국 사회〉, 《한국현대사 강의》, 돌베개, 1998, 380~381쪽.

46 최진섭, 《한국 언론의 미국관》, 살림터, 2000, 244쪽.

47 문창극, 《한미 갈등의 해부》, 나남, 1994, 203쪽.

4장 노태우, '보통사람'이 절망하는 나라를 만들다

1 임영태, 《대한민국사 1945~2000》, 들녘, 2008, 636쪽.

2 '권력막후 5·6공 갈등의 실체를 벗긴다', 경향신문, 1993년 6월 21일자.

3 강준만, 《한국 현대사 산책 1980년대편 3권》, 인물과사상사, 2009, 249~252쪽.

4 임영태, 《대한민국사 1945~2000》, 들녘, 2008, 637쪽.

5 강준만, 《한국 현대사 산책 1980년대편 3권》, 인물과사상사, 2009, 253쪽.

6 임영태, 《대한민국사 1945~2000》, 들녘, 2008, 638~639쪽.

7 강준만, 《한국 현대사 산책 1980년대편 3권》, 인물과사상사, 2009, 12~13쪽.

8 김현섭·이용호, 《제6공화국 정치비화 권력막후1: 청와대 귀족회의》, 경향신문사, 1995, 263쪽.

9 같은 책, 64쪽.

10 같은 책, 64쪽.

11 김현섭·이용호, 같은 책, 29~30쪽에서 재인용.

12 김현섭·이용호, 같은 책, 66쪽에서 재인용.

13 '여권 비선조직 의혹 일파만파 월계수회·민주산악회·연청·노사모…', 한국일보, 2010년 7
월 11일자.

14 전진우, 《60점 공화국: '작가―기자' 전진우의 6공 비망록》, 미문, 57쪽.

15 이용호, 《청와대 극비문서: 제6공화국 정치비화 권력막후 ②》, 경향신문사, 1995, 67쪽.

16 전진우, 《60점 공화국: '작가―기자' 전진우의 6공 비망록》, 미문, 58쪽.

17 강준만, 《한국 현대사 산책 1990년대 1권》, 인물과사상사, 2009, 16~18쪽.

18 '합당주가 부양 적극개입/재무부/투신―증권업협에 주식매입 지시', 조선일보, 1990년 1월
25일자.

19 전진우, 《60점 공화국: '작가―기자' 전진우의 6공 비망록》, 미문, 1992, 48쪽.

20 《월간조선》, 1995년 3월.

21 이용호, 《청와대 극비문서: 제6공화국 정치비화 권력막후 ②》, 경향신문사, 1990, 59쪽.

22 이용식, 《김영삼 권력의 탄생: 3당 합당에서 청와대까지 1,000일간의 파워게임》, 공간,
1993, 102쪽.

23 《월간조선》, 1990년 12월.

24 임영태, 《대한민국사 1945~2000》, 들녘, 2008, 646쪽.

25 '청와대 비서실', 중앙일보, 1995년 4월 14일자.

26 한겨레신문, 1989년 12월 5일자.

27 강준만, 《한국 현대사 산책 1990년대 1권》, 인물과사상사, 2009, 51쪽.

28 김호진, 《한국의 대통령과 리더십》, 청림출판, 2010, 331쪽.

29 손광식, 《한국의 이너서클: 대기자 취재파일》, 중심, 2002, 236~237쪽.

30 임영태, 《대한민국사 1945~2000》, 들녘, 2008, 627쪽.

31 한겨레신문, 1991년 5월 17일자.

5장 김영삼, 나라를 괴물에게 내어주다

1 임영태, 《대한민국사 1945~2000》, 들녘, 2008, 744~745쪽.

2 같은 책, 747쪽.

3 같은 책, 734쪽.

4 민자당 대학생 외곽조직으로 일당을 받고 불법 선거운동에 동원되었다.

5 강준만, 《한국 현대사 산책 1990년대 1권》, 인물과사상사, 2009, 147~148쪽.

6 《일요신문》, 1992년 10월 18일.

7 기자협회보, 1992년 10월 1일.

8 고도원, 〈YS에게 'NO'라고 말하면서도 '우리 원종이' 된 참모학〉, 《월간중앙》, 1994년 2월,
   214쪽.

9 신진화, 〈언론사주 부정축재와 여론대통령의 밀월〉, 《길을 찾는 사람들》, 1993년 5월,
   161~162쪽.

10 한겨레신문, 1993년 2월 26일자.

11 김종철, 《아픈 다리 서로 기대며: 김종철의 사회문화 에세이》, 창작과비평사, 1995.

12 장을병, 〈YS정권은 귀머거리〉, 《시사저널》, 1995년 4월 13일, 18~20쪽.

13 동아일보, 1992년 4월 18일자.

14 강준만, 《한국 현대사 산책 1990년대 2권》, 인물과사상사, 2009, 174쪽.

15 한국일보, 1994년 4월 23일자, 1면.

16 강준만, 《한국 현대사 산책 1990년대 2권》, 인물과사상사, 2009, 162~164쪽.

6장 김대중, 소수정권의 한계를 넘지 못하다

1 임영태, 《대한민국사 1945~2000》, 들녘, 2008, 866~867쪽.

2 같은 책, 872~875쪽.

3 같은 책, 883~884쪽.

4 '신자유주의 혁명가 김대중의 성공 그리고 한계', 《시사인》, 2009년 8월 24일.

5 김호진, 《한국의 대통령과 리더십》, 청림출판, 2010, 408쪽.

7장 노무현, 비주류로 시작해 비주류로 끝난 비운의 대통령

1 《진보정치》, 2002년 4월 1일.

2 손제민, '노 대통령은 개혁 리더 아니다/민주 세력 현 정권과 결별해야; 최장집 교수 경향 60
   돌 기념 인터뷰', 경향신문, 2006년 9월 28일자, 1면.

3 강준만, 《한국 현대사 산책 2000년대편 3권》, 인물과사상사, 2011, 388~389쪽.

4 이재영, '노사모, 이제 회원들을 놓아주라', 시민의신문, 2006년 9월 16일, 4면.

5 노무현재단 엮음, 《노무현 자서전 운명이다》, 돌베개, 2010, 241쪽.

6 강민석 외, 《노무현: 상식, 혹은 희망》, 행복한책읽기, 2002, 44~45, 82~83쪽.

7 김당, '정치·언론, 임기 후에도 손 놓지 않겠다: 노 대통령, 8월 말 '노사모' 핵심 회원들 초청 청와대 오찬', 오마이뉴스, 2006년 11월 2일.

8 임영태, 《대한민국사 1945~2000》, 들녘, 2008, 995쪽.

9 김호진, 《한국의 대통령과 리더십》, 청림출판, 2010, 458쪽.

10 강준만, 《한국 현대사 산책 2000년대편 2권》, 인물과사상사, 2011, 350쪽.

11 신용호, "이광재·안희정은 육사 11기", 중앙일보, 2003년 10월 25일자, 4면.

12 임영태, 《대한민국사 1945~2000》, 들녘, 2008, 1042쪽.

13 같은 책, 1043~1044쪽.

14 노무현재단 엮음, 《노무현 자서전 운명이다》, 돌베개, 2010, 253쪽.

15 서명숙, '히딩크와 노무현의 다름 점', 《시사저널》, 2002년 6월 27일.

16 임영태, 《대한민국사 1945~2000》, 들녘, 2008, 1041쪽.

17 노무현재단 엮음, 《노무현 자서전 운명이다》, 돌베개, 2010, 205쪽.

9장 이명박, '고소영' '강부자' 등 연예인을 사랑한 대통령

1 홍성태, 《민주화의 민주화—노무현과 이명박을 넘어서》, 현실문화연구, 2009, 270~273쪽.

2 장상환, 〈재벌특혜와 대외의존 심화에 추락하는 서민〉, 《독단과 퇴행, 이명박 정부 3년 백서》, 민주화를위한전국교수협의회 외 엮음, 도서출판 메이데이, 2011, 57~59쪽.

바보야, 문제는 권력집단이야

1판 1쇄 인쇄 | 2012년 11월 7일
1판 1쇄 발행 | 2012년 11월 13일

지은이 안치용
펴낸이 김기옥

프로젝트 디렉터 기획3팀 최한중
커뮤니케이션 플래너 박진모
영업 이봉주
경영지원 고광현, 김형식, 임민진

디자인 성인기획 | **인쇄** 상지사P&B | **제본** 상지사P&B

펴낸곳 한얼미디어·한즈미디어(주)
주소 121-839 서울시 마포구 서교동 392-34 강원빌딩 5층
전화 02-707-0337 | **팩스** 02-707-0198 | **홈페이지** www.hansmedia.com
출판신고번호 제2004 1-3호 | **신고일자** 2005년 3월 24일

ISBN 978-89-91087-59-0 03340